中外政府文化管理比较

高宏存　张红岭　主编

国家行政学院出版社

图书在版编目(CIP)数据

中外政府文化管理比较/高宏存,张红岭主编. —北京:国家行政学院出版社,2015.5
ISBN 978-7-5150-1495-1

Ⅰ.①中… Ⅱ.①高… ②张… Ⅲ.①国家行政机关—文化管理—对比研究—中国、国外 Ⅳ.①D035.1

中国版本图书馆 CIP 数据核字(2015)第 110571 号

书　　名　中外政府文化管理比较
作　　者　高宏存　张红岭　主编
责任编辑　吴蔚然
出版发行　国家行政学院出版社
　　　　　(北京市海淀区长春桥路 6 号　100089)
　　　　　(010)68920640　68929037
　　　　　http://cbs.nsa.gov.cn
编 辑 部　(010)68928764
经　　销　新华书店
印　　刷　北京九州迅驰传媒文化有限公司
版　　次　2015 年 5 月北京第 1 版
印　　次　2015 年 12 月北京第 2 次印刷
开　　本　650 毫米×980 毫米　16 开
印　　张　18
字　　数　277 千字
书　　号　ISBN 978-7-5150-1495-1
定　　价　48.00 元

《中外政府管理比较丛书》总序

国家行政学院原常务副院长 魏礼群

《中外政府管理比较丛书》(以下简称《丛书》)经过作者们的长期学术积累和勤奋努力,今天和读者见面了。这是一项重要的研究成果,值得称道和庆贺。

邓小平曾经指出:"社会主义要赢得与资本主义相比较的优势,就必须大胆吸收和借鉴人类社会创造的一切文明成果,吸收和借鉴当今世界各国包括资本主义发达国家的一切反映现代社会化生产规律的先进经营方式、管理方法。"[①]该《丛书》以中外政府管理的视角,从比较中精选,从实践中探求规律,为提高我国政府管理水平提供智力支持,这无疑是行政理论研究者的一项重要任务。

该《丛书》具有以下优点和特点:

第一,视野开阔,资料新颖。该《丛书》放眼世界,追踪研究外国尤其发达国家的新做法、新动向、新趋势,研究吸收外国政府管理的文明成果,为我国加强和创新政府管理提供有益启示。

第二,探索规律,着眼未来。该《丛书》研究政府管理一般规律,致力于解决面临的共同矛盾和问题,体现前沿性、前瞻性,既服务于现实问题的解决,又放眼于未来的发展。

第三,简明生动,可读性强。该《丛书》文字简明,通俗易懂,突出典型案例,突出量化数据,以增强可读性、可信度和说服力。

---

① 《邓小平文选》第三卷,第 373 页。

该《丛书》选题符合国家行政学院的性质与任务，对促进教学、科研、咨询三位一体的全面发展，建设国际一流的行政学院，将会发挥积极作用。

中外政府管理内容十分广泛，此次出版内容仅是这一重大课题研究成果的一部分，也仅是一个阶段性成果。希望作者以坚强的毅力把这方面研究继续下去，以期取得更好更多的成果，为深化我国行政体制改革、建设现代化政府做出更大的贡献。

目　录

CONTENTS

第一章　文化政策 …… 1
第一节　文化政策概说 …… 1
一、文化政策的内涵及外延 …… 2
二、文化政策的四种模式 …… 4
第二节　国外四种文化政策模式 …… 5
一、美国:提供便利型文化政策 …… 5
二、英国:庇护人型的文化政策 …… 8
三、法国:建筑师型的文化政策 …… 11
四、二战后的东欧和苏联:工程师型文化政策 …… 12
第三节　转型中的中国文化政策 …… 14
一、发展中的文化政策 …… 15
二、当代中国文化政策的发展趋势 …… 17
第四节　国外文化政策模式对中国的启示 …… 19
一、全面理解文化的属性 …… 19
二、政府的微观文化政策可借鉴西方成熟的做法 …… 21
三、文化政策要注重与隐性、间接的其他政策配合和衔接 …… 22

第二章　文化管理体制 …… 24
第一节　美国文化管理体制 …… 24
一、美国文化管理体制构建的支撑理念 …… 25
二、美国文化管理体制构建的结构模式 …… 27

三、美国文化管理体制的运行方式和手段 …… 31
第二节　英国文化管理体制 …… 33
一、英国文化管理体制构建的支撑理念 …… 33
二、英国文化管理体制的结构模式 …… 36
三、英国文化管理体制的运行方式与手段 …… 38
第三节　法国文化管理体制 …… 41
一、法国文化管理体制构建的支撑理念 …… 41
二、法国文化管理体制的结构模式 …… 43
三、法国文化管理体制的运行方式和手段 …… 45
第四节　日本文化管理体制 …… 48
一、日本文化管理体制构建的支撑理念 …… 48
二、日本文化管理体制的结构模式 …… 51
三、日本文化管理体制的运行方式与手段 …… 54
第五节　中国文化管理体制 …… 57
一、我国文化管理体制构建的支撑理念 …… 57
二、我国文化管理体制的结构模式 …… 60
三、我国文化管理体制的运行方式与手段 …… 61
第六节　小结 …… 65

第三章　文化市场管理 …… 67
第一节　美国的文化市场管理 …… 67
一、美国文化市场管理的基本理念 …… 68
二、对不同文化市场主体的管理 …… 70
第二节　英国的文化市场管理 …… 74
一、英国文化市场管理的基本理念 …… 74
二、对不同文化市场主体的管理 …… 78
第三节　法国文化市场管理 …… 81
一、法国文化市场管理的理念 …… 81
二、对不同文化市场主体的管理 …… 84
第四节　日本文化市场管理 …… 88
一、日本文化市场管理的基本理念 …… 88

二、对不同文化市场主体的管理 …… 91
第五节　中国文化市场管理 …… 94
一、中国文化市场管理理念思路 …… 94
二、对不同文化市场主体的管理 …… 98
第六节　小结 …… 100

第四章　传统媒体管理 …… 102
第一节　美国传统媒体管理 …… 102
一、美国的出版传媒管理 …… 102
二、美国的广电传媒管理 …… 106
第二节　英国传统媒体管理 …… 112
一、英国的出版传媒管理 …… 112
二、英国的广电传媒管理 …… 114
第三节　法国传统媒体管理 …… 120
一、法国的出版媒体管理 …… 120
二、法国的广电媒体管理 …… 123
第四节　日本传统媒体管理 …… 126
一、日本印刷媒体规制：有序的自由 …… 127
二、日本的广电传媒管理 …… 128
第五节　中国传统媒体管理 …… 132
一、媒体管理概说 …… 133
二、中国新闻出版管理 …… 136
三、中国广播电视管理 …… 139
第六节　小结 …… 143

第五章　互联网新媒体管理 …… 145
第一节　美国互联网管理 …… 145
一、管理机构与部门 …… 146
二、网络管理政策 …… 146
三、互联网内容管理 …… 149
第二节　英国互联网管理 …… 151
一、管理机构与部门 …… 152

二、网络管理政策 …… 153
三、互联网内容管理 …… 155
第三节 法国互联网管理 …… 156
一、管理机构与部门 …… 157
二、网络管理政策 …… 157
三、互联网内容管理 …… 159
第四节 日本互联网管理 …… 161
一、管理机构与部门 …… 162
二、网络管理政策 …… 163
三、互联网内容管理 …… 165
第五节 中国互联网管理 …… 168
一、管理机构与部门 …… 168
二、网络管理政策 …… 169
三、互联网内容管理 …… 172
第六节 小结 …… 174

第六章 电影管理 …… 176
第一节 美国电影管理 …… 176
一、电影产业管理政策 …… 176
二、电影管理的机构与部门 …… 178
三、电影内容与传播的管理 …… 180
第二节 英国电影管理 …… 182
一、电影产业管理政策 …… 182
二、电影管理的机构与部门 …… 184
三、电影内容与传播的管理 …… 186
第三节 法国电影管理 …… 188
一、电影产业管理政策 …… 188
二、电影管理的机构与部门 …… 190
三、电影内容与传播的管理 …… 192
第四节 日本电影管理 …… 194
一、电影产业管理政策 …… 194

二、电影管理的机构与部门 …………………………………… 196
三、电影内容与传播的管理 …………………………………… 197
第五节　中国电影管理……………………………………………… 199
一、电影产业管理政策 ………………………………………… 199
二、电影管理的机构与部门 …………………………………… 202
三、电影内容与传播的管理 …………………………………… 204
第六节　小结………………………………………………………… 206

第七章　演艺娱乐管理……………………………………………… 208
第一节　美国演艺娱乐业管理……………………………………… 208
一、行业管理政策与措施 ……………………………………… 208
二、演艺娱乐团体的管理 ……………………………………… 210
三、演艺娱乐内容管理 ………………………………………… 211
第二节　英国演艺娱乐业管理……………………………………… 212
一、行业管理政策与措施 ……………………………………… 212
二、演艺娱乐团体的管理 ……………………………………… 214
三、演艺娱乐内容管理 ………………………………………… 215
第三节　法国演艺娱乐业管理……………………………………… 215
一、行业管理政策与措施 ……………………………………… 216
二、演艺娱乐团体的管理 ……………………………………… 217
三、演艺娱乐内容管理 ………………………………………… 218
第四节　日本演艺娱乐业管理……………………………………… 219
一、行业管理政策与措施 ……………………………………… 219
二、演艺娱乐团体的管理 ……………………………………… 220
三、演艺娱乐内容管理 ………………………………………… 221
第五节　中国演艺娱乐业管理……………………………………… 222
一、行业管理政策与措施 ……………………………………… 222
二、演艺娱乐团体的管理 ……………………………………… 225
三、演艺娱乐内容管理 ………………………………………… 228
第六节　小结………………………………………………………… 230
一、在演艺业管理体制设计上，可借鉴“一臂之距”原则 …… 231

二、引导多元主体共同参与推动演艺娱乐业发展 …… 233
三、鼓励演艺娱乐业团体组建行业协会,实现自我管理,加强行业自律 …… 234

第八章 文化遗产管理 …… 236
第一节 美国文化遗产管理 …… 236
一、文化遗产管理的基本理念与政策 …… 236
二、遗产认定和内容的管理 …… 237
三、遗产的保护与利用 …… 239
第二节 英国文化遗产管理 …… 242
一、文化遗产管理的基本理念与政策 …… 242
二、遗产认定和内容的管理 …… 243
三、遗产的保护与利用 …… 245
第三节 法国文化遗产管理 …… 248
一、文化遗产管理的基本理念与政策 …… 249
二、遗产认定和内容的管理 …… 251
三、遗产的保护与利用 …… 252
第四节 日本文化遗产管理 …… 255
一、文化遗产管理的基本理念与政策 …… 255
二、遗产认定和内容的管理 …… 257
三、遗产的保护与利用 …… 260
第五节 中国文化遗产管理 …… 262
一、文化遗产管理的基本理念与政策 …… 262
二、遗产认定和内容的管理 …… 264
三、遗产的保护与利用 …… 269
第六节 小结 …… 273
一、国外文化遗产管理模式 …… 273
二、国外文化遗产保护对中国的启示 …… 275

参考文献 …… 280
后记 …… 283

第一章　文化政策

文化政策是实现国家文化管理意图的重要方式，是政府提供的、对文化发展至为重要的公共品。政府的文化职能可以通过文化政策制定实施来规范、引领文化的发展，并将政府的文化发展理念、文化发展战略、文化发展规划和构想落到实处。

从世界各国政府的文化管理实际而言，文化政策实施内容和方式又各不相同。不同的文化发展政策，既源自不同国家政府的职能界定，也源自对文化发展问题的不同定位和理解，当然也来自不同国家文化发展的不同阶段和面临的不同的文化发展的实践问题。因而，分析文化政策，需要我们理清不同的政府职能定位、不同的文化发展理念和不同的文化发展实践问题，以及在这些基础之上呈现出来的不同的文化政策理念和不同的领域各异的文化发展政策。

本章，我们集中讨论各国政府在公共文化管理中如何实施不同文化政策，着重分析不同的文化政策理念，并以比较的视野对世界范围不同的文化政策类型做了简要分析评价，结合中国文化政策的发展及其特点，提炼出对我国文化政策制定有益的经验和启示。

第一节　文化政策概说

分析文化政策制定依据的基本理念，需要事先说明：什么是文化政策？文化政策与整个公共政策有什么关系？了解了这两个基本问题，才能更进一步了解文化政策制定的基本理念。

一、文化政策的内涵及外延

一般来说，文化政策就是文化领域中的公共政策，这是政府管理文化领域的重要载体、重要方式，政府或公共机构通过制定文化方面的政策，实现对文化发展的管理、引导和规范。所谓管理文化，就是明确行政部门文化管理的机构、管理的职能、管理的内容和范围，等等；所谓引导文化，就是行政部门对文化发展的方向、价值观、意识形态等内容进行引导；所谓规范文化，就是对文化事业和产业的主体的行为进行规范，对企事业单位的文化行为进行规范，譬如，文化执法大队对文化市场进行规范执法，等等。凡是属于文化领域中，由行政部门颁布的、主导文化发展的政策，都属于文化政策。

制定文化政策的目的是推动文化的发展，其作用具有工具性。正如加拿大学者保罗·谢弗针对文化政策的实质所说的："如果把文化发展变为现实需要一个强有力的工具，那么这个工具就是文化政策。它的目的是把文化目标、目的、理想和文化发展的原则转化为可行性的战略、战术、步骤、程序和实践"①。也就是说，文化政策具有工具性，它的作用是把文化目标、目的、理想和文化发展的原则，通过文化政策的制定和实施，转化为可行性的战略、战术、步骤、程序和实践。文化政策就是要发挥这种转化的作用。这是文化政策内蕴的重要旨趣。

因为社会是一个整体，政府的公共政策也是一个整体，许多方面的政策是相互联系、密不可分的，因而需要从整体性、系统性角度理解文化政策。也就是说，在公共政策领域，文化政策有直接的文化政策，也有间接的文化政策。直接的文化政策，就是直接、明确规定为文化领域中的政策，实施对象明确为文化单位和文化领域。还有一些政策，不是直接作用于文化领域，但是其影响和实施效果会对文化领域的发展具有影响，我们可以称之为间接的文化政策。譬如，经济领域中，工商管理政策、税收财政政策，它们不直接来自文化行政部门，但对于文化发展会产生重要影响。因而，我们研究文化政策，既包含直接的文化政策，也涉及与之相配

① [加]保罗·谢弗：《文化引导未来》，社会科学文献出版社 2008 年版，第 247 页。

套、相协调、相关联的其他方面的政策。

与此同时，文化政策还可以分为显性的文化政策和隐性的文化政策。[①] 所谓显性的文化政策，就是明显作用于文化发展，对文化发展发挥政策效能和产生效果的政策。这些文化政策或者直接来自文化部门，或者间接来自相关部门的配套政策，但是其针对文化发展领域发挥政策作用，则是没有疑义的。譬如，促进文化产业发展的政策，这是直接的文化政策，对文化发展起到显性的影响，它来自文化主管部门。再譬如说，关于文化企业的税收优惠政策，这来自工商税务部门，但也是非常明显地针对文化发展问题而制定的政策，也属于显性的文化政策。

显性的文化政策，当然是文化政策研究必须关注的问题。但是隐性的文化政策往往在研究时容易被忽视。譬如说，在教育部门制定教育课程体系时，规定增加古典艺术和审美修养的课程，以培养学生的文化艺术修养，而文化艺术修养在学校的普及会带动全社会文化素养的提升。这在表面看来是教育问题，是教育政策，但是这一政策的实施效果会间接影响相关文化部门的发展，增加全社会对古典艺术的热爱，也增加古典艺术节目的受众，这就隐性和间接地有利于古典艺术门类在当代的生存和发展。诸如此类的文化政策比较多，其效果的显现比较隐蔽，需要长期坚持才能发挥对文化发展的政策效果，并以无形的方式影响文化领域的发展。对于隐性的文化政策，我们一般不加关注或少加关注，因为它隐蔽、无形，效果显现需要较长时间，因而，文化政策研究容易忽视这部分隐性文化政策对文化发展的影响。

文化政策作为公共政策的一部分，其实是一个整体，具有综合性、系统性，它不仅包括直接的文化政策和间接的文化政策，还包括显性的文化政策和隐性的文化政策。同时，对于文化政策研究而言，我们重视直接的、显性的文化政策，同时也要兼顾间接的、隐性的文化政策。文化政策作为公共政策的组成部分，它与其他政策之间存在相互关联、相互作用、相互配套的关系。从公共政策的整体性角度来看，文化政策还存在与整个政府职能、公共政策体系乃至整个经济社会发展相适应的问题。如果

---

① Jeremy Ahearne "Cultural policy explicit and implicit: a disitinction and some uses", International Journal Policy, Vol. 15, No. 2. , May 2009, p141 - 153.

文化政策脱离了这些方面，可能根本就无法发挥政策效能，反而可能造成不良的影响。因而，文化政策的制定和实施离不开宏观的经济社会等因素，也离不开整个公共政策和其他领域政策的配合、衔接和协调。因而，研究文化政策，需要了解文化政策本身的内涵，同时，应了解整个经济社会发展情况、整个宏观公共政策体系，乃至整个文化发展的实践需要和未来发展趋势。

下面，我们分析不同文化政策类型所依据的不同理念，既与其经济社会发展情况有关，也与整个宏观公共政策体系制定的理念有关，同时也与其整个文化发展理念密切相关。

二、文化政策的四种模式

综观世界主要国家的文化政策特征，我们不难发现其间存在的诸多差异和多样化的发展。文化政策是文化发展理念的延伸和具体化，并通过政府的意志得到体现。不同文化政策的立足点离不开制定文化政策的理念依据，而文化政策的理念依据又与不同国家政治制度、文化传统、历史发展脉络以及不同的国情等因素相关，其中文化政策制定的理念更是值得研究和比较。

文化政策是公共政策体系的组成部分，文化政策的制定与整个公共政策的制定存在密切的关联。但是，不同的国家选择不同的文化政策，则与其文化发展理念的差异有关。文化理解的不同，文化发展理念的不同，以及不同文化发展实际问题的不同，导致了文化政策的差异。因而，在研究不同文化政策取向的时候，我们应考察不同类型的文化政策制定时所依据的不同理念。

综观世界主要国家文化政策制定依据的基本理念，我们可以有不同的分类。分类的标准不同、依据不同，得出的类型和种类就也不同。譬如，哈瑞·希尔曼·查特兰德和克莱尔·麦考吉在比较分析二战以后欧美各国政府文化政策的基础上，提出了四种文化政策模式：提供便利型、庇护人型、建筑师型和工程师型。[①] 这四种文化政策模式的背后其实是四种制定文化政策的理念，文化政策制定的理念不同，其政策运作的方式

① 郭灵凤：《欧盟文化政策与文化治理》，《欧洲研究》2007 年第 2 期，第 65—66 页。

和类型就不同。四种文化政策模式是一种分类的方式，其侧重对政府在文化发展中的作用和地位进行分类。

当然除了这四种模式之外，还会有其他的模式，但是这里的四种模式可以说是非常具有代表性。四种文化政策的模式，其实也就是四种制定文化政策的理念。从什么角度、什么理念出发制定文化政策决定着、或者说制约着制定什么类型的文化政策。这四种文化政策理念，核心指向就是政府在管理、引导和规范文化发展中起到什么样的作用，扮演什么样的角色。下面，我们依据这一标准，结合具体国家文化政策的实例，讨论四种类型的文化政策模式在理念上的差异和各自的特点。

第二节 国外四种文化政策模式

按照不同的标准分类，就会得出不同的文化政策理念和不同的文化政策模式。我们在此分析世界范围内主要国家的文化政策模式，还是按照上面提到的四种文化政策模式展开。虽然这些政策模式不能囊括世界全部或主要国家的文化政策类型，但是还是可以通过这几个主要的文化政策模式，把握世界范围内文化政策模式的基本趋向和特征。

我们不仅分析不同的文化政策模式，而且还将这个模式与具体国家的表现结合起来，通过分析这种模式的代表国家，实现对不同类型文化政策的解析。提供便利型文化政策，以美国为代表；庇护人型文化政策，以英国为代表；建筑师型的文化政策，以法国为代表；工程师型的文化政策，以二战后的东欧和苏联为代表。下面，我们依次结合这些国家，分析四种类型文化政策模式所具有的基本内容和原则。

一、美国：提供便利型文化政策

从国家和政府对文化发展承担的角色来看，“提供便利型的文化政策主要是指政府不进行直接的艺术资助，也不制定法规管理文化艺术活动"[①];同时,"政府也不承担规定文化价值、引导文化潮流的发展"的角色[②],甚至,政府连专门的文化管理部门也没有,而是将文化更多地归之于社会,归之于个人,政府尽量不直接参与文化活动,而是承担为不同文化的充分自由发展提供便利的角色。

提供便利型文化政策的基本理念,将文化归之于社会,让社会多元主体自己选择自己的文化发展方向、发展内容和发展形式,政府只是提供便利,多元文化主体在遵守国家法律的前提下享有充分的发展自由。

提供便利型的文化政策,其最有代表性的就是美国。下面,我们以美国为例分析这种文化政策理念的基本内涵和特点。

提供便利型的文化政策,就是规定政府尽量少地直接参与文化活动,把文化活动更多地让给社会、让给个人去做,但政府并不是无所作为,而是起到提供便利者的角色。有人认为,如果按照文化政策是政府管理、引导和规范文化发展所制定的政策的定义来判断的话,提供便利型的文化政策,就不是什么文化政策。所以,很多人认为美国没有文化政策。这在一定角度讲是有道理的,但是深入分析就可以发现这只是政府在文化方面发挥政策作用的方式不同,不能说美国没有文化政策,而是它的文化政策更加注重把政府放在背后,政府以不直接参与文化发展的方式,以"政府远离文化"的方式来满足"文化发展的现实需求"[③]。政府为文化发展提供便利,却对文化发展发挥了非常好的政策影响。

提供便利型的文化政策,其理念特征表现在如下几个方面。

1. 对多元文化采取尊重中立的立场和理念

国家和政府对不同族群、阶层和不同的政治派别的文化主张采取多元主义的立场,就是采取尊重和中立的立场。这种立场意味着国家在文化立场上,不能偏向某个种族、族群、阶层或政治派别,而是采取多元包容的立场,使不同种族、族群、阶层、政治派别的文化都能得到尊重和发展。这与美国社会是多元的移民社会有关,同时也是美国政治和社会发展的结果。美国是一个新兴的移民国家,在其早期,奉行"熔炉说",即用欧洲白人的文化同化和融合其他族裔的移民,但是这就造成了种族歧视,引起

①② 郭灵凤:《欧盟文化政策与文化治理》,《欧洲研究》2007年第2期,第65—66页。

③ 凌金铸:《美国文化政策的形成》,《学术界》2013年第6期,第33页。

反抗。美国社会发展实践证明,针对这个多元移民组成的社会必须尊重不同的文化存在方式,国家和政府应对多元文化在价值观上采取包容中立的立场。这是1915年犹太裔美国哲学家霍勒斯·卡伦在《民族》杂志上发表的文章中提出的。卡伦认为人们可以选择或改变自己的服饰、政治信仰、伴侣、宗教和哲学等,但无法选择和改变自己出生的文化背景,强制一个犹太人放弃犹太文化,就等于要求他停止生存。[①] 因此,多元主义、包容中立的文化发展理念根植于美国社会和文化发展实践之中,也是美国文化政策依循的基本理念。

2. 给文化充分自由发展的政策环境的理念

这一理念根植于美国的宪法精神和美国自由主义的政治传统。根据美国的宪法,国家对个人的思想表达、信仰、社团和政治观点必须加以尊重,国会在立法方面不能制定关于下列事项的法律:确立国教或禁止信教自由,剥夺言论自由或出版自由,或剥夺人民和平集会和向政府请愿申诉的权利。这就意味着国家不能干涉个人的宗教信仰,也不能确定国教,必须保证公民文化方面的自由权利,也就是保证公民文化发展的自由权利,不能干涉、侵犯和剥夺这种权利,禁止文化方面的宗教歧视、种族歧视和文化自由权利的不平等。

给文化充分发展自由的文化发展理念与美国长期以来形成的自由主义政治传统密不可分。根据自由民主的精神,要想使社会和个人的自由发展得到尊重,必须约束政府的行为,“政府管得少些,自由就多些,政府管得多,自由就少了”[②]。这一自由主义的政治传统,要求政府给社会、给个人更多的自由、更少的干涉、更少的介入,把文化选择、文化方面的自由创造“留给个人和私人领域”,以及社会多元团体和组织。政府所起的作用,就是为文化自由发展提供法律保障和政策环境。

这种“给文化充分自由发展”的理念包含着对文化本身的独特理解。从文化创造来说,这种理念认为这是个人的自由创造的结果,政府不能创造文化产品本身,政府介入或者干涉文化创造,不仅会带来束缚和限制,反而不利于文化创造的自由发展。从文化的生产和消费来说,文化的生

---

① 钱皓:《美国民族理论考释》,《世界民族》2003年第2期,第13页。
② 凌金铸:《美国文化政策的形成》,《学术界》2013年第6期,第25页。

产和消费属于私人领域的事情，其生产和消费完全是市场行为，完全可以依靠市场机制加以调节和引导。在这里，政府远离文化，不参与、不干涉文化的自由发展，就是对文化发展的最大贡献。政府的职责就是保证自由的权利，为文化的自由发展提供便利，创造法律保障和政策环境。

3. 通过间接的方式管理文化的理念

政府不能直接干预和参与文化生产和消费，并不意味着政府无所作为，而是采取间接的方式管理文化。譬如，利用各种基金会对艺术文化机构和文化事项进行资助；利用政策优惠，包括税收优惠、减免等方式，引导和鼓励私人对文化发展的投入或捐赠；利用各种法律和税收政策，为文化产业的发展创造有利的法律保障和经济政策条件。政府采取间接的方式管理和引导文化发展的理念，其实也是用间接的方式为文化发展提供便利，创造更有利于文化发展的政策和法律条件，从而调动社会的各种力量推动文化的发展。

总之，提供便利型的文化政策理念就是对多元文化发展采取尊重中立的立场，从自由主义的政治传统出发保障文化创造、文化生产和消费的充分自由发展，并在管理和引导文化发展方面，采取间接管理的理念和思路。这种文化政策理念往往把文化政策化为无形，限制政府直接干预和参与文化发展，但是又使政府的文化职能通过间接的方式得到了充分的发挥。美国文化的繁荣发展，证明这种提供便利型的文化政策理念的效率和作用。

二、英国：庇护人型的文化政策

这种模式的文化政策理念的基本要义，就是政府在推动文化发展、制定文化政策方面相当于庇护人，政府的“主要的政策目标是提升职业性艺术活动的质量，而非在大众中普及艺术，因此政府对艺术的资助是精英导向的，在‘一臂之距’原则指导下，由独立的理事会决定政府资助文化发展资金的分配”[①]。这种文化政策模式的关键就是政府通过中介组织来具体操作，实现政府对文化的投入、引导和规范等职能。政府担任的角色是

① 郭灵凤：《欧盟文化政策与文化治理》，《欧洲研究》2007 年第 2 期，第 65—66 页。

庇护人的角色。这里的“庇护人”的角色较之于“提供便利者”的角色更进一步加强了政府参与文化发展的职能，意味着政府文化管理和文化引导作用的加强和深化。

庇护人型文化政策理念的核心就是政府在文化发展中担任“庇护人”角色，庇护、保护、扶持文化的发展，但不是直接干预文化的发展；政府的文化投入、补贴等通过文化和社会中介组织来运作和实施。政府是庇护者、扶持者，但不是实施者、操作者。这种文化政策的典型国家就是英国。下面，我们以英国为例分析“庇护人型文化政策”所依循的基本理念。

1. 政府不能直接干预文化活动

相对于美国没有专门的文化行政管理部门，英国在政府文化管理方面，有专门负责管理文化的机构。二战之前，英国政府对文化艺术的参与度并不显著。1946 年，英国成立国家艺术局，负责参与国家文化的管理和扶持。1997 年又成立文化、传媒体育部，负责政府部门对艺术、体育、休闲、图书馆、博物馆、美术馆和广播等文化活动的管理和支持，[①]明确政府的文化职能是“重视对文化遗产的保护和开发利用，鼓励艺术活动的创新和多样化，推动对外文化交流和英国文化教育在全世界的传播”[②]，同时，“扩大公民参加文化生活的渠道，保证其能够获得最好的公共文化服务，以及通过开展文化活动提升人民生活质量等多个方面”[③]。

英国虽然有专门的文化管理的行政部门，但是从中央政府到地方政府，对文化事业和文化产业的资助和扶持不是直接参与，也不直接操作文化项目经费的分配和使用，而是通过社会中介组织和专门文化艺术团体自己去运作和分配，这就使政府从具体的文化事务中脱身，成为庇护者，而不是执行人。这一理念其实根植于英国二战以来的多元文化的发展，政府放权、放手，反而使政府找到自己合适的位置，通过中介组织的力量和社会团体的力量，充分发挥政府对文化发展的引导和资助作用。

---

① 刘轶：《他山之石：美、英、法、韩等国的文化政策》，《社会观察》2004 年第 4 期，第 11 页。

② 曹峰旗、贾小鹏、张国昌：《英国“臂距”文化管理模式与启示》，《商场现代化》2007 年第 11 期，第 55 页。

③ 陆晓曦：《英国文化管理机制：“一臂之距”》，《山东图书馆学刊》2012 年第 6 期，第 37 页。

2. 中介组织是具体的文化政策、文化发展项目和政府文化资金使用的实施者和操作者

政府作为庇护者，就意味着需要其他组织做具体的实施者和操作者。英国的文化政策、文化项目、文化资金的使用和分配，都需要中介组织来完成。中介组织包括半官方的非政府公共机构，譬如各类艺术委员会负责执行文化政策和具体分配文化经费，像英格兰艺术委员会、英国电影学会、大英博物馆等；还包括各类行业性的协会组织和基层民间文化组织，譬如各种艺术团体、协会等。这些非政府公共机构、各类行业协会和基层民间文化组织，在管理和运作上是相互独立的，与政府无行政领导关系和隶属关系。但是非政府公共机构可以“接受政府委托，为政府提供文化政策咨询、向政府提供文化政策设计、策划具体的文化政策实施”[①]，并负责把政府的部分文化拨款落实到行业协会和基层民间文化组织。非政府公共机构承担了文化政策实施的中介功能，使政府藏在背后，不直接干预具体的文化政策和文化项目。

3.“一臂之距”原则和理念运用于文化政策的全过程，且贯穿于政府、文化项目和文化单位之间的关系处理中

英国为代表的庇护人型文化政策理念的实质就是依循政府、非政府公共机构、各行业协会基层文化组织之间设定“一臂之距”的距离，按照“一臂之距”的原则，文化政策的具体操作和实施归之于非政府公共机构、行业协会等众多的中介组织。这样做的好处是：保持中介组织的中立性，使中介组织自己制定行业内的项目的实施标准，使各种行业自行决定本行业文化政策的取向和标准。这样可以充分调动中介组织力量，既减轻了政府直接制定文化政策的负担，又能使政府的文化发展意图得到体现。

总之，庇护人型的文化政策理念限定了政府的文化政策职能，使政府从直接的文化政策制定中脱身，减轻了负担，克服了政府制定文化政策的盲目性、官僚性和易滋生腐败等不足；同时，既通过“一臂之距”的原则，借助中介组织制定和实施文化政策，使政府庇护文化发展的功能得到了充分的发挥，又保证了各行业文化政策的自主性和独立性。这种文化政策

① 陆晓曦：《英国文化管理机制：“一臂之距”》，《山东图书馆学刊》2012年第6期，第38页。

制定的理念，实现了政府、非政府公共机构、各行业协会基层文化组织在文化政策制定实施上的角色分工与协调，以及各自文化职能的充分发挥，在体制机制上为文化发展繁荣营造了独立自由的氛围。

三、法国：建筑师型的文化政策

建筑师型的文化政策理念，就是在制定文化政策时，政府担任建筑师的角色，参与文化政策的制定，直接介入文化发展规划和政策框架的制定，具体的文化规划、政策目标和执行都离不开政府。在这里，政府在文化政策制定和实施中扮演的角色就像建筑师，规划建筑蓝图，参与和监督建筑的过程。建筑师型的文化政策理念，相比于提供便利型和庇护人型的文化政策制定理念，其政府介入和参与文化政策更多、更直接。这一类型的文化政策理念的典型是法国。就理念层面而言，建筑师型的文化政策取向表现在如下几个方面。

1. 政府主导文化发展的理念

建筑师型的文化政策模式所依循的基本理念，就是在文化发展中政府起到主导性作用，国家不仅要有专门的文化行政部门，而且国家在文化政策领域起绝对主体作用。这主要表现在："国家在全国范围内引领文化导向，在文化领域建立价值标准，对文化领域的工作人员进行管理和培训"①。譬如，法国明确规定了文化部的职责，就是"作为国家在文化领域的化身，文化部代表国家发挥四个主要职能：立法与限制的职能、直接管理文化机构的职能、分配资金的职能，以及活跃文化氛围的职能"②。从这些职能不难看出，政府在文化政策制定和实施方面发挥主导性作用。这与法国具有丰富的历史文化传统有关，也与法国历来重视政府在文化政策制定中的主导作用有关。

2. 文化保护主义的立场

因为法国历史文化遗产丰厚，这些文化遗产作为公共资源，其保护的主体责无旁贷地落在政府的身上。因而，在文化政策制定中，政府把历史

---

①② 王海冬：《法国的文化政策及对中国的历史启示》，《上海财经大学学报》2011年第5期，第10页。

文化遗产的保护作为文化政策的首要目标，政府必须承担为民众提供公共文化服务和产品的职责。在文化产业方面，法国认为不能仅仅将文化产业作为和其他产业一样的产业，认为“文化产业关系到国民素质、民族传统和凝聚力、国家形象及国家文化安全等，是与其他产业有着巨大区别的特殊领域”①，因而，对于文化产业的发展也应当加以保护。从这种理念和思想出发，以法国为代表的建筑师型文化政策理念就带有浓厚的文化保护主义立场。

3. 在对外文化贸易中提倡“文化例外”原则

在经济全球化背景下，文化产业的全球化、商品化影响了各国的文化政策。针对美国大众文化的强力攻势，法国采取了反制措施，提出了在国际文化贸易中“文化例外”②原则。法国认为大众文化产品是一种特殊的商品，美国的大众文化在强势资本的推动下对于法国本土文化带来的冲击会严重威胁法国文化安全，所以，法国在国际贸易谈判中，反对文化市场的自由贸易原则，主张“文化例外”原则。这一立场也被大多数欧洲国家所采纳，以应对美国大众娱乐文化的扩张。其实，“文化例外”的文化政策理念是法国文化保护主义在国际文化贸易中的延伸。

总之，以法国为代表的建筑师型文化政策理念，其核心就是凸显政府对于文化发展的主导地位和作用，使政府直接参与文化政策框架和文化规划的制定和实施。这一文化政策理念还内含着文化保护主义的立场和“文化例外”的原则。

四、二战后的东欧和苏联：工程师型文化政策

工程师型文化政策模式的要义就是“政府掌管艺术生产和分配的渠道”③，政府资助那些符合执政需要和政党政治要求的文化艺术。政府在文化职能的发挥中扮演工程师的角色。这种文化政策模式的代表就是

---

① 王海冬：《法国的文化政策及对中国的历史启示》，《上海财经大学学报》2011 年第 5 期，第 11 页。

② 田珊珊：《法国的文化政策：一个基于民族文化视角的研究》，《法国研究》2010 年第 2 期，第 78 页。

③ 郭灵凤：《欧盟文化政策与文化治理》，《欧洲研究》2007 年第 2 期，第 65—66 页。

“冷战”时期的东欧国家，其中计划经济时代中国的文化政策理念也具有这样的色彩。

这种工程师型文化政策理念，比前面三种文化政策模式更加凸显了政府或政党在文化政策制定中的地位和作用。其特点表现在如下几个方面。

1. 政治目的高于艺术的自由

工程师型文化政策理念把文化艺术作为意识形态来看待，意识形态属性甚至成为文化艺术的主要属性或唯一属性，文化艺术的目的就是要为革命服务，体现政党的思想观念和主张。文化事业作为革命事业的一部分，文化要服务于政治，从属于政治。在这里，文化领域没有自己的独立性，受制于政治。在这种理念的主导下，文化政策的制定和实施，均来自政党部门或国家机构，且均根据政治需要制定和实施相应的文化政策。

2. 政府直接掌控文化生产和分配等全过程

工程师型文化政策理念，就是凸显文化政策的政治功能，在这种职能定位情况下，文化政策从设计、构建、再到具体实施，都出自执政党的意识形态部门和国家行政机构；而且文化资源的分配，文化发展导向，文化产品的生产、流通、分配，都处于文化相关部门的监管和控制之下。可以说，这种文化政策的主体就是执政党和政府的文化部门，具体文化事业单位没有独立性和自主性。文化单位事业化之后，没有自主权，没有自由市场，无须面对自由市场的需要和竞争。文化单位的职能主要是把政治的意图和执政党的路线方针政策宣传好，引领舆论导向，在国家和党领导下完成思想宣传战线的政治任务。

3. 文化政策完全服务于政治需要，文化政策是政治政策的延伸

在文艺从属于政治的基本理念指引下，文化政策往往成了政治政策的延伸，文化部门、单位和团体成了政治部门的延伸。文化政策服务于当前的政治需要，或者说，根据政治形势的发展，确定相应的文化政策。文化政策的政治导向，使文化政策经常干预艺术家、文艺团体的自由创造和自主活动。同时，这种文化政策的实施往往具有强制性和行政力量的刚性支配性。

总之,工程师型文化政策理念依据于文化具有的意识形态属性,文化从属于、服务于政治,文化政策从制定到实施都受到执政党和政府文化部门的控制和监管。这种文化政策理念的突出特点就是过多强化了文化的意识形态属性,往往忽视了文化的产品属性、商品属性,这样,政府成了文化政策的唯一实施主体,对文化发展的各类事项采取了大包大揽的做法。

综述以上分析,从政府在文化政策制定实施过程中扮演的角色和发挥的作用出发,我们将文化政策理念的类型分为四种:提供便利型、庇护人型、建筑师型和工程师型。这四种文化政策理念各有特点、各有利弊,都是各国在文化发展实践中根据各自国情、历史传统、政治制度、政府职能等因素而形成的。这四种文化政策类型,从提供便利型、庇护人型、建筑师型,再到工程师型,政府在参与、介入文化政策的制定和实施中扮演的角色越来越直接、越来越浓厚。这是从政府在文化政策制定中起到的作用出发分析出的四种不同的文化政策模式。

第三节　转型中的中国文化政策

上几节我们分析了美英法与前东欧国家的几种文化政策模式,按照政府、社会和市场之间的关系加以考察,分析了几种模式的基本特点。下面,我们回过来再看看中国目前的文化政策的基本特点。

中国的文化政策不同于前面的四种模式,这主要是中国的文化政策还处于改革或变革的时期。但“变化”和“改革”必然存在着两个方面:一是变什么,改什么,从什么样的基础出发,最后又要变成什么样;二是变和改的基本原则是什么。这就决定了中国文化政策最终形成的基本方向。所以,我们认为介绍中国的文化政策,就是揭示中国文化政策基本的原则,以及其变革的方向。

用“转型中的文化政策”来指称中国文化政策,虽然不能完全概括中国文化政策的类型,但在某种程度上,有利于在全面改革背景下,理解中国文化政策的发展趋向。

一、发展中的文化政策

改革开放以后，中国的文化政策就处于逐渐变革时期。动力主要来自于中国开始从计划经济体制向市场经济体制转型。随着改革的深入，工业化、城市化、信息化不断推进，自21世纪以来，中国文化政策顺应时代发展的潮流和中国文化发展的新趋势，“中国文化政策进入了快速调整期”①。这主要是两个原因造成的。

其一，就国内发展而言，进入21世纪之后，“中国已站在从初步建立市场经济体制向一个可持续发展社会转变的转折点上”②，文化的市场价值、商品价值在这个时期被凸显出来，产业的转型升级需要向文化领域迈进提升。

其二，从世界角度看，全球化不断推进，中国融入全球化的步伐在加快。世界范围内“出现的传媒革命、知识经济与文化创意产业浪潮，把发展程度不同的国家逐次推向‘第一次现代化’向‘第二次现代化’的转折点”③。如何应对全球化的挑战和新传媒革命的来临，“成为中国文化发展面临的大问题”。

在这一背景之下，中国文化政策的更新和变革就被突出地提上了日程。纵观改革的过程，可以说是一个渐进的过程。在这个过程中，文化领域的改革在世纪之交才真正拉开。最近十几年，中国文化政策的发展轨迹可以归为如下几个时间点：2000、2003、2005、2011。

2000年底，“文化产业”首次写入中央文件，“文化产业”在中国宏观文化政策层面得到了确认。

2003年，中国启动文化体制改革试点工作。

2005年，中国倡导以落实公民文化权利为中心的公共文化服务建设。

2011年，中共十七届六中全会对中国文化发展做出了全盘的战略部署，将改革开放至今的文化发展政策进行了系统的梳理和总结，对未来中

①②③ 李河、张晓明：《当代中国文化政策10年》，《中国公共文化服务发展报告(2009)》，社会科学文献出版社2009年版，第31页。

国文化政策走向进行定向设计。

1."文化产业"的确立及其相关政策的产生

在计划经济体制下,文化的意识形态功能得到了突出,文化的商品属性被取消。随着改革开放和市场经济的深入发展,文化的商品属性得到了理论和实践上的确认。2000年,在中共十五届五中全会通过的关于"十五"计划的建议里第一次提到"文化产业",明确提出"完善文化产业政策,加强文化市场建设和管理,推动有关文化产业发展"。随后"文化产业"逐渐进入媒体和官方规划,与之相关的文化产业政策也逐渐产生和发展,不断向体系化方向发展。

2. 文化体制改革对中国文化政策的影响

中国在2003年启动文化体制改革试点,探索中国文化政策的未来走向。在世纪之交的中国,社会主义市场经济体制基本形成,文化赖以生存和发展的经济基础、体制环境、社会条件、传播技术都已经发生了深刻变化,但管理体制却落后于改革进程,极大地约束了文化产业的发展,基于这样的现实需要启动文化体制改革的试点。

2003年试点改革启动。2005年,试点经验向政策、法规转化,集中出台有关政策文件。2006年,中央发布了《关于深化文化体制改革的若干意见》,将试点改革提升为指导文化领域全面改革的指导原则。

通过文化体制改革,极大地释放了中国文化政策,使文化政策更新和变革加速、提升。在宏观管理体制、微观运行机制、文化市场体系、文化产业格局等方面均推动了相关文化政策的出台。

3. 公共文化服务体系建设任务的提出

2005年10月,中共十六届五中全会关于"十一五"规划的建议提出"加大政府对文化事业的投入,逐步形成覆盖全社会的比较完备的公共文化服务体系"。自此,公共文化服务体系建设就成为在全国展开的一项重要的文化建设内容。重构公共文化服务体系,需要对中国当代文化政策进行创新。这就极大地推动了相关文化政策的调整和更新,特别是推动了构建公共文化服务体系相关文化政策的出台。

4. 对文化政策发展原则的全面总结和部署

2011年,中共十七届六中全会通过了《关于深化文化体制改革推动文化大发展大繁荣的决定》。这个决定既是对改革开放以来形成的文化发展经验和文化体制改革经验的总结，又是对未来文化发展原则的概括和部署，总体上奠定了中国文化政策的基本走向。

2013年中共十八届三中全会做出全面深化改革的决定和部署，其中对文化发展的相关改革内容的陈述也构成了中国文化政策发展的基本内容。

我们从十七届六中全会和十八届三中全会的文件中可以看出，中国文化政策将向更适合市场经济、更适合中国文化发展实际、更适合全球化的方向发展。

通过对以上中国文化政策经历的几个关键时间点的梳理可以看出，中国文化政策随着中国宏观文化发展战略而发展和变革，因而，中国文化政策正处于发展中。这是中国文化政策的基本特征，也是它与美国、英国和法国等国家比较定型化的文化政策模式的显著不同之处。

二、当代中国文化政策的发展趋势

转型是中国文化政策发展的基本时代特点，除此之外，中国文化政策从制定到实施，均表现出自身的特点。

（一）党领导下的文化政策制定体系

中国文化政策变革的背后是中国市场经济为导向的改革，使文化日益成为一种竞争力、影响力、凝聚力和发展软实力。顺应改革发展的新形势，原有的在计划体制下形成的管理机构需要调整和变革。

改革开放以来，中国在文化政策制定和文化管理方面进行体制机制创新。中国文化政策从制定到实施，形成了中国特色的组织领导框架。

①中国共产党通过党代会和中央委员会形成的关于党的文化发展理论、文化政策和基本原则构成了中国文化政策制定的指导思想。

②按照党管文化、领导文化的原则，中宣部是中央直接管理文化发展的部门，中宣部的文件和制定的具有导向性的文化发展宏观政策直接影响了中国文化政策的发展。在中央层面，文化部、新闻出版和广播电视电影等有关文化发展的部门直接指导文化各领域、各行业的发展。

③在地方也形成了党委领导下的文化发展格局，文化政策的制定和实施离不开党委文化管理职能部门直接参与。

④具有事业单位属性的文化领域相关的协会、理事会等也构成了中国文化政策制定和实施的相关职能部门。

在坚持党管文化的前提下，在中国文化政策的制定过程中，党的决议或决定具有非常强的文化发展导向作用和文化政策制定的导向作用。中国文化政策制定除了政府之外，再加上党委的领导，这是中国文化政策非常重要的特点。

(二)分类指导和管理的文化政策

通过文化体制改革，中国的文化政策逐渐形成了文化产业和公共文化服务体系为两翼的政策体系。2000 年中央才开始把文化产业确认为重要的文化领域，并陆续出台了一批发展文化产业的政策，各级党委政府也相继鼓励和扶持文化产业的发展，这就形成了与文化产业发展相关的政策体系。

2002 年中国提出重构公共文化服务体系以来，从中央到地方有关公共文化服务的政策不断形成，并将向成体系的方向发展。

中国文化政策的一个突出特点就是强调分类指导和管理，这就逐渐形成了文化产业的政策体系和公共文化服务体系的政策体系。两类文化政策体系有所区别但又相互交叉，公共文化服务体系的文化政策倡导发挥政府、社会的作用，也积极发挥市场的作用。两种文化政策体系共同构成了中国文化政策的框架体系。

(三)中国文化政策发展的趋向

建立适合中国现状和国情的中国文化政策体系一直是中国文化体制改革的重要内容。下一步中国文化政策发展将继续坚持党对文化的领导权，不断创造性地适应市场经济的发展。如何重新界定党委政府的文化政策职能，如何将该交给市场的归之于市场、该归社会的归之于社会，正确处理好新形势下政府、社会和市场之间关系，以及如何发挥三者在文化政策制定和实施过程中的作用，是十八届三中全会为文化产业和公共文化服务体系等体制机制改革指明的基本方向，这也是未来十年中国文化政策发展的改革任务和基本趋势。

总之，中国文化政策在制定和实施过程中，紧紧围绕党对文化的领导和党对文化发展的基本指导思想展开，通过文化体制机制改革，逐渐形成了分类管理和指导的文化产业和公共文化服务的文化政策体系，为促进中国文化发展奠定了基本的文化政策框架。

第四节　国外文化政策模式对中国的启示

具体分析了国外四种不同的文化政策和转型中的中国文化政策之后，我们可以看出，目前中国的文化政策与这四种文化政策模式都不完全一样，也就是说，没有一种模式完全和中国文化政策相一致。如果硬加比附，我觉得可以表述为：我国的文化政策模式已从工程师型转变为建筑师型，但又与建筑师型文化政策模式不完全一致，但从工程师型文化政策中走出来，已是毋庸置疑的。

那么，这四种模式对于中国有何借鉴和启示呢？在笔者看来，正因为中国文化政策模式与这四种模式不一样，才有比较研究的必要，也才能从中得出有规律性的东西来指导实践。四种文化政策模式的共同点是立足本国的国情和文化发展实际，都是注重本国的历史文化传统、政治制度、政府职能定位等因素。譬如美国是一个新的移民国家，多族群、多元文化，这就要求政府的文化政策更加注重发挥社会的力量，更加注重发挥市场的力量，更加注重采取隐性、不直接的文化政策模式，使政府只起到便利提供者的作用。因而，对于我国文化政策制定而言，一定要了解自身的国情，使文化政策的制定和发挥作用与国情相吻合。否则，任何文化政策都很难收到预期的效果。

下面，我们分几个层面谈谈四种文化政策模式对我们的启示。

一、全面理解文化的属性

不同的文化政策制定和实施都包含了事先对文化本身属性的理解。不同的文化理解往往会形成不同的文化政策类型。譬如美国，因其移民社会、多元族群、多元文化，因而，政府把文化归之于社会群体自己的事情，对不同群众的文化取向、价值信仰等不做干预。政府应该少管理、少干涉，应给不同文化成长的空间，任其自由发展，但前提必须是遵守法律。所以美国没有专门的文化部，也不设定国教。这就是从自由主义、多元主义出发理解文化的属性。因而，其政府的文化政策必然是提供便利型的。而法国是历史文化传统比较深厚的国家，它将文化理解为历史传统的东西，政府必须介入加以保护，否则法国的历史文化就无法传承下去。法国"文化例外"的文化主张和文化政策，其实也是要政府干预文化，保护法国的历史文化传承和文化产品。

这就启示我们，在文化政策制定之前就需要全面理解文化的属性。在改革开放之前，在革命时期，我们都是将文化理解为意识形态，理解为从属于政治、服务于政治的东西。这样理解文化，只能使文化从属于政治，文化唯一的属性为意识形态属性。在这种情况下，根本就没有独立的文化政策，文化政策不过是作用于文化单位的政治政策的延伸部分，政府的文化管理也是完全大包大揽的计划经济模式和高度集中的统一管理运作模式。

改革开放之后，随着市场化改革的推进，文化事业单位逐渐从大包大揽的计划模式中走出来，逐渐进行了分类改革：可以面向市场的，逐渐转变为经营性的文化企业；不能面向市场，为群众提供公益性公共文化服务的，转变为公共文化事业单位。这种分类改革适应了市场化改革的背景，使国家的文化政策逐渐成形。同时，支持社会力量投入文化产业，形成文化创意产业和公共文化服务体系两个重要的文化领域。①

文化产业的发展和现代公益性公共文化服务体系的建设，均表明我们对文化性质的理解逐渐从单一的意识形态属性中走出来，使文化既具有意识形态属性，又具有商品属性。近年来，我国十分重视传统文化和历史文化遗产的保护，文化具有的民族凝聚力和历史传统性得到了尊重。这就需要我们在制定文化政策时特别要全面审视和理解文化的多重含义，完整地理解文化的属性，从完全的文化属性出发制定相应的政策，并使文化的多重属性在文化政策制定中得到协调和整合。譬如，一些文化

① 陈立旭：《公共文化发展模式：市场经济条件下的重构》，《江苏行政学院学报》2010 年第 3 期，第 36—41 页。

事业单位是党的舆论喉舌，针对其制定的文化政策应当更多考虑其意识形态职能，不能简单地按照市场的原则加以变革。同时，市场化的文化创意企业所创造出来的文化产品，应按照市场的方式生产、销售和运作，但是其前提就是遵守宪法和法律，不能颠覆党的领导和社会主义制度，不能破坏安定的政治环境。这些都应该是在文化政策制定、实施时必须考虑到的重要问题。

二、政府的微观文化政策可借鉴西方成熟的做法

从四种文化政策模式中，我们可以看出政府文化职能的发挥是多种多样的。有美国式的，政府藏在背后，不直接管理文化活动，不直接出台文化政策，而是通过间接的方式为多元文化发展提供更多的自由空间。有的像英国，通过"一臂之距"的原则，把政府的文化意图通过基金会、理事会、行业协会等中介组织来实现。具体的文化项目评奖、资助，以及具体行业的政策，均由中介组织来实施，政府只起到"庇护人"作用。在分析前面四种文化政策模式时，我们可以发现政府的职能定位和管理文化的形式和方式存在差异，而且各有利弊，有些做法值得我们研究借鉴。

我国的政府文化管理职能正处于重要的转变时期。原来的计划经济背景下的文化政策模式已经解体，但是面向市场的、多样化的文化管理模式和政策模式都没有建立起来。政府公共文化职能的发挥还存在许多弊端。譬如各地制定了许多支持文化创意企业发展的政策，但是这些政策还不细致，而且往往缺乏科学的依据。譬如对动漫文化创意企业的补贴采取按制作的分钟数进行，生产了多少集、多少分钟的动漫产品，就可以拿到多少政府补贴，根本就不管这种动漫产品是否有真正的市场利润和经济效益。这种粗放型的文化补贴政策不仅无法真正扶持有实力、有潜力的文化创意产业的发展，而且还存在"劣币淘汰良币"的隐患。因而，在这方面的文化政策制定中，我们可以更多地研究发达国家比较成熟有效的具体做法，总结出能适用于我国的文化政策，使我们制定的文化政策更加科学有效。

在公共文化服务体系建设中，我国存在的文化政策弊端更为突出。譬如政府的公共文化支出的投入缺乏民主参与，使许多公共文化设施依

主政者的喜好而建，脱离实际需要，造成了资源浪费。一些公共文化作品的评奖存在官僚机制弊端，专家和领导评出的作品根本就没有多少受众，这些获奖作品大都被压在仓库，人民群众真正喜欢的文化活动和项目反而在官僚科层体制下无法获得高的奖项。

其实，政府制定文化政策时可以更多地借鉴适合我国国情的一些具体做法，譬如公共文化中介组织的培育扶植政策、文化奖项的评奖体制、更有效扶持有潜力有实力的文化创意企业发展的政策等。我国适应市场化发展的文化政策相对发展晚、发展滞后，更多地研究和参照西方比较成熟的做法有利于推进我国文化政策的发展。

三、文化政策要注重与隐性、间接的其他政策配合和衔接

综观各国的文化政策可以发现，除了直接的文化政策之外，还有许多隐性的、间接的文化政策。譬如美国的文化政策表现得最为明显的特征就是隐性的、间接的文化政策比较多。政府通过多种方式为多元文化创造条件，譬如对捐赠的优惠税收政策、基金会的免税政策等，都是为文化自由发展创造的政策环境。因而，我们在制定文化政策时，不仅要完善直接的、显性的文化政策体系，而且要注重隐性的、间接的文化政策体系的构建，从而形成整体有利于文化发展繁荣的系统、协调的政策体系。

譬如在教育方面许多地方教育部门不注重孩子全面素质的培养，忽视对孩子进行文学艺术等高雅艺术的熏陶和培养，使他们只学习文化课或知识课程，这不仅造成了儿童全面素质的缺乏，而且也造成了未来高雅文化受众的减少。因而，加强教育体系的改革，制定全面培养综合素质、综合修养比较健全的学生的政策，提高儿童文化艺术鉴赏水平和能力，就可以为相关的高雅艺术的发展提供更好的受众和条件。因而，教育政策、教学课程体系等内容作为隐性和间接的方面，从长期看将直接影响文化的发展。法国的文化政策就是注重长期性和前瞻性的相关政策的规划，譬如，在法国，“学术性、教育性、严肃性节目”[1]因无市场，私营电台不能

---

① 谢武军:《法国的公共文化服务》,《中国公共文化服务发展报告(2009)》,社会科学文献出版社 2009 年版,第 253 页。

做、不想做的，政府通过文化政策鼓励公益性国家电台去做，国家公共电台增加文化和宗教节目不仅弥补了这类文化节目的空缺，而且提升了国家的文化品质和形象，满足了公众这方面的文化需要，潜在和隐性地培养了国民的文化鉴赏能力和文明素养。

因而，我国的文化政策制定应从总体性出发，系统梳理相关的隐性和间接的文化政策，使其与直接、显性的文化政策相配套、相衔接，发挥政策的整体合力。

总之，我国的文化政策体系经过多年发展已初步形成了大体的政策框架，但是文化政策模式还没有定型，许多文化领域的政策仍然是实验性的探索。因而更好地立足本国实际，创造性借鉴和吸收世界范围内具有典型性的四种文化政策模式精华，对于创新和完善国家文化政策体系具有十分重要的现实意义。

第二章　文化管理体制

文化管理体制是文化管理系统的结构和组织方式，世界各国的文化管理体制各具特色，总体来看可分为：一是以法国和日本为典型代表的政府主导模式。这种模式从中央到地方政府均设有文化行政管理部门，有垂直领导关系和非垂直领导关系，各级政府文化部门对文艺团体进行有限的资助并提供比较完善的文化管理。二是以美国、加拿大等为典型代表的民间主导模式。这种文化管理模式政府没有正规的文化行政主管部门，主要以政策法规营造良好的文化生态，鼓励各类文化团体或机构自我生存。政府财政对文化的投入主要通过各类准行政机构进行分配，这种机构通常被称为“国家艺术理事会”。三是以英国、澳大利亚为典型代表的政府与民众组织的分权化模式。政府以“一臂之距”与民众组织合作，将文化资源进行分配和拨款的间接管理模式，它要求政府对公共文化采取一种从集中管理到分权管理的管理体制。

第一节　美国文化管理体制

美国是一个由多民族多种族构成的移民国家，虽然主体文化只有二百多年的历史，但无疑已经成为名副其实的文化大国。特别是 20 世纪以来，其软实力之强更是有目共睹。在长期的历史发展中，美国形成了一套独特的文化管理体制。美国不太信任政府的作用，没有专门的国家文化管理部门，譬如文化部；政府不直接干预文化，主要依靠法律、税收等手段来实现对文化的间接管理。

一、美国文化管理体制构建的支撑理念

一直以来,美国是一个奉行自由主义原则的国家,自由主义是美国政治、思想和文化的核心。作为文化立法较早的国家,美国在1791年的美国宪法第一修正案中就规定:“国会不得制定法律剥夺人民的言论和出版自由。”这就使得美国的行政和立法机构在文化政策的干预方面变得小心翼翼。

1. 美国文化管理体制构建的重要理念是文化的“去中心化”

18世纪末形成的美国政治模式对国家不信任,特别是对联邦政府不信任,在宪法中体现为联邦制度的建立,将所有社会、教育和文化问题下放到各州一级。美国社会不信任政府对艺术人文的掌控,认为政府的干预会危及艺术家的创作自由和独立性。历史上虽然也有政府直接介入文化的情况,如1929年经济危机之后,在罗斯福新政时期,政府首次以突然的方式大力度介入文化,但当时更多的是出于社会福利的考虑而非艺术,目的是给创意工作者提供工作。

在文化艺术方面,美国政府奉行不干涉的原则,不直接介入和干预,也没有像法国一样的文化部。1965年虽然创建了对文化进行资助的联邦独立机构国家艺术基金会,但是,随着文化的“去中心化”运动,联邦的预算被转给各州和城市,国家艺术基金会就慢慢衰落了。国家艺术基金会的衰落进一步证明了由联邦政府来负责艺术的模式在深层次上与美国精神不相容。在美国,现在没有文化部,将来也不会有。美国教育法案中指出,人文与艺术的鼓励与支持是联邦政府所关心的,但艺术本为私人和地方的事业。美国联邦政府更多地将权力下放到各州,更多地依靠各州、城市而非联邦政府。政府所做的应是为文化企业的经济活动以及个人的文化创造搭建一个公平合理充分竞争的平台。

2. 在美国,另外一个不断重复的理念是“艺术与文学属于人民,因为终究是人民创造文化”

每一届的美国总统,国家艺术基金会的每一位负责人,都想活跃基层的文化生活。这种对普及性的关注也是宪法所要求的,因为美国联邦主

义的传统并未交付华盛顿专门的文化职能。国家艺术基金会将“文化民主化”的理念加入它的章程的开篇部分。创建这个联邦事务处的目的就是为了在全国发展文化，国家艺术基金会将预算中的很大一部分用于这个目的。

国家艺术基金会一直致力于地区和当地的文化政策，其真正目标是增加文化受众，改善艺术供给的地理分布，旨在让所有人都能接触到文化。如在南希·汉克斯主持国家艺术基金会时期，国家艺术基金会帮助艺术家入校驻留，资助一些广播和电视文化项目，在舞台演艺方面资助一些全国巡演。巡演是将文化供给扩展到全国的一种最合适的手段，通过巡演，国家艺术基金会将文化带到最偏僻的地方，带给环境最闭塞的观众。在南希·汉克斯的任期里，国家艺术基金会几乎所有的行动都旨在扩大文化受众。这一时期该事务处全部预算的50%被用于文化的普及。

所有地方文化事务处也都将文化民主化视为它们的当务之急。各州的补贴严格按照民主原则进行分配，在地理上尽可能分配到各个县，这一民主原则始终得到捍卫，并在许多州被严格加以执行。这种文化民主化的理念，不仅渗透在各位总统的演讲中，也成为所有文化机构、基金会、工会的理想。出于文化民主化的原因，公众被要求越来越广泛地置于文化行动的核心。如美国的博物馆在原则上曾经长期是免费的，对教育与普及的关注一直主宰着博物馆、乐团、歌剧院和芭蕾舞团等非营利机构的政策。

3. 近年来，“文化多元性”也成为美国文化管理体制的重要理念之一

美国的文化体制在20世纪60—70年代之间因为黑人问题发生了重大转折。美国的文化精英在享受了一个多世纪特权以后开始放弃精英主义，承认了文化多元。文化多元成为美国的新信条。“文化多元性”这个概念，首先是在高等教育中出现，然后逐渐扩展到整个文化领域。1980年国会修订了国家艺术基金会的法令，对这一事务处增加了一项强制性描述：文化多元性成为事务处的首要关注。文化多元性在1980年随着这次法案的修正而成为美国的文化理念。从那以后，这个事务处增加了支持黑人、拉美裔和亚裔的行动。

而且，相同的运动发生于各州和各城市的文化事务处及各大博物馆、乐团、剧院、大学中。这些机构都将多元性树立为它们的首要关注，它们

通过展览、电影院放映场次安排、少数族裔文化节、雇员及董事会成员的选择，来体现这种文化的多元性。从此以后，文化的多元性成为日常文化活动的一部分。

在美国，这种文化的多元性主要依靠的是一种族裔一种族标准，如外国学生的数量、外国艺术家的数量、少数族裔创作作品数量、少数族裔文化节数量、黑人或拉美裔剧院的数量等。而且，这种文化的多元性较多重视的是内部的多元，很少重视审美的多元和外部的多元。在内部，这种文化的多元化让美国继续产出世界上最多元的文化。如一些基金会开始把资助的目光转向一些地区的黑人博物馆、拉美裔的街区博物馆，开始资助“嘻哈”乐队等少数族裔艺术。在外部，文化产业输出的却并非这种多元性，如好莱坞输出的文化产品和千篇一律的大众文化。内部的多元和外部的帝国主义一方面使美国国内的人们能够保护自己族群的文化，另一方面它在国外削弱那里的民族文化。美国人常常维护的是自己的多元性，族裔的考虑多于审美，他们不考虑其他人的多元性，这正是美国能够用来加强其在世界文化中的霸权的手段。①

二、美国文化管理体制构建的结构模式

由于各国政治制度的差异，各国的文化管理模式都呈现出自己的特点。在长期的发展中，美国的文化管理体制形成了一套行之有效的不同于欧洲的独特模式：联邦政府在文化管理中不起直接作用，由公民社会代替国家参与文化管理。文化生活被交到公民社会手中，完全地去中心化。民族的全部活动力量自发地为文化体制做贡献。在美国，存在许多中介机构，它们各自都认为是对文化负责的，它们按照各自选择的原则行事，按照它们自由定义的各自不同的首要关注事项展开行动。从这一角度来看，在文化方面，美国大概是最接近于自我组织的社会模式的国家。

在这一体制中，国家、各级地方政府、基金会、非营利性文化机构、大学、社区、院外游说集团等各自扮演了不同的角色。这种体制是独特而复杂的，是由数不清的独立行动者共同经营的。

---

① ［法］弗雷德里克·马特尔：《论美国的文化》，商务印书馆 2013 年版，第 445、447 页。

1. 在国家层面,美国没有一个专门的行政部门对文化实行直接管理

政府主要是由经议会立法成立的国家艺术基金会、国家人文基金会、博物馆图书馆服务署等文化代理机构来计划和协调全国的文化艺术活动,对非营利团体、个人和地方事务处进行财政资助。这三个机构都没有行政管理权,只有拨款权。以国家艺术基金会为例,该基金会成立于1965年,它的模式仿效了慈善业。为避免国家艺术基金会任何直接介入,从国家艺术基金会成立一开始就确定了恪守的几个重要原则:首先,国家艺术基金会把艺术的选择委托给代表机构,由艺术家和专业人士组成的评委会负责授予奖学金和补贴。另一方面,补贴只限于给非营利目的的组织,而不是给商业的文化企业。同时,为了最大限度地"去中心化",国家艺术基金会还鼓励各个州和城市建立事务处,支持本地文化艺术事业发展,各州可以自主管理国家艺术基金会的预算。另外,国家艺术基金会还倾向于用"配合公共捐款按比例认捐"(或叫"资金匹配")的方法来激活慈善事业。

2. 在地方层面,各州和各城市都有自己的文化事务处

多数情况下,从法律上讲,事务处在它们所属的州政府机构中是"自主"的,它们有自己的办公地点和自己的委员会。通常,每个事务处都有一个委员会来领导,其成员差不多都是由州长任命(有时必须经议会认可)。通常,事务处将颁发津贴和做出艺术门类选择的责任委托给一些"同行"组成的独立的评委会。以纽约州的文化事务处为例,它拥有一个董事会,15名志愿董事在经过州议会认可后由州长任命。他们在艺术问题上为州长提供建议,确保事务处资金的公平分配。文化事务处主要的工作由一个雇员团队进行,由一名经理人领导,经理人同样是由州长任命的。如今,在美国,存在10多个地区级事务处、50多个州级事务处、几十个县级事务处和近4 000个市级事务处。虽然各州和各城市所支配的预算很少,但这些州或市级事务处的作用仍旧是至关重要的。重要的不在于它们颁发的补贴,而在于这类补助为那些文化机构所获得的存在的合理性。这些合理性使它们能够获得更多的基金会、富有的慈善家或企业艺术资助人的捐赠,超过它们申请到的"真正"的资金。各州事务处一般都专注于一些针对自己独特社区的计划,它们的影响力一直渗透到社区。

如今，各州在文化中的作用已经超过了联邦政府的作用。

3. 公民社会在美国文化中的作用是一种前所未有的模式

文化大机构、基金会、大学、社区、院外游说集团和工会是这个公民社会的主要齿轮。理解美国文化体制的关键不在于国家与市场之间的对立，而在于商业与非商业的划分，即营利与非营利的划分，这个大分界线是这个体制独特的区别因素。在美国，文化机构分为非营利性文化机构和营利性文化机构。营利性文化机构交予市场，对非营利性文化机构则给予扶持。

与欧洲不同，美国的非营利性文化机构是在保留公益使命的同时，参与市场化运作。其独特性在于：首先是非营利文化机构的非营利性的法律地位。这种非营利性的法律地位使它们可以接受个人、基金会、企业等的捐赠，而捐赠者通过捐赠可以获得巨大的减税。作为交换，这些非营利机构必须代理公益使命，它们的目的不是为了营利，而是公益或慈善，它们总是将教育作为首要关注。

另一方面，这些非营利机构在保留公共目标、公益使命的同时，是作为私人企业来管理的，仿照私人企业模式进行市场化运作。它们首先懂得增值，不论是通过劝募来增加入账，还是精心投资在证券市场上的基金，美国所有的文化与大学机构都在力求发展，将本金最大化和赢得利润。以前，非营利文化机构的核心是董事会，无论是大博物馆还是小剧院，董事会都是作为志愿者来领导它所负责的组织。董事会成员首先是机构资金的重要捐赠者，在董事会里，捐赠是一种义务，其主要职责是筹集资金，但不获得报酬。20 世纪 60 年代以来，随着文化经理人的出现，非营利文化机构的权力重心从董事会转移到执行团队。对机构负责的是文化经理人，由他对媒体发表意见，当然他还必须向董事会汇报。

在美国，还有数千个基金会投入艺术领域。法律规定，基金会实行对捐赠者独立的原则，它们各自自主确定其政策与标准，有各自的想法，是效仿私营企业但又具有非营利目的的一种独特模式。其组织围绕三个责任层：第一个层级是主席领导的董事会，属于基金会的领导层，几乎全部由生意人组成。它确定基金会的政策路线，但不具体管理，董事会成员始终是自愿的，理论上讲甚至不能得到报酬。董事会的首要使命是任命基金会负责人，由他真正来领导这个组织。第二个层级是总裁及其常务团队，负责管理基金会的日常工作。在这一级别，专家占多数，通常来自重要的大学和公共行政部门，多数情况下有薪酬。第三个层级是外部顾问，通常是研究人员和大学学者，他们按照合同领取报酬，与他们的实验室一起进行研究。利用这三个层级，基金会将生意人、大学学者与高级行政官员混在一起，这一切在非营利的框架与公益使命之下构成一种独特的创新。他们将一些捐赠分发给一些进行文化行动的机构，但是他们自己却不行动。

如果说基金会能够帮助艺术机构进行教育或进行有针对性的创新行动，那么大学在教育公众、培训艺术家、为职业创意者提供工作、文化研发、传播地方文化等方面则起着更广泛的作用。在美国，大学并不处于美国文化体系的边缘，而是在其中心。这是美国与欧洲文化生活之间的一大差异。[①] 美国 4 182 所高等教育机构中（其中有 1 400 多所研究型大学），有 700 所美术馆或专业画廊，300 个独立的大学电台，345 个摇滚乐、流行乐音乐厅和 110 个大学出版社，3 527 个图书馆和约 2 300 个演艺中心。[②] 将艺术纳入大学环境，这是美国文化模式的一个核心元素。出于非营利目的，美国大学承担着一整套有意义的使命。依靠大学，美国人在艺术中创新、培养和冒险，使得多种文化样态能够在市场压力之外得到发展。至于社区，同样起着决定性作用，它们在实际生活中在各地鼓励广泛的文化多元性，是美国文化体系的一个重要推动力。而院外游说团体和工会，如美国艺术协会等，它们的会员有几万人，能够进行艰难的诉讼，在国会进行长期的斗争，努力改善艺术家的工作条件和社会保险。

在资金的分配模式方面，与欧洲国家根据社会、教育和文化事业决定资金分配不同，在美国，这一选择权被留给公民，他们用自己的捐赠来决定该扶助哪些机构。当然，这种自由同样伴随着责任与参与。所涉及的捐赠款项也与欧洲国家不同，美国的政府资助只占很小的一部分，更多的捐助来自个人、基金会、企业等的捐赠。捐赠在美国是一种普遍现象。据普遍估计，文化资助平均 75％来自个人，9％来自个人遗赠，11％来自基

① 在欧洲，艺术一般不扎根于大学系统（只有几个例外，如牛津和剑桥），而如今比以往更少。很少大学有剧院、电影院、博物馆，业余文化生活也很有限，交响乐团或舞蹈团就更少了。

② ［法］弗雷德里克・马特尔：《论美国的文化》，商务印书馆 2013 年版，第 308 页。

金会，只有5%来自企业赞助。①

三、美国文化管理体制的运行方式和手段

美国文化管理体制的运行方式和手段主要有以下几种。

1. 完善文化立法，主要依靠法律体系和税收政策来支持和保护文化艺术事业的发展

美国作为文化立法较早的国家，在其早期并未制定单独的文艺法规，而是以相关的文艺条款的形式定在各种通用的法规里，沿用至今。美国立法中最早有文艺条款的是1787年的美国宪法，其中第一条第八款规定："为促进科学和有益艺术的发展，需保障作家和发明家在一定时间内对其写作及发明的绝对权利。"这是美国最早的对文化艺术进行保护的版权法和专利法。之后，随着美国法律体系的不断修订和增改，在文化方面的立法也在不断完善。美国现行立法中最有影响的、最重要的两部法律是《国家艺术及人文事业基金法》和《联邦税收法》。《国家艺术及人文事业基金法》是1965年美国国会通过的一部支持文化艺术事业发展的法规。在该法规中规定：政府对文化艺术给予有限支持的方式是对非营利性质的文化艺术团体和公共电台、公共电视台免征所得税，并减免为其赞助的个人和公司的税额；只有这些非营利性质的文化机构或艺术家才有资格申请联邦政府提供的文化资助。而有关非营利性文化艺术机构及其赞助者享受减免税待遇的具体法律规定，则体现在《联邦税收法》中。

在《联邦税收法》中规定，美国所有的文化艺术团体均可自愿以本身的宗旨选择登记为营利或非营利机构。若登记为营利机构，则与一般商业公司一样，照章纳税，其盈利可以自由支配；若登记为非营利机构，则可以享受免缴营业所得税，可以享受政府资助，接受公司、企业和个人的捐助等，但是，盈利不得为私人所有。这些都受到联邦税务部门和各种法院的严格监控，如有舞弊，机构将会受到严惩。正是因为美国的这种税收政策可以使捐赠者获得巨大的减税，所以，现在在美国有越来越多的营利文化机构转向非营利文化机构，文化生活正缓慢导向非商业的一边，这是当

① [法]弗雷德里克·马特尔：《论美国的文化》，商务印书馆2013年版，第290页。

代美国文化体系的一个特点。

2. 采用资金匹配的方式调动全社会力量共同资助文化艺术事业发展

美国政府不直接参与文化资助，主要通过国家艺术基金会、国家人文基金会和国家博物馆图书馆服务署等文化代理机构对文化艺术事业进行间接资助。国会每年拨款给这三个机构，这三个机构每年向各州政府的文化艺术事务处、非营利文化机构和由同仁评委会选择的艺术家拨款，同时要求各州政府拿出相应匹配的地方财政资金与联邦政府的资金相配套，来赞助和支持各地文化艺术事业的发展；另外国家基金会还要求非营利文化机构和艺术家积极向社会筹集资金以获得政府的资助。比如，国家艺术基金会同意资助波士顿美术馆的一个项目，条件是这个美术馆必须为同一个项目从某个基金会或当地富有的捐赠人那里得到相等的一笔资金。这种资金匹配的方式有力调动了州、地方政府和社会力量支持文化艺术事业发展的积极性，也调动了非营利文化机构、艺术家的积极性。

从整体上看，国家艺术基金会等的投入只占人文艺术整体投入的很小一部分，一般要求对任何项目的资助总额都不超过所需经费的50%，更多的公共资助来源于个人、基金会、企业等的社会捐助。由此可见，美国的国家资助、补贴只是充当其他资金的引子，是为了激活更多的社会力量资助和支持文化艺术事业。在不断的探索与发展中，美国逐渐形成了一套多元化的文化资助体系，确保了美国文化体制的健康运行和发展。

另外，除了综合运用法律、税收等方式和手段对文化进行间接管理外，美国还通过文化艺术行业协会等进行自律管理。美国政府的文化机构与社会文化艺术各种行业协会等民间组织和机构保持着密切的联系，通过帮助行业协会制定自律公约来对它们进行管理和制约。行业协会还代表本行业对美国国会、联邦政府甚至法院进行游说活动，在立法和政策制定方面施加影响。如美国电影协会，其行业协会的规则由电影行业本身自主确定，国家和议会都不干涉。如1966年以来电影行业实施的分级制度，是根据电影中的暴力、裸露、性爱程度来加以分类。这种关于电影分类的规定，是由电影业本身决定，而不是政府或国会决定。除了对电影行业进行管理外，美国电影协会还发挥了维权、服务、沟通和监督的作用。在国内，美国电影协会负责协调该机构在美国国会的活动，通过多种方式增强美国电影在国会的影响力。在国际方面,电影协会一方面依靠国会来促进好莱坞电影的出口,同时在对外贸易部、国务院及美国大使馆持续不断的帮助下,向各国政府进行游说,要求开放电影市场、取消限额和关税、减轻审查的力度。另外,美国电影协会还鼓励美国的电影制片公司开拓国际市场,在全世界范围内推广美国电影。

总起来讲,美国虽然没有文化部,但由于综合采用了法律、税收等方式和手段,极大地调动了市场和社会发展文化的活力。目前,美国的文化管理体制仍然呈现出诸多活力。

第二节 英国文化管理体制

一、英国文化管理体制构建的支撑理念

英国文化管理体制构建的理念秉承了保持距离、适度分权、"专宽兼备"等原则,并在政策和法规的制定中贯彻了产业发展的理念。

(一)"一臂之距"原则

在英国有个比较形象的说法,叫作"一臂之距"原则。1945 年英国艺术委员会成立之时,即被作为一项基本原则采用,一直沿用至今,并得到进一步完善和发展。其最初目的是为了防止党派政治干预艺术。"一臂之距"的原则算是英国人的独特发明,指的是中央政府部门在其与接受拨款的文化艺术团体和机构之间,设立一级作为中介的非政府公共机构,负责向政府提供政策咨询、文化拨款的具体分配、协助政府制定并具体实施政策等,几乎每一个文化艺术领域都有各自的全国性公共文化机构,来负责贯彻涉及本领域的文化政策和分配政府对文化事业的拨款。

"一臂之距"原则的两种分权方向。

1. 垂直分权

中央政府及所属行政部门和各级地方政府的纵向分权。一方面,中央政府将文化政策制定和实施的主要权力及部分文化拨款的责任交给所

属文化相关部门,如英国的文化、传媒体育部;另一方面还要求各级地方政府也必须行使相应权力和承担相关责任。

2. 水平分权

各级政府与文化方面的非政府公共组织的横向分权关系。这类组织是介于政府与具体文化单位之间的文化中介机构,它有两个特点:其一,它是代理政府具体管理文化的准政府组织,接受政府委托,为政府提供文化政策咨询和政策设计,策划文化政策实施方案,还负责把政府的部分文化拨款落实到具体文化单位。其二,它独立于政府之外,是非政府、超党派的独立中介组织。这类组织多由艺术方面和文化产业方面的中立专家组成,独立履行职能,避免过多受政府行政干预,从而使文化发展尽可能保持其延续性。

(二)适度分权原则

即权力下放,指的是政府行政主管部门只管文化而不办文化。分权的原则不仅体现在中央政府文化行政主管部门的权力下放,也体现在地方政府不管文化的施政原则上,甚至还体现在非政府公共文化机构的分工和运作上。英国中央政府在进行文化管理的实践过程中,一方面从只管小范围的文化逐步过渡到统管大范围的文化,另一方面却始终坚持了只管文化,即通过制定和监督文化政策来对文化事业的发展发挥领导和调控作用,而不对艺术团体和文化机构进行直接的行政干预。这样,既保持了政府文化行政主管部门的精干和高效,也有利于文化艺术事业的繁荣发展。英国各级地方政府根据法律的规定,也不对其辖区内的文化艺术团体和文化事业机构实施行政干预。因此,在英国,中央政府和地方政府都没有直管和经办的文化艺术团体和文化事业机构。皇家歌剧院、皇家芭蕾舞团等国家级的大型文艺团体,大英博物馆、国家美术馆、大英图书馆等国家所有的大型事业单位等,都是独立运营,并不直接隶属于文化、传媒体育部管辖。

(三)"专宽兼备"原则

"专",即所有的文化事务均由一个专门独立的政府文化主管部门管理。1992 年以前,英国的文化事业主要由教育和科学部管,还有一些文化事务则散落在艺术和图书馆部、环境部、贸工部、就业部和内政部等多个部门。在发展文化的实践中,这种多个部门共同管理的体制不利于文化政策的整体协调和文化事业的整体发展。于是,英国政府1992年建立了专门主管文化的部门国家遗产部,将分散隶属于其他多个部门的文化管理职责统一由其行使。1997年,工党政府又将其更名为文化、传媒体育部。实践证明,对文化集中统一管理,避免了各部门间在发展文化过程中相互牵制甚至相互推诿扯皮的现象。

"宽",即凡是涉及文化的事务都交由政府文化主管部门管理。国家遗产部的管理范围囊括了艺术、博物馆、美术馆、图书馆、电影、电视、广播、出版、录音录像、体育、旅游、娱乐、工艺、建筑、园林、服装设计、国家彩票基金和千年(2000年)基金。2002年,工党政府又将赛马、博彩、饮酒和英国女王伊丽莎白二世登基50周年庆典等事务交由文化、传媒体育部管理。

此后,文化、传媒体育部对创意企业实施了跨部门的持续扶持政策,包括减免税收、知识产权保护、海外市场开拓、教育与技能培训等。为实施"创意英国"战略,该部2008年发布《新经济下创意英国的新人才》战略报告,提出了包括人才培养在内的26条促进建成"全球创意中心"的行动计划和相应目标。实践证明,大文化管理体制对于推动文化和经济的相互融合,实现文化经济化和经济文化化,以文化这个引擎带动相关产业或行业的发展,具有重要作用。[①]

在政府引导下,英国的非政府公共部门成了文化机构的主要管理者,而文化机构则需要自主经营、自负盈亏。文化、传媒体育部在其2011—2015年工作计划中,还提出要进行制度改革,让更多人参与到创意产业中来。英国政府一方面大力投入扶持创意产业,以一种推崇创意的理念来激发个人的创新,同时也注意对其加以平衡引导,抑制发展过程中出现的某些对物质、对财富的过度追求倾向,倡导文化人沉下心读书思考,因为任何创新都源于思考,创新依赖于深厚的传承积累。

---

① 熊澄宇:《英国政府下放权力,扮好扶持角色》,《人民日报》2012年3月14日。

二、英国文化管理体制的结构模式

(一)直接管理与间接管理相结合的三级管理体制

英国建立了一种中央和地方三级间接管理形式的现代政府文化管理体制。

1. 中央一级管理机构

文化、传媒体育部是最高一级的文化行政管理部门,负责制定文化政策和统一划拨文化经费及审核使用情况,是统管全国文化、新闻、体育事业的政府主管部门,所有与文化相关的事情,由文化、传媒体育部统管,内容包括文化艺术、文化遗产、图书出版、新闻广播、电影电视、录音录像、体育、旅游、娱乐,甚至包括工艺、建筑、园林、服装设计等。

2. 中间管理机构

地方政府及非政府公共文化机构即带有准政府性质的各类文化艺术委员会为中间机构,负责执行文化政策和具体分配文化经费。

3. 基层管理机构

基层地方政府及地方艺术董事会、各种行业性的文化联合组织,如电影协会、旅游委员会、广播标准理事会、体育理事会和博物馆、美术馆委员会等 38 个机构,负责具体使用文化经费。

这三级架构各自相对独立行使职能,无垂直行政领导关系,但通过制定和执行统一的文化政策,逐级分配和使用文化经费,相互紧密地联系在一起。文化、传媒体育部的职责是:制定宏观文化政策,负责政府对文化事业的拨款和监督拨款的使用,直接管理国家级的文化事业单位并协调与非政府文化公共机构的合作。具体说,该部负责制定政府对艺术、体育、国家彩票、图书馆、博物馆、美术馆、广播、电影、新闻自由与规则、历史环境及旅游业的政策及相关工作。文化、传媒体育部实行内阁大臣负责制,部属机构设五个部内局、两个部外署和两个直属处。文化、传媒体育部制定的宗旨和目标主要依靠其资助的非政府公共文化机构实施。这些机构的运行状况将直接关系到是否能实现政府制定的文化政策目标,因此该部的一项重要职能是要确保接受其资助的这些非政府公共文化机构最大限度地投资价值回报和有效使用政府拨款，以达到其制定政策的目标。

中间一级具体负责国家艺术经费和基金的分配和使用，避免了文化主管部门直接干预文化艺术，防止资金分配上的政治影响。这个做法被称为“一臂之距”原则，是英国文化管理的法宝。三级文化管理机构通过制定、执行统一的文化政策和逐级分配、使用文化经费，既相互联系，又保持相对的独立性。

文化、传媒体育部通过拨款方式对非政府公共文化机构在政策上加以协调，但无行政领导关系。这些非政府公共文化机构奉行与政府保持“一臂之距”原则，独立运行。除主要从文化、传媒体育部拨款取得经费外，大多数非政府公共文化机构还通过收费或从事其他商业活动获得收入。

按照分级管理的要求，英国各级文化管理机构职能边界清晰且分工合理。中央政府在文化管理的实践过程中，一方面从只管小范围的文化逐步过渡到统管大范围的文化，另一方面实现“管办分离”，即通过制定和监督文化政策的方式对文化事业的发展发挥领导和调控作用，而不对艺术团体和文化机构进行直接的行政干预。这样，既保持了政府文化行政主管部门的精干和高效，也有利于文化艺术事业的繁荣发展。文化、传媒体育部的职责是制定宏观文化政策，负责政府对文化事业的拨款和监督拨款的使用，以及直接管理国家级的文化事业单位，并协调与非政府文化公共机构的合作。各类非政府公共文化机构具体负责政策执行和文化经费划拨，其职责明确。非政府公共文化机构的职责是负责执行上级文化政策和划拨文化经费，在中央文化管理机构和基层文化管理机构之间起到中介作用，奉行“一臂之距”原则，保持了一定的独立性。除从上级获得经费支持外，大多数非政府文化机构还可通过收费或其他商业活动获取收入。地方政府负责执行上级文化政策和拨付文化经费。基层文化管理机构利用文化经费开展文化艺术活动。①

（二）英国政府文化管理体制的结构安排

英国中央政府文化管理机构经历了从不设官方文化管理机构到1992年以前将文化事业置于教育和科学部等多个部门，再到1992年成

① 范中汇：《英国文化》，文化艺术出版社2003年版。

立文化主管部门国家遗产部，直至1997年更名为文化、传媒体育部的演变过程，最终形成一个统一的大文化管理部门。文化、传媒体育部统一行使包括文化艺术、广播、电影、电视、出版、体育、旅游等在内的文化管理职责。这种大文化组织体制避免了部门专业分工过细而带来的职责交叉、互相推诿等问题，有效地整合了文化资源，提高了中央政府文化管理部门对国家文化事业的协调和管理水平。此外，英国各级政府不设立由其直接管辖和经办的文化艺术团体和文化事业机构，而是采用市场化运作。非政府公共文化机构具体执行中央文化部门的政策。各类文化管理组织相互配合，有效地实现了大文化管理职能。英国在明确文化管理职能的基础上，合理分配管理权限，坚持放权分权原则。这体现在中央政府文化行政主管部门的权力下放、地方政府不管文化的施政原则以及非政府公共文化机构的分工和运作上，具体体现为政策、决策和执行职能的分离，即文化行政部门（政策制定者、经费提供者）—理事会（管理主体、决策咨询者）—文化活动主体（执行者）。具体来说，中央文化部门具有政策制定权和宏观管理权，不干预文化政策的具体执行情况；中间层级的全国性非政府公共文化机构享有决策咨询权和政策执行权，负责执行本领域的文化政策和分配政府对文化事业的拨款，其职责的行使不受上级部门的干预；地方政府负责提供文化经费支持，不干预具体的文化活动。

三、英国文化管理体制的运行方式与手段

英国文化管理的方式，从宏观上来说，主要不是依靠行政手段，而是通过政策引导和经济调控达到管理目标，呈现出弱化行政手段，以政策引导和经济调控为主的特点。

（一）宏观政策

长期以来，英国没有成文的国家文化政策，而是体现在各级文化管理部门和机构的职能条文中。受政府委托，英国艺术委员会等组织经过两年调查、研讨形成了"国家文化艺术发展战略"讨论稿，于1993年经国家文化遗产部审定后正式发表了题为《创造性的未来》的"国家文化艺术发展战略"。这实际上是英国中央政府发表的一份政策声明，全面阐述了英

国文化艺术的发展方向及各项政策原则和具体措施。这是英国有史以来首次以官方文件的形式颁布国家文化政策，对于英国文化艺术发展具有重要的纲领性指导意义。同时，政府对文化艺术的支持采取的是区别对待的政策，通过财政拨款加以体现。为了保证政府拨款资助得到良好的效果，通过艺术委员会对享受政府长期资助的文艺团体进行有效监督。其做法是：签订资助协议，年度审核，持续评审。同时，政府对于文化艺术的支持也不是大包大揽，而是鼓励文艺团体和事业单位积极自创收入和争取社会赞助。

英国政府经常通过发布白皮书或法案的形式，出台政府发展创意产业的方案或制定保障文化产业发展的措施。在这一领域的主要指导性文件中，颇值一提的是《数字英国：最终报告》。到目前为止，它是英国政府针对数字时代出台的最为严肃的政策。报告探讨了三个主要议题：增强数字参与力度，建设新的通信基础设施，更新相关的法律法规架构。其中有很多内容涉及创意产品和服务的生产与交易、知识产权的地位、公共部门和私有部门的关系等。尤其是，报告将盗版视为创意产业健康发展的主要威胁，并提出了解决办法。随着 2010 年 4 月数字经济法案的通过，报告中的很多政策建议成了法律。

(二)文化立法

英国虽然没有对文化进行全面宏观制约的法令，但在文化产业的某些具体领域有一些法律法规规范此领域的发展，主要包括广播影视、遗产保护和新媒体。另外，在税法、劳工法等其他领域的法律中，也间或有与文化产业相关的规定。英国学习了美国企业赞助文化的机制，也采取了自己的方法，及政府陪同鼓励企业赞助，更有效调动了企业赞助的积极性。同时，对法国的政府拨款支持文化发展的方式又进行了发展，通过中介非政府公共文化机构间接拨款，使政府拨款更加公正。

(三)中介机构

1. 政府通过中介非政府公共文化机构实现对文化事业的财政支持

文化、传媒体育部作为中央政府行政主管部门，只管制定政策和财政拨款，没有直接管辖的文化艺术团体和文化事业机构，国家所有的大型文化单位，如大英博物馆、国家美术馆、大英图书馆、皇家歌剧院、皇家芭蕾舞团等，都是独立运作，不直接隶属于文化、传媒体育部。具体事务交给非政府公共文化机构，如英格兰艺术委员会、工艺美术委员会、博物馆和美术馆委员会等由专家组成的机构，它们负责对各文化单位进行评估和拨款。政府虽然不能对文化单位直接提供资金支持，但可以通过具体拨款方式对非政府公共文化机构在政策上加以协调，体现政府对文化艺术的管理目标和支持重点。英国政府对文化事业的资助重点一般有三个方面：第一，严肃艺术，如戏剧、古典音乐、歌剧、芭蕾舞等，对商业性艺术如音乐剧、流行歌舞则不予资助。第二，国家级的重点文艺团体和事业单位，如皇家歌剧院、皇家芭蕾舞团、大英博物馆、大英图书馆、国家美术馆等。第三，高质量的艺术节目。

2. 非政府公共文化机构建立起全国文化事业管理的网络体系

各类中介非政府公共文化机构通过具体分配拨款的形式，负责资助和联系全国各个文化领域的文化艺术团体、机构和个人，形成全社会文化事业管理的网络体系。这既不同于美国无中央政府文化主管部门，也不同于法国拥有直属艺术团体和在各地方派驻官员的中央文化部。这是英国的独创。

3. 政府对文化事业的财政资助是有条件的

政府对文化事业支持不是大包大揽，鼓励它们自创收入、争取社会赞助。即使享受政府长期资助的团体或机构，政府资助一般也只能占其收入的30%左右，其余部分仍需自筹解决。为保证政府资助取得良好效果，艺术委员会通过各种方式对享受政府长期资助的文化团体进行监督。如政府每年与享受政府资助的艺术团体签订资助协议，规定签约艺术团体需达到的水准并设立具体指标，包括观众人数、演出场次、售票额、筹款数额，等等。此外，还对受助团体采取年度评审、派出评审员跟踪持续评审、五年评审等方式进行评估，以此作为政府未来提供资助的依据。在英国只有政府资助的艺术团，没有政府办的艺术团；有国家级的艺术团，没有国家所有的艺术团。对于艺术团体来说，政府资助不是固定的，需要以每年的成绩与下一年的规划来确定，而且只占其总支出的一部分，因此这些艺术团体还必须努力争取票房收入，如果没有创新节目，就争取不到政府资助，则有倒闭关门的可能。可见，英国政府对文化事业的资助是有限的，要想得到政府长期资助，文化机构自身需要不断努力。①

第三节　法国文化管理体制

一直以来，法国非常重视本国的文化事业，在文化发展方面不太信赖市场的作用，更相信国家的扶持和庇护。在长期的历史发展与实践中，法国政府对内坚持文化民主化理念，保持本土文化创造活力，对外奉行文化例外、文化多样性原则，增强法国文化软实力，形成了一套具有法兰西特色的以政府为主导的文化管理体制。

一、法国文化管理体制构建的支撑理念

法国是一个文化大国，有着灿烂的文明和丰富的文化遗产，法国人一直以自己的历史文化为自豪。长久以来法国都很注重本国文化事业的发展。在法国，文化被视为一项“国家事务”，政府参与文化事务、扶持文化发展是法国社会的一个传统，这种支持文化和艺术的传统最早可以追溯到16世纪文艺复兴时期的王室庇护。

后来，法国历代政治家延续了这一传统，即使在政权更替频繁、社会动荡不安的大革命时期也没有放弃，政府始终起着法兰西文化保护者和传播者的作用，他们认为艺术和文化是实现民族团结和统一性的强有力保证，国家有负责艺术教育与普及本国艺术的责任。特别是1959年法国文化部成立后，将文化事务集中在一个专门的政府机构，作为国家在文化领域的化身，文化部成为法国文化政策的主要制定者和推动者。

法国政府对文化的扶持力度在1981年左派政府上台后大大加强，文化成为国家发展的优先关注对象，特别是在密特朗执政时期，国家在文化领域的主导地位得到全面加强。国家在全国范围内引领文化导向，在文化领域建立价值标准，对文化领域的工作人员进行管理和培训等。总之，

① 范中汇：《英国文化》，文化艺术出版社2003年版。

长期的历史积累和法国的政治特色决定了国家在文化政策领域的主体作用,这一法兰西特色也成为法国文化管理体制区别于美国等其他国家文化管理体制的最大特征。

1. 文化民主化

在法国政府的文化理念中,“文化民主化”始终占据着重要位置。“文化民主化”是一个文化普及的概念,法国人认为文化同教育一样,是每个公民所应享有的基本权利,是全体公民的福利。法国总统戴高乐在文化部成立的政令中规定:“使最大多数的法国人能接触全人类的首先是法国的文化精华;使法国的文化艺术拥有最广泛的群众基础;促进文化艺术创作,繁荣艺术园地。”这一文化理念被法国历届政府所遵循。政府采取多种措施促进文化普及活动,努力使每个公民能平等地参与文化活动。如法国政府实行的文化分散政策,将文化活动、资金和设施分散到全国各地,而不是集中在巴黎,以保障宪法规定的公民平等享受文化的权利,从而实现巴黎与外省、城市和乡村、市区和郊区的文化平衡;由政府管理的文化设施定期免费向公众开放,每月设立国家博物馆免费公共开放日,并对 18 岁以下年轻人免票;加强艺术教育,反对一切艺术教育上的社会不平等;政府对艺术及文化产业工程进行大规模资金扶植,鼓励支持民间团体和私人实施文化活动等,这些政策和措施都是法国政府文化民主化理念的重要体现。

2. 文化例外

法国政府对内坚持文化民主化理念,保持本土文化的创造活力,对外则强调“文化例外”“文化多样性”的理念,开展文化外交,提升自身文化软实力。针对美国经济全球化带来的无孔不入的文化渗透,特别是美国好莱坞电影、影音产品的传播,法国于 1993 年在关贸总协定乌拉圭回合谈判中正式提出了“文化例外”原则。强调文化产品不同于其他一般商品,反对将文化产品列入一般性服务贸易范畴。

3. 文化多样性

为避免经济一体化对文化多样性的破坏与冲击,也为了保护各民族传统文化的生存与发展,法国继“文化例外”之后,又提出了“文化多样性”的理念诉求。法国人认为,每种文明和文化都是在特定的地理环境和特定的人群中产生和发展的。文明和文化有发展先后之差别，却无优劣高下的区分，它们都应获得同等的尊重和人类共同的保护。[①]“文化多样性”理念的核心是尊重差异，包容多样。法国的这一倡议和举措得到了很多国家的广泛回应。沿着这个发展思路，法国、欧盟制定了保护传统与发展市场并举的文化发展战略。2005 年 10 月，联合国教科文组织通过了《保护和促进文化表现形式多样化公约》，支持成员国将文化产品与服务排除在国际贸易协定之外。

法国的“文化多样性”理念，实际上是“文化民主化”理念在国际范围内的运用，是法国在国际社会中反对单一文化标准和尺度的体现，既有保护民族文化个性的目的，也有警惕美国利用文化手段控制他国以获取特殊利益的考量。为了保护民族文化，在国内，法国一直坚持对影视实行配额制，规定电视节目中国产影片的播放时间不得少于 40%。正是这种配额制保护了法国的电影工业，使法国的国产电影可以保住 40%的市场份额。在国外，法国则通过建立法语联盟、法国文化中心等机构，在世界范围内传播法国语言与文化，加强与别国的文化交流与合作。

二、法国文化管理体制的结构模式

法国在文化发展方面不太信赖市场的作用，更相信国家的扶持和庇护的功效。这一方面出于对本国历史文化传统的骄傲，另一方面也出于自身在文化竞争中处于劣势的无奈。经过长期探索与实践，法国逐渐形成了一套行之有效的以政府为主导的文化管理结构模式。

法国的最高文化领导机构是法国文化通讯部（以下简称“文化部”），于 1959 年建立，是中央政府最高文化行政机构，负责管理全国的文化事务。文化部统管大局的是文化部长，还设有一个提供建议的顾问委员会。在文化部长之下分两部分，一部分是中央政府的行政管理机构。现在这个机构由原来的十二个部门合并为四个部门；设有专门处理日常事务的总秘书处，其下有三个管理总局：一是遗产保护和推广局，二是艺术创作局，三是媒体与文化产业总局；最后一个部门是法语代表委员会，主要职

① 《学习时报》2009 年 5 月 11 日第 6 版。

责是强化法语在世界各地的推广。

在中央政府和大区政府之下，还有法国的一些重点文化设施、文化团体和艺术院校等，这些公共文化机构是文化部的直属文化单位，由文化部直接管理，这些机构的主要行政领导人由国家任命，经费由政府拨款，理事会成员由政府官员组成，重要决定需报文化部审批。

法国文化部在地方的文化管理机构是各地区文化事务局。目前，地区文化事务局有 28 个，是法国文化部设在大区中的分部。地区文化事务局局长属于文化部官员（在文化部领薪），是中央派到地方的文化代表，受文化部和大区政府的双重领导。地区文化局长的职能主要是落实政府的“文化分散”政策，将文化活动、资金和设施分散到全国各地。文化部的各专业司局还向地方派驻文化顾问，协助地方文化局长按照文化部的统一部署开展工作。

皮埃尔·穆里尼埃 2002 年在《文化政策与地方分权》一书中指出：“作为国家在文化领域的化身，文化部代表国家发挥四个主要职能：立法与限制的职能，直接管理文化机构的职能，再分配资金的职能，以及活跃文化氛围的职能。”在法国文化部的统筹运作下，对内通过政府干预和经济调控保障文化民主化，对外则坚持“文化例外”原则，保护本土文化，增强文化软实力。当然，在法国，国家对文化并非实行垄断式管理，政府支持的文化活动很大一部分由民间团体实施。政府关于文化方面的决策如政府补助、分配艺术津贴、进行文化遗产保护等都要听取文化咨询机构的建议，其中包括相关文化领域公认的独立专家的意见。在每个大区都有各艺术门类的专家顾问，在每一个政府资助体系中也都有一个由艺术家组成的顾问委员会，资助金究竟怎么分配是由委员会决定的。

为提高地方政府对文化的支持力度，20 世纪 80 年代法国在文化管理上逐步落实权力下放政策。国家在保留自己在文化领域“立法者”身份的同时，开始与地方行政机构一起分担“管理者”“投资者”和“推动者”的职责。文化部鼓励地方政府制定自己的文化政策，特别是在密特朗执政时期，文化不仅受到国家的优先关注，也成为各地方议会（大区、省、市镇）的兴趣所在。地方政府作为地区文化设施的所有者，逐渐成为政府文化资金的主要提供者，越来越多的地方政府选举代表分管文化事务，并设立公共文化机构。公共文化机构在政府的监督下拥有较大的管理自主权，对支持文化建设起到了重要作用。地方行政机构的积极加入逐渐改变了文化领域的格局和模式，也逐渐改变了国家在文化领域中的绝对主导地位。

法国文化管理的结构模式正在逐步实现从集中到分权的转变，尤其是进入21世纪，国家和地方各级行政机构之间不再是单纯的监管与被监管、指导与被指导的主从关系，而是逐渐演变为建立在协商基础上的合作伙伴关系，实现了国家、大区、省、市镇之间的多级合作。如今，国家虽然不再是法国国民文化生活的唯一主体，但在文化领域中仍然扮演着不可或缺的角色。

三、法国文化管理体制的运行方式和手段

法国文化管理体制运行的方式和手段主要有以下内容。

1. 通过向地方派驻代表的方式，对全国的文化事业实行“一竿子插到底”的协调管理

在各个大区，各级地方政府都有中央政府的代表，负责把中央的政策贯彻到各层面、各级地方政府。大区文化局长是中央政府派往地方的文化代表，属于文化部官员，受文化部和大区政府的双重领导。除文化局长外，文化部各司局以文化顾问的名义向地方派驻代表。他们在文化局长的领导和协调下，按照文化部的统一部署开展本专业工作。

另外，文化部还向地方派遣具有较高专业知识水平的专业技术人员，对地方文化设施进行科学维护和管理，这不仅体现了政府对地方文化事业的支持，增强了地方技术力量，而且还通过技术人员对全国文化设施进行统一管理。现在，法国各省市所属的博物馆、档案馆、图书馆、电影资料馆、历史古迹等文化设施的主要专业技术人员均由文化部派遣。

2. 通过签订文化协定的契约形式实现政府的管理目标

在法国，为更好地实现对文化部门和单位的管理和监督，文化部与受资助的文化部门和文化机构签订文化协定，受资助的文化部门和文化机构在文化协定中明确提出自己在一个特定时期内采取的文化艺术方针、要完成的计划及所需经费。文化部的代表则在文化协定中注明文化部资

助的经费数额。这种签订文化协定的方式,不仅确保了投入经费的使用效果,还有助于改善文化部与各文化部门、文化机构之间的关系,有助于最终实现政府的管理目标。

3. 通过政府直接财政拨款的方式为文化发展提供充足的资金保障

法国对文化投入的比例之高是惊人的,政府对文化的投资数额在国家经费预算中所占比例逐年增高,并稳定在1%左右。凡官办的或政府直接管理的文化事业单位,均可得到政府较多的财政支持,一般可占全部收入的60%以上。如巴黎国家歌剧院等主要国家歌剧院,财政拨款占剧院总收入的66%~80%。政府对一些重要文化活动采取直接提供资助的方式,每个从事文化活动的单位、企业也可以向政府申请财政补助。另外,法国的大区、省、市、镇各级地方政府也都有支持文化事业发展的财政预算,其地方经费主要用来进行文化基础设施投资、资助各类文化活动、支持文化遗产保护、鼓励创作及出版等。

4. 通过文化立法手段保护本国文化,支持本国文化艺术事业发展

法国对文化事业的立法工作历来很重视,法国在文化方面先后出台了《保护及修复历史遗迹法》《古迹保护法》《建筑法》《图书单一价格法》《著作权法》等。通过立法,法国对文化事业从制度上给予充分保障。比如,1981年颁布的《图书单一价格法》规定,在法国出版的任何一种图书只能有一个价格。因而,同一本书在法国大小城市、大小书店的价格完全相同。这个法律不仅保证了法国小书店的生存,也有利于地区之间文化发展的平衡。1994年,法国议会通过了文化部长提出的《关于法语使用的法案》(简称"杜邦法")。杜邦法规定禁止在公告、广告中,在电台、电视台播送节目(外语节目除外)中使用外语;要求在法国境内出版的出版物必须有法语的概述;在法国境内举行的各种研讨会,法国人必须使用本国语言做大会发言等。对违反杜邦法的将处以罚款,立法生效后,执行是严格的。这些文化立法,为法国的文化事业提供了法律制度上的保障,有利于本国文化艺术事业的发展。

5. 政府还通过税收政策,鼓励和支持社会各界为文化发展提供赞助

为鼓励和支持社会各界赞助文化艺术事业,法国政府还制定了《企业参与文化赞助税收法》《共同赞助法》《文化赞助法》修正案等一整套文化

赞助税制体系，提供资助的企业和个人可以享受税收减免的优惠政策。如支持文化事业的企业可以享受3%左右的税收优惠，支持文化事务的协会的经费大部分由国家和地方政府补贴等。这种文化赞助税收优惠政策不仅可以让企业扬名，还可以冲抵企业税收，较好地调动了企业和个人的积极性与主动性，也减少了国家的财政支出。所以，在法国，资助大型文化项目成为很多大集团、大公司的公关政策。如卡地亚基金会资助造型艺术；在2004—2005年的中法文化年活动中，有20多家法国企业成立了“法国文化年荣誉委员会”，集资约1 000万欧元。这都得益于法国政府鼓励和支持社会赞助的税收政策。

6. 法国政府还通过行业协会等中介组织对文化行业进行规范化管理

作为政府与企业之间的中介组织，法国的行业协会在积极开拓市场，维护行业权益，加强教育培训，搭建信息平台，协调政府与企业、企业与企业之间关系等方面发挥着积极作用。政府与各行业协会保持着密切联系，一方面，政府通过鼓励行业协会制定行业标准，来规范文化行业之间的秩序，另一方面，政府还经常资助这些行业协会来实现对文化行业的协调管理。以法国的出版行业协会为例，由于企业竞争激烈，法国的出版企业一般都要加入某个协会。一旦加入某个协会，就要遵守该协会的各项规章制度。而且，法国的出版行业协会本身还设有监督和保证会员企业遵守国家法律与规定的自律性组织，这种自律性组织对各出版单位进行严格监督，这不仅有利于对经营活动进行有效规范和约束，也有利于维护出版业的秩序。法国文化部还对出版业的行业协会进行资助，如法国文化部的图书与阅览司通过资助法国出版业国际署这个协会性组织来支持法国图书的销售和出口。在文化部图书与阅览司和外交部国际合作和开发总局的帮助下，法国出版业国际署采用各种方式促进法国图书在全世界的销售和影响。

由于文化发展的特殊性，不论是国家还是地方行政机构，都难以独立承担起文化发展所需的巨额经费。因此，近年来，法国政府根据变化发展的经济文化现实，不断调整文化政策和管理方式。但无论怎样，文化行动为大众服务的法国模式一直在吸引着人们关注的目光。在国家和地方的合作伙伴关系中，加强多极合作，在合作中更好地促进文化领域的协调发展，也一直是法国政府努力的方向和目标。

第四节　日本文化管理体制

一、日本文化管理体制构建的支撑理念

日本是文化产业高度发达的国家。二战后历届日本政府都把发展第三产业特别是文化产业作为一项基本国策。经过战后五十多年的发展，日本的文化产业已形成较为完善的体系。日本主要依靠市场机制发展文化产业，但政府主导的特点也很明显，大力支持和发展文化产业，为文化产业提供方便，制定相关鼓励政策，是日本文化产业得以发展的一个根本原因。

(一)“文化立国”理念

在日本经济实现了高速增长以后的20世纪七八十年代，为了缓解因为发展经济带来的环境和资源等压力，改善“经济动物”这一负面印象，日本政府开始把战略重点由工业制造转向对文化产业的培育上。日本在1990年成立了由专家学者和艺术权威组成的“文化政策促进会议”，作为文化厅长官的咨询机构。1995年7月，文化政策促进会议提出《新的文化立国目标——当前振兴文化的重点和对策》报告，开启了“文化立国”战略的初步设想。1996年7月，文化厅正式提出了《21世纪文化立国方案》，标志着日本“文化立国”战略的正式确立。1998年3月，日本文化政策促进会议提交了《文化振兴基本设想——为了实现文化立国》的报告，提出了日本当前振兴文化的六大课题，对“文化立国”战略进行阐释。2001年，日本国会通过了《振兴文化艺术基本法》。2003年，日本政府组建了由小泉纯一郎首相挂帅的知识财产战略本部，下设“内容产业专业调查会”。2004年，内容产业专业调查会发表《内容产业振兴政策——软实力时代的国家战略》，将内容产业定位为重要支柱产业，同时明确提出十年内把日本建成世界第一知识产权强国的目标。2009年，日本内阁官房知识产权战略推进事务局又宣布了《知识产权战略方案2009》，2010年确

定“文化产业大国战略”。

“文化立国”战略的核心即是通过知识产权内容产品的创造，带动国家社会经济的全面发展，提升国家形象，打造国家软实力。

（二）文化输出理念

日本“文化立国”战略本身就带有一定的海外拓展意图。其1998年的《文化振兴基本计划》报告里关于振兴日本文化的六大课题中，就有两项与文化对外传播有关。2007年5月的《日本文化产业战略》再次明确写道：“文化产业直接关系到我国的经济利益，以及通过软实力吸引别国民众而获得的外交利益。”“文化产业对海外的影响，可以促进（受众）对日本生活方式以及文化产业背景中的价值观、审美意识的共鸣，加深其对日本文化、艺术和传统的理解。这种受众对日本综合文化实力的‘憧憬’，能够为各种产业带来中长期正面效果。”根据这一战略，日本官民并举，一方面在海外展开各项日本文化活动，一方面在国内鼓励企业在文化方面实现创新，同时在知识产权保护、内容产业国际标准、创新人才培养等方面为内容产业的发展创造良好的环境氛围。

日本动漫的海外推广就是一个突出的案例。日本外务省利用每年“政府开发援助”中的“文化无偿援助资金”，从本国动漫制作商手中购买动漫播放版权，无偿提供给发展中国家播放，等这些国家的青少年对这种“免费午餐”形成依赖后，再实现正常的动漫出口贸易。这种推广策略，使日本动漫的国际市场占有率一度达到60%。此外，日本的高科技产品也在其制订国际文化产品标准、吸引海外“数字化一代”年轻人对日本文化的认同方面起到了关键作用。

日本近年来加紧了文化输出。一是向世界推广日语。2006年，全球范围内有约300万人以日语为外语，这一数字是1990年的3倍。为了在全球范围内推广日语教学，日本基金会每年都邀请来自50多个国家的500名外国教师赴日本参加全部免费的培训课程。此外，日本基金会还计划在海外广泛建立日语中心。二是积极宣传介绍日本。采取政府出资和资助等多种方式，将日本的优秀文学作品翻译成外语（英语、法语、德语、俄语和中文等语种），并在国外出版，以传播日本文化。为此，日本政府根据一定的遴选标准，每年面向国外翻译和出版一定数量的日本文学作品。三是加大对外援助。2008 年 8 月,日本政府要求 2009 年增加 13.6%的对外援助预算。时任首相麻生于 2008 年 10 月签署了 45 亿美元的对印度贷款,创下对印援助的最高纪录。此前五个月,日本许诺在 2012 年前把对非洲的援助资金翻一番。日本还表示愿意向国际货币基金组织提供 1 000 亿美元的贷款。据资料显示,越来越多的日本人迫切希望通过援助向世界传播他们的理念。

(三)“官、产、学”协同发展理念

早在 1986 年,日本政府就已经制定了《研究交流促进法》,鼓励研究人员到企业参加共同研究,同时要求国立研究机构的设施向民间研究人员开放,并接受企业一同参加协作研究课题。这种做法将“官、产、学”之间的合作与联动推上了一个新水平,为文化产业发挥更好的作用打下了良好的协作生产基础。正是通过运用“官、产、学”协同的模式,日本形成了政府提供法律保障和政策支持,学术和研究机构负责提供市场预测、发展前景等信息支持,企业通过与政府和研究机构合作谋求文化产业发展的立体格局,文化产业发展在多个层面共同构成为一个和谐运转的整体,促进区域间平衡发展。日本政府对文化产业在国内不同地区间的发展不平衡问题,通过明确各级政府的职能分工来加以解决。比如,日本政府部门具有支援地区性文化活动的职责,具体内容则包括开发具有地方特色的文化遗产、挖掘民间艺术传统工艺等。政府还通过制定各种中长期规划,对具有地方特色的文化艺术提供全方位援助。此外,由中央政府与地方政府联合举办的各种文化活动,也为全面促进文化产业在国内的影响发挥了重要作用。经过这种上下联合的探索,日本各级地方政府逐渐认识到发展文化产业对于振兴地方经济的重要作用,并根据各地实际,举办了各具特色的文化活动。目前,京都、冲绳等地利用当地的文化优势和旅游资源优势,提出了“文化立市”“旅游立县”等战略口号,并在市场获得了良好回报。

(四)“内容不干预”理念

这是日本政府实施文化管理的一项重要指导原则。

1945 年 8 月,日本宣布接受《波茨坦公告》投降的同时,开始下意识

地向文化立国的方向迈进。为此，日本政府废除了战前严厉控制文化艺术创造和压制社会批评活动的《治安维持法》《出版法》《新闻报刊法》和《电影法》等军国主义制度下的法规，并清除了在文化指导名义下对文化的管制和干涉活动。此外，日本政府对二战期间的文化管制进行了深刻反省，开始认同和支持自由开展文化艺术活动，在实际工作中比较注意约束政府行为。经过多年的探索和努力，日本政府最终确立了对文化艺术活动进行间接资助，而对其具体内容不加干涉的"内容不干预"原则。

为贯彻和执行"内容不干预"原则，日本文化厅进一步明确了其职责：在鼓励和推动国民自发开展文化活动的同时，创造一切便利条件，以便所有国民都能够享受到各种文化娱乐；此外，努力弥补和修正文化艺术活动的某些不平衡之处，采取一切必要措施振兴文化。不过，日本政府既要"不干预"文化艺术的"内容"，又要谋求文化艺术的振兴，从实际操作上来说，是有一定难度的。比如，日本政府要在有限的预算范围内对文化艺术活动进行重点资金支持，就必须对良莠不齐的文化"内容"进行甄选和判别。还有，当需要表彰某些优秀艺术家的时候，日本政府也必须对其优秀之处做出适当评价等。诸如此类的情况，则需要日本政府介入文化艺术活动的"内容"，从而对其不同程度地造成影响或干预。鉴于此类情况的出现，为避免政府部门过多地干预文化艺术活动的"内容"，切实贯彻和执行"内容不干预"原则，文化厅专门委托相关领域的专家和学者组成第三方独立评审机构，由其对政府支持的文化艺术活动做出分析和判断，供政府部门参考。[①]

二、日本文化管理体制的结构模式

日本主管文化事业的部门是文化厅，成立于 1968 年，是直属日本文部科学省（2001 年由原文部省和科学技术厅合并组成）的副部级单位，现有编制 237 人。它由原日本文化遗产保护委员会和文部省文化局合并而

① 欧阳安：《日本文化政策解读》，《中国文化报》2012 年 7 月 30 日。

成，主管文化艺术、文化遗产保护、国民娱乐、国语教育、著作权、宗教和影视等方面的工作。

文化厅由长官、次长、长官官房（即办公室）、文化部、文化遗产部、日本艺术院、审议会和下属十二个独立行政法人组成。

长官官房由审议官（司局级）负责，下设政策课（相当于“处”，下同）、会计室、文化宣传、地方合作室、著作权课、著作物流通推进室、国际课和国际文化交流室等部门。文化部由部长（司局级）负责，下设文化艺术课、文化艺术支援推进室、文化活动振兴室、国语课、宗教事务课和宗教法人室等部门。文化遗产部由部长负责，文化遗产监察官协助，下设传统文化课、文化遗产保护调整室、文化遗产国际合作室、美术学艺课、美术馆历史博物馆室、古坟壁画室、纪念物课和世界文化遗产室等部门。

日本艺术院是直属文化厅的特别机构，是褒奖在文化艺术领域做出突出贡献的艺术家的荣誉机构。它在协助政府部门发展文化艺术事业的同时，还就文化艺术方面的重要事项进行审议，并向文部科学大臣和文化厅长官提出意见和建议。审议会由文化审议会和宗教法人审议会组成，其中文化审议会又下设文化政策部会、国语分科会、著作权分科会、文化遗产分科会、文化功劳者评选和考核分科会。它负责接受文部科学大臣和文化厅长官的咨询，并就文化艺术和国际文化交流等重大事项进行调查审议，提出意见和建议。

文化厅下属的独立行政法人共十二个，它们分别是：东京国立近代美术馆、京都国立近代美术馆、国立西洋美术馆、国立国际美术馆、国立新美术馆、东京国立博物馆、京都国立博物馆、奈良国立博物馆、九州国立博物馆、东京文化遗产研究所、奈良文化遗产研究所和日本文化艺术振兴会。其中，日本文化艺术振兴会包括文化艺术振兴基金、国立剧场、新国立剧场、国立能乐堂、国立文乐剧场、国立演艺资料馆、舞台美术中心资料馆和冲绳国立剧场等机构。

日本在严格意义上完成中央政府层面的文化产业管理机构的布局，则是在1995年确立21世纪的“文化立国”战略之后。由于日本一直没有专门对文化产业做出明确的定义和范围及类型界定，因此在日本政府中，也没有直接以文化产业命名的管理机构。提出“文化立国”战略以来，日本政府各省厅中有多个部门都具有管理文化产业的相关职能，具体包括IT战略本部、知识财产战略本部、总务省、经济产业省、文化科学省、公平交易委员会、外务省、国土交通省以及厚生劳动省（参见表2－1）。这些机构的职能并非一步到位，也不是一成不变，而是随着文化产业的发展需要不断进行调整。

在日本的文化产业管理结构中，构建了“一元化”的特征。比如在日本从2003年提出的“知识产权战略推进计划”体系下，日本执行以首相为首（具体是以首相担任日本知识产权本部的本部长）、经产省为主、其他省厅为辅的管理体系。日本的安倍晋三、福田康夫就分别在2007年和2008年担任知识产权战略本部的本部长，推动执行了当年的“知识产权战略推进计划”。

在日本政府的部门当中，经产省和文部省是文化产业最主要的两个管理部门。其中，经产省主要负责从经济的角度对文化产业进行管理，经产省下属的情报、信息、政策等局都设有文化产业的政策关联课，具体职能包括制定有关规划和政策、组织调研和研究文化消费和市场情况等。2000年以前，日本文部省只负责公益文化的管理，2000年以后，文部省开始关注、研究文化产业的发展情况，并建立了文化产业年度统计制度。

2001年，日本内阁对中央省厅进行大规模改组，加强了政府对振兴文化的立案职能。2003年，日本政府成立了知识财富战略本部，正式把“新文化产业”确定为国家发展战略的一项重要内容。同年，制定了“观光立国”战略。同一年，日本内阁对中央省厅机构展开大规模改组，为加强政府对振兴文化的职能，文化厅下设置了文化审议会，并于2002年4月提出了“建造一个重视文化的社会构造，实现一个令每个人内心感到充实的社会”的口号。2003年10月，日本知识财富战略本部设立了文化产业调查会。该机构起用广播、电视、电影、音乐、漫画等文化产业界的创作人员为调查会成员，在工作中从不同的专业角度出发，及时发现问题，补充和修订文化发展策略，制定出切实可行的文化产业政策。

表 2-1 日本政府各省厅文化产业行政管理机构设置及政策范围

序号	部门机构名称	政策范围
1	IT 战略本部	经济、社会 IT 化推进(从基础设施到内容)
2	知识财产战略本部	作为国际战略的知识财产保护 (对内容制作的支援培育和保护)
3	总务省	网络政策(流通内容)
4	经济产业省	产业政策(艺术文化、著作权)
5	文化科学省	文化政策(制作过程·动漫产业)
6	公平交易委员会	公平竞争政策(委托合同的问题)
7	外务省	文化外交(日本内容的海外推介)
8	国土交通省	旅游政策
9	厚生劳动省	劳动政策(劳动条件的改善)

三、日本文化管理体制的运行方式与手段

(一)政策手段

日本在发展文化产业的过程中,针对发展总体战略制定了细致的对应政策措施,具有很强的可操作性和指导性。2003 年 7 月,日本知识产权战略本部公布了《有关知识产权创造、保护及其利用的推进计划》,这项被称为“知识产权战略推进计划”的政策,由知识产权创造、保护、利用、内容商务、人才培养和提高国民意识等五个部分组成,具体包括了 270 条措施,全面阐述了“知识产权立国”战略的背景、目标,并提出了实现目标的方针和实施体系。

在随后几年日本实施的关于知识产权保护的战略推进计划中,同样制定了详细的政策配套措施。以 2008 年的“日本知识产权推进计划”为例,该计划提出了 52 项具体振兴政策,每一项都有具体的部门分工负责,涉及的部门包括经产省、文科省、总务省、外务省、警察厅、厚生劳动省、国土交通厅等。这些部门又共同形成了以首相为本部长的日本知识产权本部为首、以经产省为主、其他省厅为辅的政策制定和执行体系。

目前,日本针对文化产业发展的新趋势,已经把振兴文化产业的具体目标调整为五个方面的内容:成为数字、网络时代的内容大国,利用数字、

网络环境促进新商务的发展，支援全球化业务的开展，促进与多样化的媒体相适应的内容交流，完善适合世界上所有创作者的创作环境。

（二）法律手段

日本是一个注重依法行政的国家，经过战后六十多年来不断完善和发展，基本上建立了一套比较完整和有效的文化艺术法律体系，并根据形势的发展和需要不断加以完善和修订。其中最具代表性的法律是1970年颁布的《著作权法》。该法经过二十多次修改，于2001年10月1日更名为《著作权管理法》并开始实施。进入21世纪后，日本加快制定有关文化产业的法律法规。为满足日本民众不断高涨的振兴文化的愿望，日本国会在第153届临时国会上提出了《振兴文化艺术基本法》，经众参两院审议，该法于2001年11月30日获得通过，并于同年12月7日公布施行。《文化艺术振兴基本法》是日本政府的一项重要法律，该法共3章35条。它确立了振兴文化艺术的基本理念，明确了国家和地方政府的权责利，具体规定了与振兴文化艺术有关的基本政策，使日本文化艺术在法律上得到了正式的保护，法律条文已明确地涉及了电影、漫画以及动画的知识产权问题。2002年，《知识产权基本法》的制定是利用特许权、著作权等知识产权法为文化产业的发展从法律上给予了保护，为文化产业提高国际竞争力打下了扎实的基础。其各项权利的保护期限为：①专利权有效期限为20年；②实用新型权有效期限为6年；③创意权有效期限为15年；④商标权有效期限为10年。除此之外，知识产权还包括其他一些权利，如企业秘密保护权等。

日本文化产业法律法规的一个显著特点是可操作性强。新的法律颁布后，往往还有更为具体的措施相配套。比如，同《文化艺术振兴基本法》相配套的就有《关于文化艺术振兴的基本方针》，同《知识产权基本法》相配套的是《知识产权战略大纲》。

日本通过法律明确了国家和地方政府以及各组织的责任义务，有力促进了从事文化艺术活动的行为者自主地开展活动，全面推进并保障了有关振兴文化艺术政策的顺利实施，为日本文化产业发展提供了完善的运营依据，规范了市场和企业的行为，有效保护了文化产业的健康发展。

(三)经济手段

加大对文化产业的资金支持力度。通过政府行政职能部门之手，日本不断加大对文化产业的资金支持力度。一方面，日本政府对文化领域的政府直接投资逐年加大，日本文化厅的财政预算近年来不断增长，主要用于支持各种文化艺术的创作和培训，并保护传统文化遗产，培养各类人才，建设和维护文化基础设施等。另一方面，日本政府还通过设立与民间合办的各种文化产业基金，鼓励引导社会和企业把资金投向文化产业领域。此外，日本政府的文化产业管理部门还通过设立各种鼓励奖项，以奖金的方式把部分资金投放到具有示范和带动作用的文化企业或项目中。

(四)发挥中介组织作用

日本的行业协会很多，几乎每个文化产业行业都有自律性的组织或机构，这些行业协会都是社团法人，它们在制定行业规则、审查文化产品、维护成员利益方面起到了政府难以替代的重要作用，被看作是政府职能的延伸。比如成立于1939年的日本音乐著作权协会，主要职能是根据《著作权中介义务法》，负责征收音乐著作权的使用费。该协会拥有作曲家和作词家会员1.2万余人，管理着160多万首曲目。2000年征收的音乐著作权的费用为1 063亿日元。成立于1994年的日本电脑娱乐提供者协会，现有会员2 000多家。该协会除了负责对行业的发展进行调查研究、行业统计之外，还于2002年制定了游戏软件分级制度，并对游戏内容进行严格审查。电影的审查则主要由日本影协下属的电影伦理管理委员会负责。另外，日本的演员、歌手、画家等文化工作者都有自己的经纪人，签约和相关法律问题都委托经纪人和律师负责。日本的文化经纪人对于发掘培养新人、规范市场起到了非常重要的作用。

日本政府积极收集国内外文化艺术方面的各种信息和资料，并及时提供给地方公共团体、各类艺术节、文化艺术团体、民间非营利性组织(NPO)、非政府组织(NGO)和文化志愿者等。建立文化艺术领域的捐赠体系，并在税务上给予捐赠公司或个人一定的优惠待遇。加强与教育、福利和医疗等机构的合作，让文化艺术惠及更多民众。通过设立和颁发文化勋章、“(国家级或地方级)文化功劳者”称号、日本艺术院奖和艺术选奖等多种表彰方式,积极表彰为文化艺术活动做出突出贡献的艺术家。广泛征求和听取艺术家、学者及普通国民对文化艺术的基本政策和实施方案等方面的意见,并建立完善的反馈机制等。

(五)其他综合性措施

为把文化立国方略落到实处,日本政府通过设立战略会议、恳谈会、幕僚会议和审议会等形式,整合官、产、学、研优势资源,研究商讨具体对策,进一步推动本国文化产业发展和国际文化交流活动的开展。在有关省厅或政府机构(外务省、文部科学省、文化厅、国际交流基金、国土交通省、总务省、经济产业省、观光厅和国际观光振兴会等)设立联席会议制度,举办国际文化论坛,推动参加在海外举办的各类国际艺术节。建立专门的英语或多语种日本文化网站,积极宣传和介绍日本传统和现代文化。充分发挥报纸、电台、电视台、互联网、微博等新闻媒体的作用,做好国际文化交流活动和政策的宣传工作。通过与他国互办或主办“国家(文化)年”、文化节、艺术周等形式,大力开展双边或多边的国际文化交流活动。鼓励本国艺术家与国外艺术家进行交流与合作,支持不同文化背景的国际艺术创作。此外,日本政府还通过政策指导、司法保障和资金援助等间接手段,支持动画片、电影、电视、漫画和音乐等内容产业的发展壮大,抢占国际文化市场,具体措施如举办或参加各类国际电影节、动漫节和媒体艺术节等。[①]

第五节 中国文化管理体制

一、我国文化管理体制构建的支撑理念

我国的文化管理体制,在计划经济时代沿袭了苏联体制,呈现出国家包办文化事业的特点。所有文化单位及组织都是事业单位或带有准行政

① 欧阳安:《日本文化政策解读》,《中国文化报》2012 年 7 月 30 日。

性机关性质的社会组织，这些单位和组织的部门设置及其职能与行政主管部门对口设置，由国家财政拨款，按照行政主管部门的规划和任务进行艺术生产。政府充当着文化事业的所有者、举办者、管理者、经营者等多重角色，统管各项文化事业，直接控制文化单位的运行，行政主管部门以行政命令为管理方式，直接组织和管理它们的各种文化活动。党的十一届三中全会以后，伴随着市场经济体制改革的深入发展，原有计划经济体制下形成的单纯的行政指令式文化管理方式的弊端日益暴露出来，越来越不适应文化事业发展的要求。我国开始了推进文化体制改革的进程。

文化体制与社会主义市场经济体制不相适应主要体现在以下方面。

一是政府文化管理在许多方面还习惯于用计划经济的手段管文化、办文化，一方面把公益性文化事业和经营性文化产业相混淆，政府统包统揽，应该由政府主导的公益性文化事业长期投入不足，应该由市场主导的经营性文化产业长期依赖政府，因而束缚了文化事业和文化产业发展；另一方面，一些掌握大量国有文化资源的文化单位，游离于社会主义市场经济体制之外，缺乏活力和竞争力，尚未走上良性发展的轨道。面对文化市场已经出现的多种所有制竞争的局面，有些国家办的文化单位反应迟钝，没有形成进入市场主动竞争的意识和体制，甚至一些文化单位在现行体制下难以为继。公有制文化单位游离于市场之外，造成主体缺位，也不利于国家战略安全。

二是文化发展与我国对外开放的新形势不相适应引人关注。一方面，国家的文化资源大量闲置；另一方面，外国文化产品大量涌入，文化产品进出口严重逆差。

三是现行的文化体制也更加与世界高新技术飞速发展和应用，以及由此带来的文化生产力的大幅提升不相适应。在新的传播手段加快发展面前，还缺乏适应性和主动性，在体制、结构和管理上反应很不敏感，在运用高新技术形成新的文化创造力上，还不能同发达国家高新技术和市场运作相结合、催生文化产业迅猛发展的势头相抗衡。

总之，改变这些不适应状况，解放和发展文化生产力，实现文化事业全面繁荣和文化产业快速发展，迫切需要深化文化体制改革。

针对长期以来我国文化管理体制存在的分工过细、职能交叉和管办不分、政企不分的弊端，《中共中央关于深化文化体制改革的若干意见》

([2005]14号)提出了我国文化体制改革的指导思想、原则要求和目标任务及文化宏观管理体制改革的意见。

《意见》提出文化宏观管理体制改革主要包括以下内容。一是加强和改进文化领域宏观管理。建立党委领导、政府管理、行业自律、企事业单位依法运营的文化管理体制,建立职责明确、反应灵敏、运转有序、统一高效的宏观调控体系,完善预报、引导、奖惩、调节、责任、监督、保障、应对等机制。二是加快转变政府职能。明确文化行政管理部门职责,理顺文化行政管理部门与所属文化企事业单位的关系,推进政企分开、政资分开、政事分开、政府与市场中介组织分开,强化政策调节、市场监管、社会管理和公共服务职能,实现由办文化为主向管文化为主转变。推进依法行政,改进管理方式,创新管理手段,实现主要以行政手段为主向综合运用法律、经济、行政等手段管理转变。完善行政许可,加快行政审批制度改革,清理、减少和规范文化行政审批事项。推行政务公开,规范程序,减少环节,增强透明度,提高公信力。按照已确定的文化及相关产业分类标准和指标体系,做好统计发布工作。三是健全文化法律法规和政策体系。加强文化立法,通过法定程序将党的文化政策逐步上升为法律法规。加快制定促进文化事业和文化产业发展、加强社会管理和市场监管、完善公共文化服务体系等方面的法律法规。继续执行实践证明行之有效的文化经济政策,制定和完善扶持公益性文化事业、发展文化产业、激励文化创新等方面的政策。

2011年10月18日中共十七届六中全会审议通过了《中共中央关于深化文化体制改革推动社会主义文化大发展大繁荣若干重大问题的决定》。《决定》全面总结了党领导文化建设的成就和经验,深刻分析了文化建设面临的新形势和新任务,阐明了中国特色社会主义文化发展道路,确立了建设社会主义文化强国的宏伟目标,提出了新形势下推进文化体制改革的指导思想、重要方针、目标任务和政策举措,是当前和今后一段时期推进我国文化改革和发展的行动纲领,具有长远的指导意义。

《决定》指出,要创新文化管理体制,深化文化行政管理体制改革,加快政府职能转变,强化政策调节、市场监管、社会管理、公共服务职能,推动政企分开、政事分开,理顺政府和文化企事业单位关系。完善管人管事管资产管导向相结合的国有文化资产管理体制。健全文化市场综合行政执法机构，推动副省级以下城市完善综合文化行政责任主体。加快文化立法，制定和完善公共文化服务保障、文化产业振兴、文化市场管理等方面法律法规，提高文化建设法制化水平。坚持主管主办制度，落实谁主管谁负责和属地管理原则，严格执行文化资本、文化企业、文化产品市场准入和退出政策，综合运用法律、行政、经济、科技等手段提高管理效能。深入开展“扫黄打非”，完善文化市场管理，坚决扫除毒害人们心灵的腐朽文化垃圾，切实营造确保国家文化安全的市场秩序。

随着文化体制改革的不断推进，我国文化管理体制构建的支撑理念也在不断创新和丰富。

十八届三中全会的《决定》指出：“建设社会主义文化强国，增强国家文化软实力，必须坚持社会主义先进文化前进方向，坚持中国特色社会主义文化发展道路，坚持以人民为中心的工作导向，进一步深化文化体制改革。”这是新一轮文化体制改革的原则要求，是文化体制机制改革创新的方向标。坚持社会主义先进文化的前进方向，是党的先进性的重要体现。坚持中国特色社会主义文化发展道路，是建设文化强国的根本要求。

党的十八大以来，文化体制改革进入新的阶段，文化改革和发展的思路更加明晰，公益性文化事业和经营性文化产业双轮驱动的发展成效更加显著，经济社会发展中文化力的作用更加突出。党的十八届三中全会提出的“文化管理体制”和“文化生产经营体制”、“现代公共文化服务体系”和“现代文化市场体系”这两对概念，正是对文化事业和文化产业二元属性进行的明确区分和定义。同时，这也表明了新一轮的文化体制改革，重点是解决文化建设中政府与市场的关系问题。因此，要把完善文化管理体制作为关键点，坚决打破文化发展的地域壁垒和专业边界，进一步转变管理思路和方式，着力转变职能，提高文化宏观管理能力，真正实现文化行政部门由办文化向管文化转变，由管微观向管宏观转变，为文化大发展大繁荣提供良好的制度和政策环境。

二、我国文化管理体制的结构模式

新中国成立至今，党内主管文化的最高领导机关是中共中央宣传部，中央以下各级党委均设立相应机构。同时，在政府系统的各级文化管理部门和一些大型文化团体中均设立党组，如文化部党组、文联党组，文化团体、企事业单位均设有党委或支部，形成党的多层次的严密的网络体系。政府是行使文化管理职能的行政组织，在国务院机构中，主要指文化部、新闻出版广电总局以及由文化部管理的国家文物局。在地方各级政府中，也有相应的组织和机构设置。

在文化宏观管理体系中，政府管理与党的领导之间也有着紧密的联系。

党的管理与政府管理的关系是相互协调、密切配合和互为补充的。党和政府都站在国家层面，对全国文化事业进行领导和管理。党对文化事业的领导首先表现在党对文化事业的总体领导上，这种领导是通过制定文化方针政策来实现的。党的文化方针政策是党对文化事业的根本态度、基本要求和基本领导方式的集中概括和原则规定，它主要阐明社会主义文化事业的性质、地位、作用，以及党如何领导文化事业等问题。它是党领导文化事业的根本纲领，也是政府部门制定具体的文化管理法规和实施文化管理的根本依据。政府对文化的宏观管理，主要围绕不同时期文化事业发展的中心和任务，承担如下职能：一是贯彻党的路线方针政策，落实党关于文化工作的理论基础和指导思想；二是制定相关政策和开展文化立法；三是制定文化工作的规划和计划；四是组建、调整行政机构并建立、提升文化干部人才队伍；五是开展文化执法和行政管理。

随着文化体制改革的深入推进，我国政府的文化管理职能已经初步实现了从“办文化”向“管文化”、微观管理为主向宏观管理为主、直接管理为主向间接管理为主的三个基本转变。

三、我国文化管理体制的运行方式与手段

（一）政策手段

政策手段一直是文化宏观管理的主要方式和工具，是对文化事业、文化产业改革发展实施行政管理的重要手段之一。我国的文化政策可以分为两个层次：一是党的方针政策，二是文化行政政策。党的方针政策是党对政府文化管理及文化单位和个人进行文化艺术生产和服务的基本原则

的规定，如“二为”方向（文艺为人民服务、为社会主义服务）、“双百”方针（百花齐放、百家争鸣）、“三贴近”原则（贴近实际、贴近生活、贴近群众）等。文化行政政策，是文化行政部门根据党的方针政策与我国文化改革发展的实际情况，制定并实施的一系列方案意见的综合。

文化政策的类型比较复杂。从政策级别来划分，可分为中央政策与地方政策。从政策内容来划分，可分为综合性政策与行业政策，综合性政策如《国务院关于公有资本进入文化产业的若干规定》，行业政策如《关于加快电影产业发展的若干意见》。从行业管理来划分，可分为文化事业管理政策和文化产业管理政策。从管理性质来划分，可分为规制性政策和扶持发展政策，前者如《文化部关于加强网络游戏产品内容审查工作的通知》，后者如《文化部、财政部、人事部、国家税务总局关于鼓励发展民营文艺表演团体的意见》《关于金融支持文化产业发展的指导意见》等。

政策手段对我国文化改革发展发挥了重要的主导作用。改革开放以来尤其是党的十六大以来，党中央、国务院及有关部门制定的一系列文化政策，极大地推动了文化事业和文化产业的改革发展，对解放和发展文化艺术生产力发挥了重要的作用。主要表现在以下方面。一是通过政策调节加强了宏观管理和调控。坚持马克思主义在意识形态领域的指导地位是文化宏观管理的根本原则。文化政策体系体现了党的文化创新在理论、实践及具体措施等方面的贯彻落实。二是有力推进了文化体制改革。通过一系列政策的引导和支持，使文化体制改革工作取得了显著成效。三是加快了我国公共文化服务体系建设的步伐。四是促进了文化产业快速发展。通过现代文化产业政策体系的不断完善，逐步优化了文化产业结构和所有制结构，引导支持我国文化产业迈入了快速发展期。五是有力促进了中华文化“走出去”。在党中央、国务院深入实施文化“走出去”工程的方针指引下，政府及相关部门出台了一系列鼓励和支持措施，支持文化事业单位和文化企业积极参与国际文化交流和文化产业交流，文化服务与产品贸易额不断提升，对外文化产业贸易与交流平台不断拓展。

（二）经济手段

充分利用经济手段进行文化宏观管理，是主动适应市场经济、遵循文化发展规律、充分发挥市场配置文化资源的积极作用、促进文化大发展大繁荣的鲜明体现。改革开放以来尤其是“九五”以来，我国文化宏观管理的经济政策开始加强。1991 年国务院批转《文化部关于文化事业若干经济政策意见的报告》，“文化经济”概念正式提出。1996 年国务院出台《关于进一步完善文化经济政策的若干规定》，从财政投入、税收优惠、扩大经营自主权等方面，制定了扶持文化领域各个经营性行业发展的优惠政策。

随着文化政策的逐步完善，文化事业和文化产业政策中更多采用了经济手段。2000 年国务院出台了《关于支持文化事业发展若干经济政策的通知》，在支持经营性文化行业发展方面，比以前的力度明显加大。2003 年国务院办公厅发布的《关于印发文化体制改革试点中支持文化产业发展和经营性文化事业单位转制为企业的两个规定的通知》（简称 105 号文），是文化体制改革中最重要的配套政策，包括财政税收、投资和融资、资产管理及处置、工商管理、价格、收入分配、社会保障、人员分流安置和法人登记等方面的政策性规定。后来这些配套政策经过完善和补充，以《文化体制改革经营性文化事业单位转制为企业的规定》和《文化体制改革中支持文化企业发展的规定》（国办发[2008]114 号文）出台。

这些政策明显体现了在文化体制改革中政府综合采用财政、税收、金融等经济手段对文化改革发展进行宏观管理的特征。

改革开放以来，针对文化事业历史欠账太多、文化基础设施建设落后状况，我国不断加大财政投入，财政文化投入经费持续增长，一系列经济政策的制定大大促进了文化事业的发展。随着财政体制改革的深入和公共财政体系的确立，各级财政部门以定性为主、定量为辅为原则，根据文化单位公益性、准公益性和经营性的不同性质，同时考虑组织收入的条件和能力，分别确定不同的财政支出政策，调整了财政资金支出结构，确定了投入重点。通过制定税收优惠政策，建立宣传文化发展专项资金、文化产业发展专项资金，征收文化事业建设费，实行国家电影经济政策等各种经济手段，对促进文化事业和文化产业健康快速发展、活跃丰富群众文化生活、解决社会就业、增加国家税收等做出了很大的贡献。“十一五”期间全国财政教科文累计支出 6.38 万亿元，年均增长 23%，其中增长最快的是科学技术支出，年均增长 25.2%，文化体育与传媒支出的年均增速则为20.9%，“十二五”期间公共财政对文化建设投入增长的幅度，要求确保高于财政经常性收入增长的幅度，而财政文化支出占财政总支出的比重也要增加。此外还要建立健全相关的财政投入激励约束和绩效评价机制。要采取政府采购、项目补贴、定向资助等政策措施，鼓励和引导各类单位和个人参与文化建设；支持经营性文化事业单位转企改制，将扶持政策执行期限再延长五年；加大财政、税收、金融等方面对文化产业的政策扶持力度。

(三)法律手段

党的十六大以来，伴随着文化体制改革的深入，突出加强了文化法治建设，逐步建立健全文化法律法规体系，不断推进国家文化生活的法制化、规范化。一是修改《宪法》，发展先进文化得到根本大法的保证，从国家基本制度和公民文化活动权利的角度为文化发展提供了保障，构成了文化法律体系的重要组成部分。二是加强立法。十六大以来，在文化领域先后颁布和实施了《著作权法》《文物保护法》《非物质文化遗产法》等。三是加大执法工作力度。十六大以来主要推进了文化综合执法工作，从体制上探索解决职能交叉、多层执法、多头执法的问题。在综合性试点地区，将原属于不同文化管理部门的执法队伍合并，组建文化市场综合执法队伍，推进文化市场综合行政执法。

但目前，我国的文化法治总体上滞后，运用法律手段进行文化宏观管理还存在若干缺陷：关于文化宏观管理的法律很少，还谈不上法律体系和管理运行机制。政府文化管理部门转变职能，必将减少使用行政命令的手段。当指令性的行政手段弱化以后，某些强制性要求则更需要强有力的法律和经济的手段来保证。我国的文化立法与欧美各国相比还处于起步阶段，文化宏观管理主要依据各级政府制定的各种政策规章、条例及规范性文件，法律的缺失直接导致了文化宏观管理的法治化和制度化程度很低。依法治国是我国政府运作与管理方式的基本走向，而文化领域却无法可依，因此加强文化领域的立法显得极为紧迫。

(四)技术手段

信息化技术能够扩展现代公共服务型政府的发展空间，促进政府公共文化职能的转变与创新，提高政府公共文化服务的效率和能力。政府采取技术手段对文化进行管理，推进公共服务的技术创新是一种有效途径和发展趋势。

文化行政部门借助互联网强大的技术支持，通过开发网上公共服务系统，为公众提供更迅速、简便、周到的服务。促进数字和网络技术在公共文化服务领域的应用，建设数字广播电视信息平台、数字电影放映网络系统、网上图书馆、网上博物馆、网上剧场和群众文化活动远程指导网络。建立公共文化信息共享平台和文化产品交易网络，促进文化资源信息交流和文化合作。为文化产业发展提供技术也是文化宏观管理的重要内容。例如，政府可开发建设信息交流网络平台，及时发布文化产业政策、动态、发展规划和市场供求等方面的信息，为各地文化企业及时了解国内外的技术、市场、资源、资金等状况提供便利，实现城乡文化资源共享，实现信息、技术、人才的有效交流。

第六节　小　结

本章主要介绍了美、英、法、日和我国的文化管理体制的相关内容，从文化管理体制构建的支撑理念、文化管理体制的结构模式及文化管理体制的运行方式与手段等方面，对美、英、法、日和我国的文化体制改革进行较详细和全面的论述。各国的文化管理体制不尽相同，但无论是美国的间接管理模式，法国、日本的直接管理模式，还是英国直接与间接管理相结合的模式，政府都不直接干预文化的内容与形式，而是通过中介代理机构或签订文化契约等形式使政府摆脱日常大量的行政事务，从而能以精干高效的小政府负起对社会文化事业宏观决策与管理的职能。

近些年，我国文化体制改革取得重大进展，文化整体实力和竞争力显著提升。但也要看到，制约文化繁荣发展的体制性障碍和结构性问题仍然存在，公共文化服务能力有待提升，文化产业规模还较弱小，文化软实力与我国经济大国、文明古国的地位还不相匹配。可以说，我们是一个文化资源大国，但还远不是一个文化强国。因此，必须继续深化改革、加快发展，进一步解放和发展文化生产力。

他山之石，可以攻玉，我国在文化管理体制的改革中可以借鉴英、法、美、日等文化强国的文化管理的优势和长处，在保持社会主义文化的先进性的基础上，加快完善适宜我国文化发展的、具有中国特色的文化管理制度，早日跨入世界文化强国的行列。

第三章　文化市场管理

文化市场管理，是指国家文化行政部门在有关行政主管部门的支持与配合下，对文化产品的生产、经营、销售以及服务等活动，进行引导、规划、组织、调控、激励、监督的行为，目的是推动文化市场有序繁荣和健康发展。文化市场管理的手段大致有行政手段、经济（市场）手段和法律手段几类。因为历史与现实情况的不同，各国文化市场管理理念、体制与管理手段不尽相同，其市场效应也有很大的差异性。下面依次对美国、英国、法国、日本、中国的文化市场管理做一简要介绍和比较分析。

第一节　美国的文化市场管理

在人们的印象中，美国是以文化巨无霸的形象出现的。伴随着全球化的进程，美国文化借助影视、音乐、传媒等载体席卷全世界，在世界文化市场所占比例高达43%。就美国国内而言，1998—2011年间，美国艺术与文化产业为美国经济带来年均5 040亿美元的收益，占国内生产总值的3.2%，超过旅游业对美国经济的贡献。[①] 美国文化市场的繁荣是社会力量与市场力量双重运作的成果，与美国的市场管理理念、健全的文化市场体系、广泛的社会参与和严格的法律保障密不可分。

① 《美国文化产业年均收益达5 040亿美元》，《深圳特区报》2013年12月18日B02版。

一、美国文化市场管理的基本理念

(一)自由化:美国文化市场管理的核心理念

作为市场经济和自由主义思想占据统治地位的国家,美国的文化市场管理也奉行着自由主义的管理理念。从民间到政府,都认为对文化市场的行政干预会限制思想和文化的自由发展,政府不动用行政手段干预市场,也很少直接投资文化市场。

1. 内容自由

美国对文化产品的内容限制很少,只要不侵犯知识产权,所有的文化内容都可以进入文化市场,这使得美国的文化内容生产非常多元化。对于有可能产生不良社会影响的文化产品,各类行业协会可以自主做出自律规约。比如,始于1968年的电影分级制度,是美国电影协会(The Motion Picture Association of America, MPAA)制定的自愿分级制度,既避免了由政府官员来审查电影艺术和管束电影工作者,又及时帮助家长做出什么电影适合他们的孩子观看的决定。

2. 投资自由

美国实行自由企业制度,文化投资无门槛,只要不违反法律,无论是基金会还是民间资金、个人资金,都可以进入文化市场。同时,美国对外资进入限制不多,加拿大、英国、日本等国家都有大笔资金通过跨国公司进入美国。比如,好莱坞最具实力的电影制片厂中,哥伦比亚三星是日本Sony公司的子公司,福克斯(Fox)的母公司则是澳大利亚的新闻集团。此外,日本的Sony、荷兰的Polygram、德国的BMG、英国的Thorn EMI公司等都是美国文化市场的明星文化企业。

3. 竞争自由

美国的相关法律为微观生产主体的正常生产经营创造外部条件,保证市场竞争的自由。《反托拉斯法》《保护中小企业法》都在限制垄断、保护竞争方面发挥了巨大作用。在自由创造、自由参与、自由竞争的社会氛围中,美国集聚了全世界最优秀的文化创造、组织与经营人才,建起了时代华纳、迪士尼、派拉蒙等文化帝国,使得纽约、华盛顿等城市成为闻名世界的创意城市。

(二)市场化:以经济杠杆鼓励市场参与

美国是市场经济高度发达的国家,主要利用经济杠杆调整文化市场发展。

1. 以免税和减税的方式鼓励社会资本投入文化发展

美国联邦税法规定,对非营利的美国文化艺术团体和机构以及公共电视台、广播电台等免征所得税,并对以促进文化、教育、科学、宗教、慈善事业发展为目的的非营利社会团体和机构免征赋税;对从事慈善、科研和教育活动的非营利机构①进行捐赠的个人,可以按照税率比例得到相应的减税。美国社会大量的非营利性文化艺术机构都是在这种社会捐助支持下生存的。

2. 所有文化单位都要遵循市场法则

美国基本上没有全额财政拨款的文化单位,也很少有直接的政府财政补贴。美国法律规定,任何项目的资助总额不超过所需经费的50%。因此,即使是非营利性文化机构也要寻求市场化的生存空间,以弥补自身的经费缺口。

(三)法制化:以完备的法律体系维护市场秩序

完善的法律体系和严格的执法力度为美国文化市场的繁荣保驾护航。美国有税法、合同法、电影法、新闻法、版权法、图书馆法、志愿人员保护法案等比较完备的法律体系,确保文化市场的健康发展。

1. 版权法律完善

美国非常重视知识产权的保护,在建国之初就把版权保护纳入了宪法管理,并不断完善,如1790年版权法、1909年版权法、1976年版权法、1998年版权期间延长法案、1998年数字千年版权法、2005年家庭娱乐和版权法等。这一系列法规的颁布为美国政府打击盗版行为、规范文化市场秩序提供了系统的法律保障。

---

① 即有名的501C3机构。美国税法501条c款3段规定,科学、宗教、慈善、教育等非营利组织享受免税待遇;捐赠给此类机构的企业和个人,也获得减税待遇。

2. 法律执行严格

在美国，著作权保护由美国国会图书馆的著作权局主管，只要视听可触及的作品，包括文稿、表演艺术、工艺美术、摄影、电影等，都属于著作权注册和保护的范围，一旦发现侵权案件，联邦调查局就会介入调查。完善的法律保障与广泛的媒体宣传，使得知识产权意识不仅成为美国文化企业自觉遵守的行业规范，也成为美国人自觉遵守的行为规范。

(四)适度行政化：采取必要手段保证公共利益与国家利益

以市场为主导的文化体制难免会产生过于商业化的倾向。为了矫正这一倾向，美国联邦政府在特定时期和特定领域也会动用行政手段。

1. 以行政手段保障公共利益

为了保障公民基本的文化权益，美国政府要求对基层文化活动提供支持。为了保护大学出版社等弱势文化类型，美国政府专门建立了大学出版业，以政策扶持、资金补贴、基金会资助、减免税等手段保护大学出版社，借此守护美国思想和促进文化更新。为了传播公共文化，美国国会拨款成立了公共广播公司，负责播出商业电台不做的教育和服务性节目、各种纪录片、严肃音乐等，享有盛名的《自然》《发现》等节目就是由美国公共广播公司下属电视台播出的。

2. 以行政手段扩大美国文化的国际影响力

为了拓展美国文化的国际市场和扩大美国文化的影响力，美国政府不遗余力地在全世界推动文化产品贸易自由化，反对世界各国对本国文化产业的保护性政策(如与欧洲国家在“文化例外”原则方面冲突，与中国在知识产权问题方面争执)，帮助国内文化企业进行国际扩张。在传媒扩张方面，美国政府直接组织和操纵“美国之音”“自由欧洲电台”等对外文化宣传机构，推动美国思想在全世界的传播。

二、对不同文化市场主体的管理

(一)公共文化机构的管理

美国的公共文化机构都属于 501C3 机构(美国税法 501 条 c 款 3 段

规定的非营利组织),其中多数为民营非营利性文化机构[①]。

1. 基金会式管理

美国没有专门的文化主管部门,联邦政府设立总统艺术与人文委员会,负责制定文化政策,政府文化基金由国家艺术与人文基金会[②]及其下设机构国家艺术基金会、国家人文基金会以及博物馆与图书馆事业学会管理。这些基金会与大量的公共文化机构建立联系,政府的文化基金通过这样的基金会链条分配到社会各个层面:给艺术家提供补助金,资助非营利艺术机构艺术项目,支持全国性艺术活动,对地方文化机构和国际机构进行伙伴资助等。各州、县、市政府都设有文化艺术理事会,作为州和地方政府的文化艺术管理机构,负责召集民间文化艺术领域的年度会议,阐述政府的文化艺术政策,举办相关教育活动。[③]

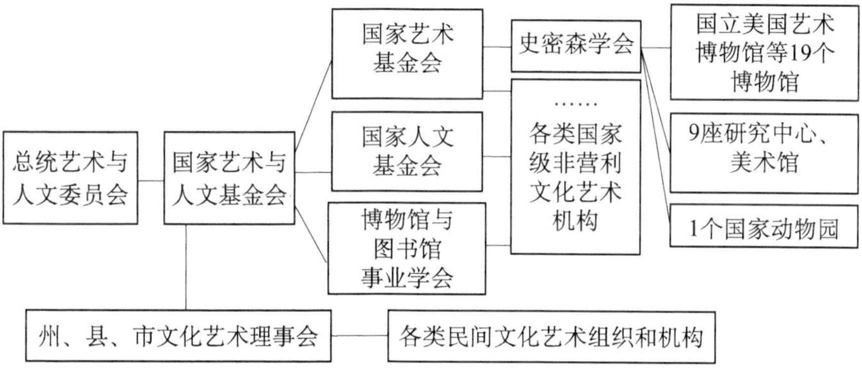

图 3.1 美国公共文化机构的基金会式管理

2. 财政监督

公共文化机构的经费来源主要有政府资助、基金会资助、公司和个人资助、会员会费,此外,还可以通过捐款、募款、门票、培训等方式筹集资金。所有接受政府资金资助的公共文化机构,每年都要向国税局呈报详细收支账目,产生的结余资金不能分红,也不能变成公司财产,只能

① 据美国人文艺术协会 2009 年公布,美国艺术界活跃着 109 000 个非营利的艺术组织。

② 国家艺术与人文基金会的职责是促进各种艺术形式的发展,为美国民众提供接触艺术的机会,并在艺术教育领域扮演领导者角色。

③ 徐长银:《美国文化管理的特点》,《红旗文稿》2011 年第 22 期。

进入下一年财政预算。同时,各基金会对接受其资助的文化机构的财政预算,也有严格的监督与评估程序。如美国国家艺术基金会每年定期发布年度报告书(Annual Report),向公众汇报其一年来所取得的成绩、财政年度内的资金使用状态,以及历年所获得的拨款。

3. 定期评估

美国的基金会、国会、议会等机构还会要求公共文化机构定期出具报告,评估各机构的工作绩效,作为下一阶段工作调整与资金资助的依据。以博物馆为例,对人力使用、设施安全、服务品质、营运状况、工作计划、资助支持、展示活动及未来发展等都要定期评估,并向政府有关单位提出书面报告。美国公共广播局必须每年向国会汇报各公共广播机构当年度为小众群体及其他各类观众提供的服务种类。同时,基金会也会不定期对公众文化活动的参与情况进行调查和分析。

(二)私营文化机构的管理

美国对私营文化机构的管理,综合运用了法律、行政、经济等多种手段。美国并没有专门的文化企业的概念,所有的营利性文化机构都与其他行业的有限公司一样,在法律与制度框架内运营,要缴纳相应的注册税、营业税、所得税,遵守税务与其他工商管理方面的规定。

1. 法律规范

私营文化机构在具体的文化活动和经营中,一旦出现违反法律规定的行为,政府有权采取取缔等措施。如资金筹集方面,私营文化机构必须自己筹集资金,不能像非营利文化机构那样采取捐款和募款的形式。如果涉及侵权问题,美国联调局会介入调查和起诉;涉嫌泄密的企业,则由情报、安全、国防部门介入查处。[①] 同时,对涉及暴力、色情内容的文化企业,则按照分级制度进行管理。如美国电影协会制定的电影分级制度,就按照内容把电影分为G、PG、PG-13、R、NC-17等不同的级别[②],对其播

① 贾康、马衍伟:《世界各国文化产业税收政策面面观》,《中国文化报》2012年4月14日第3版。

② G级指所有年龄都可观赏的电影,PG级指由家长指导观看的电影,PG-13级指不适合13岁以下儿童观看的电影,R级指限制级的电影,NC-17级指17岁以下不能观看的电影。

映时段与场所进行相应限制。

2. 政策引导

美国政府通过特殊优惠政策引导文化市场主体朝符合国家利益的方向发展。为了扶持知识产权相关产业的发展，根据美国《国内税收》第41部分中有关“研究与试验税优惠”的规定，美国公司的研究性支出可享受高达20%的税收减免。为了鼓励图书出版，美国对出口图书的增值税和营业税先征后退，对进口图书则免征进口税；对出版物邮寄费用采取优惠政策，书刊邮寄费用要比其他邮品优惠30%。

（三）文化中介机构的管理

美国文化领域比较活跃的文化中介机构主要是行业协会与各种经纪人组织。前者如美国出版商协会、全国广播业者协会、美国书业研究会、美国大学出版联合会、美国电影协会等，后者如哥伦比亚艺术家管理公司（Columbia Artists Management LLC.）、IMG（IMG Artists）、国际创意管理公司（International Creative Management，INC）等。美国的文化产业协会一方面承担着制定行业规范、提供知识产权保护服务、推广新技术应用的职责，另一方面也代表本行业对美国国会、联邦政府、法院进行游说活动，对立法、政策和法规的制定施加影响。

1. 美国政府通过法律对文化中介机构进行管理

美国有成千上万大大小小的文化艺术经纪人公司，主要负责代理演出业务，并为各类音乐、舞蹈、电影、电视、广播、文学、出版、广告、演讲人提供咨询、代理、包装、宣传等服务，这些中介机构在相应的法律框架内运营。

2. 行业协会自我管理

美国政府通过指导中介机构制订自律条约对其进行管理。美国各类行业协会都有非常细致的自律条款，用以约束本行业从业人员的行为。如美国报纸主编协会提出的《新闻规则》，全国广播业者协会先后制订的《全国广播业者协会道德准则》《全国广播业者协会商业行为准则》《全国广播业主协会电台准则》《全国广播业主电视准则》等，都在传媒道德、社会责任以及从业人员行为规范方面有很具体的条款。

美国是市场经济高度发达的国家，其文化市场建设与管理严格遵循市场规律运行，是对文化市场干预最少的一个国家。在这样一种自由生产机制之下，社会不同层面、不同主体都能获得最自由的文化表达，使得文化生产丰富而多样。健全的市场机制能够高效配置市场资源，将多样化的文化生产迅速推向市场。但是，在高度商品化的国家，如果政府过于无为而治，严肃文化、公共文化的生存空间则会越来越狭窄，整个国家的文化政策与文化导向也会显得凌乱、片断，缺少必要的协调机制。美国"娱乐文化一统天下"的局面虽然获得了最大规模的经济效益，可能并不能完全代表文化发展的未来方向。

第二节　英国的文化市场管理

英国是世界上文艺创作和文化创新最繁荣的国家之一，也是最早大力发展文化创意产业的国家。目前，创意产业是英国经济中最具活力的部分，每年为英国经济带来 714 亿英镑收益。2012 年，英国创意产业在 2012 年的总收益增长 9.4%，就业人数达 168 万人，占全英就业人数的 5.6%。

一、英国文化市场管理的基本理念

(一)集中化管理，统一调配国家文化资金

英国对文化市场管理采取高度统一的集中化管理，避免了各部门的相互牵制与推诿扯皮现象，有利于文化产业的协调发展。

1. 管理主体集中

与美国高度市场化的运行体制不同，英国设有专门的文化主管部门——文化、传媒体育部。作为文化管理的最高机构，文化、传媒体育部承担了制定国家文化政策、下拨文化专项经费、指导地方文化事务与管理非政府文化机构的职责。

2. 管理范围广泛

文化、传媒体育部的管理范围囊括了艺术、博物馆、美术馆、图书馆、电影、电视、广播、出版、体育、旅游、娱乐、工艺、建筑、园林、设计、文化遗产保护、赛马、博彩、饮酒，以及其他文化相关基金与事务。①

3. 管理资金集中

文化、传媒体育部掌控着中央政府对文化投资的最大部分，其中，每年总预算 90%以上的经费用于实现国家的政策目标，只有不到 10%用于内部管理的开支。②

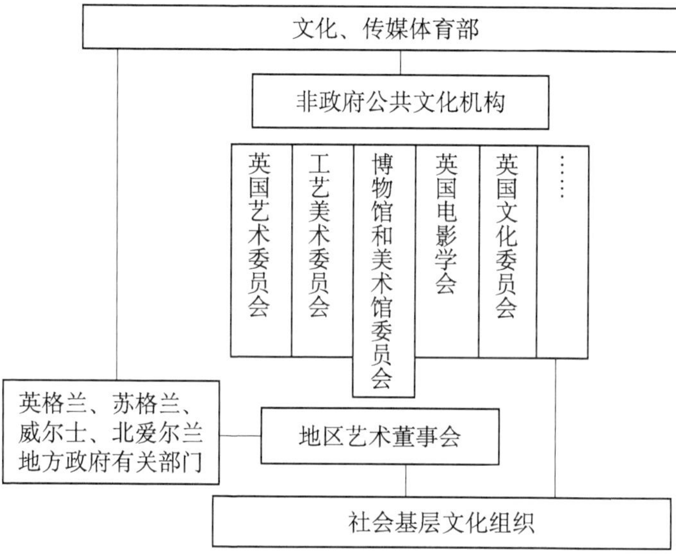

图 3.2　英国的文化管理体制

(二)间接化管理，维护市场主体独立性

虽然英国是高度集中化的文化管理体制，但并不采取直接干预文化生产与经营的管理方式。间接化的管理方式既保证了政府在推动文化市场繁荣方面发挥作用，又维护了市场主体自身的独立性和自主性。

① 杜新山：《探寻“管”与“不管”——英国文化管理体制借鉴》，http://www.southcn.com/nflr/nydkt/jcck/200501040341.htm。

② 范中汇：《英国文化管理体制解读》，《中国文化报》2012 年 8 月 10 日第 3 版。

1.“一臂之距”的管理原则

文化、传媒体育部主要通过中介组织对文化市场进行直接或间接管理。这是“一臂之距”(Arm's Length Principle)理念在文化市场管理中的具体体现。[①] “一臂之距”原则是英国文化管理的普遍性原则,根据这一原则,中央政府部门与接受其拨款的文化艺术团体和机构之间要设立一级非政府公共机构,负责协助政府制定文化政策并负责文化政策的具体实施。

2. 委员会负责落实文化政策与文化资金

文化、传媒体育部共管理44个政府部门和机构,其中起主要作用的是英格兰艺术委员会、工艺美术委员会、英国电影学会、博物馆和美术馆委员会、英国文化委员会等。英国地方文化管理主要由英格兰的地方艺术管理委员会、苏格兰艺术委员会、威尔士艺术委员会和北爱尔兰艺术委员会以及各自的地方政府负责。在英国,几乎每一个文化艺术领域都有各自的委员会负责贯彻涉及本领域的文化政策和分配政府对相关领域的拨款[②]。以传媒业为例,英国政府通过设立独立电视委员会、广播电视规范委员会、新闻投诉委员会、网络观察基金会实现对英国传媒业的管理。

(三)区别化管理,为不同行业和产品制定特殊政策

英国政府对所有文化产业类别并不是一视同仁的,而是采取了有区别的管理策略。

1. 为特定行业制定倾斜性政策

以图书与出版业为例,英国长期对图书与其他出版物不征税,保证了

---

① “一臂之距”(Arm's Length Principle)管理原则是英国人发明的一套文化管理方法,长期以来被英国政府视作文化管理的法宝,认为可以有效避免党派政治倾向对文化拨款政策的不良影响,保证文化经费由那些最有资格的人进行分配。所谓“一臂之距”原指人在队列中与其前后左右的伙伴保持相同距离。该原则最先用在经济领域,针对的是一些具有隶属关系的经济组织,如母公司与子公司、厂商和经销商等。根据这个原则,这些组织在策划和实施各自的营销规划、处理利益纠纷乃至纳税义务上都具有平等的法律地位,一方不能取代或支配另一方。见张雪莹《英国“一臂之距”文化管理原则的启示》,《传承》2012年第1期。

② 熊澄宇:《国际视野:英国政府下放权力,扮好扶持角色》,网址:http://cpc.people.com.cn/GB/64093/82429/83083/17381113.html。

英国出版业长期稳定的增长。为了资助学术出版，英国政府给予一些大学出版社以慈善机构的地位，如牛津大学出版社和剑桥大学出版社的经营全部免税，保证了大学出版业的正常运营。为了支持电影业的发展，英国政府专门开征伊迪税①作为电影业的筹资渠道，直接推动了英国电影业的繁荣发展，伦敦因此而成为仅次于纽约和洛杉矶的世界第三大影片制作中心。

2. 对具有鲜明英伦文化特征的文化产品实行减税政策

英国政府为本土文化产品制定了相应的资格认证，本土影片和带有英国文化内容的游戏产品通过资格认证后，可以享受税收减免等相关待遇。这一措施保证了本土文化内容和文化类型在文化市场上的延续。

3. 对创意产业实施特殊扶持政策

英国是在国际上最早提出文化创意产业发展规划、也最重视文化创意产业发展的国家之一，广告、建筑、设计、音乐、表演艺术等十三个行业是英国重点扶持的创意产业。为了推动创意产业的发展，英国政府为这十三类行业专门制定了资金、税率、人才、教育等特殊扶持政策，取得了很好的成效。

（四）社会化管理，扩大文化市场参与面

英国政府除了运用法律和经济手段支持创意产业之外，还向所有文化和教育背景的人开放创意产业，充分调动社会力量参与到文化市场的建设中来。

1. 在融资方面鼓励社会化参与

英国着力调动个人、企业以及社会大众的积极性，通过发行彩票（英国将国家彩票总收入的28%用于资助诸多文化创意项目）、政府“陪同”企业赞助（即如果企业愿意按照上述定义提供赞助，政府将一同赞助）、个人捐赠等多种渠道吸纳社会资金。② 有关资料也显示，越来越多的社会力量正在参与到文化市场中来。据统计，在纳入统计的博物馆收入中，

① 从1950年开始，英国政府开始向影院经理征收税款，根据参与制定该税收政策的财政官员的名字而命名为伊迪税。从那以后，伊迪税就成为英国电影制作的主要资金来源。

② 郑苒：《英国文化产业融资1/3依赖社会》，《中国文化报》2013年12月5日第10版。

1997—1998年度有66%来自政府以及基金赞助，2000—2001年度，这一比例降至55%，来自捐款、赞助、商业收入、门票收入的比重则从24%上升至38%。[①]

2. 在服务与监督方面鼓励社会化参与

英国鼓励16岁以上的公民参与志愿者服务，很多文化活动都有民间组织和志愿者参与。据统计，全英有600多个博物馆之友组织，为博物馆提供了很多义务帮助和服务，仅大英博物馆就有五六百名志愿者从事各种各样的工作。保护古建筑的民间组织更是多种多样，这些组织收集和征求有关专家和公众的意见，从民间角度广泛而有力地监控、督促和协助历史环境的保护。[②]

二、对不同文化市场主体的管理

（一）公共文化机构的管理

英国的公共文化机构是在国家资助下成立的，其董事会成员一般由政府指定，资金、场地等各种资源的分配，也都由政府控制。

1. 在资金筹集上，以“三三制”方式为主

在英国，无论是中央的还是地方的公共文化机构，都采取独立经营、自负盈亏的模式运营。英国规定，公共文化机构的资金投入1/3来自政府，1/3来自社会资金，1/3来自组织自身的商业活动，[③]其余部分仍需自筹解决。以BBC（英国广播公司）为例，其资金来源一是政府资助，二是向电视观众征收的收看费（TV License），三是出版、发行、海外广告等其他业务收入。“三三制”一方面保证了公共文化机构的公共性，另一方面在抑制对政府资金的过度依赖方面也发挥了明显的作用。

---

① 《公共文化建设的欧洲经验》，网址：http://news.sina.com.cn/c/2013-05-13/150027107308_4.shtml。

② 顾江：《文化遗产经济学》，南京大学出版社2009年版，第203页。

③ 熊澄宇：《英国创意产业发展的启示》，网址：http://www.qstheory.cn/zxdk/2012/201207/201203/t20120329_148663.htm。

2. 在管理规范上，采用法制化管理

英国1983年的《国家审计法》授予国家审计署检查各部门使用资源的经济性、效率及效果的权力，英国文化、传媒体育部每年要接受审计署的审计评估，主要涉及资金使用效率、服务效益的审计；BBC需要通过皇室宪章来授予营业执照，然后由政府确定执照费，规定活动范围；[①]博物馆、艺术馆的监管则依照1992年的博物馆条例、2003年的违反文物法处置法案等法律法规执行。

3. 在管理方式上，采用绩效式管理

英国对公共文化机构进行常规化的绩效评估。在英国审计署(National Audit Office)2003—2004年度完成的审计报告中，涉及英国文化、传媒体育部的资金方面的绩效审计报告就有：《对皇家公园代管机关的审计》《对博物馆、展览馆渠道和增加收入的审计》《国家对科技、艺术的资助项目的审计》等。

(二)私营文化机构的管理

文化、传媒体育部通过财政引导、税收管理以及服务、监督等手段实现对私营文化机构的管理。

1. 制订税收、版权、市场拓展方面的优惠政策

英国政府制定了一系列体现政府导向的税收优惠政策，无论是公共文化机构还是私营文化机构都能够享受相应的优惠。比如为了扶持文化创意产业，英国陆续出台了《广播法案》《通讯法案》《电影法案》《数字经济法案2010》《现场音乐法案》等一系列法案，细化监管条例，为产业发展保驾护航。

2. 间接控制大型文化集团

英国政府对于大型的私营文化机构采取间接引导与控制的管理手段。如路透社作为西方四大通讯社之一(法国新闻社、英国路透社、美国联合通讯社、合众国际社)，虽然名义上归私人企业主所有，实际上则是英

① 吴非：《英国广播公司的尴尬角色》，网址：http://www.people.com.cn/GB/14677/21963/22064/2713642.html。

国的官方喉舌,其国际新闻紧密配合英国政府的外交活动。

3. 注重提升从业人员素质

英国对私营文化机构的最大支持表现在人力支持方面。2008 年,英国发布了《新经济下创意英国的新人才》战略报告,确定了 26 条详细行动计划,分别对青少年、成人创意才能的培养,创意人才的就业等提供诸多帮助和有效通道,目的就是缔造一流的创意企业、培养一流的创意人才,以支撑本国文化创意产业的长期发展。以音乐产业为例,英国吸引了音乐产业所有领域的顶尖人士,境内有超过 2 000 家唱片公司和 1 000 位专业音乐制作人,使得音乐产业成为英国文化产业的支柱性产业之一。

(三)文化中介机构的管理

在英国,文化中介机构是受政府委托,为政府提供咨询、设计政策方案、落实政策与拨款的独立中介组织。这类组织成员多由艺术和文化产业方面的专家组成,独立履行职能,可以自行决定对哪些文化机构或文化个人进行资助、如何资助以及资助到什么程度。

1. 协议管理

许多文化中介机构的行政经费来自于政府资助,所以要与政府签订资助协议,接受政府的资金审核,并要向政府、议会和公众说明和解释其所做决定的合理性与正确性。政府每年与享受政府资助的各类文化机构和艺术团体签订资助协议,规定签约艺术团体需达到的水准并设立具体指标,包括观众人数、演出场次、售票额、筹款数额,等等。此外,还对受助团体采取年度评审、派出评审员跟踪持续评审、五年评审等方式进行评估,以此作为政府未来提供资助的依据。

2. 行业自律

英国很多文化中介机构属于慈善组织,这类机构也必须依照慈善法接受相应的行业管理与社会监督。如果一个机构没有采取正确的行动,慈善委员会就会对其行为展开调查,一旦发现有违法行为,法院会介入,并对涉及法律问题的机构行使管辖权。英国的文化中介机构大都有行业协会组织,行业协会通过制定自律条约对会员机构进行监督管理。

相比美国,英国政府在文化市场管理方面的自觉程度要高很多,政府的文化资助力度也大很多。英国“一臂之距”的管理模式使得政府干预与社会参与之间获得了一种奇妙的平衡。借助这种模式，政府保证了文化政策导向的一致性，政府资金也得以发挥最大效应。但是，在多党执政的国家，不同的执政党会有不同的文化理想与文化策略，文化政策与资金安排也会随之发生变化。可以说，英国的文化战略是否能够具有一贯性，决定了英国文化产业是否能够继续领先世界。

第三节 法国文化市场管理

法国是名副其实的文化大国，其电影业、出版业、艺术品业、电子游戏业在国际文化产业市场具有举足轻重的地位。据统计，2011 年，法国文化创意产业(包括绘画与造型艺术、音乐、表演、电影、电视、广播、电游、图书、报刊等九个领域)营业额总量达 746 亿欧元，占国内生产总值的 2.8%，超过德国和欧盟的 2.6%；从业人员达 120 万，占全国就业总数的 5%。

一、法国文化市场管理的理念

(一)政府主导式管理

法国是政府主导型的文化管理体系，对文化市场采取中央集权的管理方式，管理权限非常集中，财政投入力度也非常大。

1. 管理权限集中

文化与通讯部作为法国的文化主管部门，负责制定文化政策和法规，编制文化预算，管理文化经费，管理国家重点文化设施、文化团体和艺术院校，保护文化遗产，促进艺术创作和文化普及，推动对外文化合作与交流。文化和通讯部直接领导的机构包括卢浮宫、凡尔赛宫、公共信息图书馆、蓬皮杜国家文化艺术中心等文化设施，巴黎国家歌剧院、法兰西喜剧院、夏乐宫国家剧院、国家舞蹈中心等文艺团体，以及国家文化遗产学院、巴黎国家高等音乐舞蹈学院、里昂国家高等音乐舞蹈学院、国家高等美术学院等艺术院校。各大区文化局长由文化与通讯部委任，接受文化与通讯部和大区政府的双重领导；各省市所属的博物馆、档案馆、图书馆、电影资料馆、历史古迹等文化设施的主要专业技术人员均由文化和通讯部派遣。因此，也有人称法国是“一竿子插到底”的中央集权管理。[①]

2. 财政投入稳定

法国政府的文化投入在文化产业发展中占据主导地位，文化预算一直保持稳中有升的态势，文化支出占国内生产总值的比例常年维持在1%。法国是所有欧美国家中最重视文化的国家，除文化部门外，各政府部门都有文化预算，号称“政府的所有部长都是文化部长”[②]。以 2011 年为例，法国文化和通讯部文化预算为 42.2 亿欧元，但各部委用在文化发展上的经费总额约为 110 亿欧元。[③] 受金融危机影响，2007—2012 年间，法国很多部门的公共财政预算都在减少，文化预算却没有受到影响。法国近两年的文化预算有所降低，但在青少年文化与艺术教育等领域的预算仍在持续增长。稳定的政府投入是法国文化持续繁荣的最主要保证。

3. 扶持政策有力

法国建立了包括电影与文化产业融资局、影视产业融资公司、媒体生产保障基金（IFCIC）等不同主体在内的完善的投融资体制，以保证市场资金的充裕性和市场主体的积极性。法国对依法参与文化赞助活动的企业实行减税甚至免税，鼓励社会企业介入文化发展；对拥有电视机的家庭开征“视听税”，征收来的税金用以扶持影视产业；对电影院开征“电影税”，作为扶持本土电影产业资金来源；对数码复印业开征“复印税”，用来支持出版业的发展；向豪华酒店征收“过夜税”，以弥补文化遗产保护经费之不足。法国政府对欧洲迪士尼的支持不遗余力：给予它慷慨借款、补贴和基础设施拨款，借款额度高达 9.6 亿法郎；向其出售了 4 841 英亩土地，每英亩仅 5 000 美元；在通电、通水和其他方面的投资达到 4 亿法郎；

① 《法国的文化管理》，网址：http://www.ccmedu.com/bbs9_5994.html。

② 谢武军：《“所有部长都是文化部长”——法国公共文化一瞥》，网址：http://www.chinanews.com/cul/news/2009/04-27/1665700.shtml。

③ 乔燕冰：《法国为什么会成为欧洲文化中心？——解码法国政府文化策略》，网址：http://www.cflac.org.cn/ys/xwy/201303/t20130329_179463.html。

此外，政府还把门票的增值税从标准的18.6%降到7%。[1] 这样的支持力度，不是中央集权制的文化管理体制是很难达到的。

(二)坚持文化民主

法国把保障公民的文化权作为政府的重要职责。法国在文化民主方面所做的努力，使得法国人从小就具备了较好的文化素养和艺术欣赏水平，为法国文化人才的成长提供了有利的条件，保证了全民族的文化创造活力。

1. 在文化享受权保障方面，政府采取多项措施促进文化普及活动

法国第一任文化部长马尔罗曾经宣称，要"使最大多数的法国人能接触全人类的、首先是法国的文化精华"。因此，从法国设立文化部开始，就致力于促进面向公众的文化普及活动。目前，法国向公众免费开放政府管理的文化设施、18岁以下青少年可以免费参观由国家管理的博物馆、推行"文化分散"政策[2]等举措，在文化普及方面作用巨大。

2. 在文化创造权保障方面，政府努力保护所有创作者的合法权益

法国通过不断完善著作权法，健全文艺工作者的社会保险制度，对文艺创作、艺术表演、电影、流行音乐、民间舞蹈等文化样式提供直接性资助，来保障公民的文化创造权。法国将"天赋人权"作为其著作权法的理论基础，着重保护创作者的发表权、身份权、尊重权等精神权利。

(三)重视本土文化

法国人认为，文化产品不仅具有一般的商品属性，还有精神层面和价值观层面的内涵，对提升公民素质具有重要作用。因此，在文化发展方面要实施独特的保护措施，着力保护本土文化的延续与发展。

1. 大力扶持本土文化类型与文化内容

法国对能够代表法国文化精神的文化类型和文化内容采取优惠与扶

---

① [英]吉姆·麦圭根(Jim McGuigan)著、何道宽译:《重新思考文化政策》，中国人民大学出版社2010年版，第92页。

② 文化分散政策制定于1982—1983年，目的是将文化活动、资金和设施分散到全国各地，实现首都与外省、城市与乡村、市区与郊区之间的文化平衡，保障各地公民平等享受文化权利。

持政策，以维护本土文化传承与文化认同。为避免过度商业化带来的趣味一致化、习惯标准化和文化同质化，法国制定了图书统一定价、电影资助账户、影音节目配额制等措施。法国文化部部长雅克·朗(Jack Lang)曾经宣示："我们用创新中心网络浇灌全国的肥田沃土；我们鼓励各种形式的创新，扶持电影、出版和唱片等民族文化产业。"①以电影产业为例，不同于好莱坞注重场面、情节、娱乐性的商业化风格，法国电影更加注重电影内涵的表现，关注人与人之间的关系，注重情感世界和人物内心的表达，在世界电影市场独树一帜。

2. 在国际文化贸易中坚持"文化例外"和"文化多样化"

随着全球化的发展，美国的娱乐文化与其他商品一起占据了很大的世界市场。在1993年的GATT(世界关贸总协定)乌拉圭回合谈判中，法国第一次在国际上提出了"文化例外"原则，反对将文化产品列入一般性服务贸易范畴，主张运用国家手段支持民族文化的创造和生产，保护本国文化的独立性。这一原则获得了欧洲国家的广泛支持与赞同。2003年，法国重申"文化例外"原则，主张文化产业不能谈判，坚决要求将视听等产业排除在谈判之外。继"文化例外"之后，法国又提出保护"文化多样性"的主张，倡导全球化过程中应该"尊重差异、包容多样"，并促成联合国教科文组织于2005年通过了《保护和促进文化表现形式多样性公约》，将"文化例外"和"文化多样性"变成国际文化公约，保护了本国文化市场的独立性。

二、对不同文化市场主体的管理

(一)公共文化机构的管理

公共文化机构的主要使命是使所有人都能平等地享受文化权利。所有政府直接管理的公共文化机构都可以得到政府较多的财政支持；独立于政府的自治型公共文化机构则按照商业规则操作，并被禁止接受直接的政府补助。

① [英]吉姆·麦圭根(Jim McGuigan)著、何道宽译：《重新思考文化政策》，中国人民大学出版社2010年版，第90页。

1. 行政式管理

政府管辖下的公共文化机构由文化和通讯部管理，主要行政领导由主管政府当局任免，理事会成员也由政府官员组成。机构行政经费基本完全由政府承担，机构人员享受公务员待遇，所有国家级公共文化机构的重要决定都需要报文化和通讯部审批。近年来，法国将文化管理的许多职能下放到各大区，各大区的地方文化事务厅负责在公共文化机构中分配国家拨款，并对相关机构提出建议和评价报告。一般情况下，各大区都有一些行业顾问为地方文化事务提供咨询服务，文化和通讯部与此类地方顾问团保持着密切的联系，以便获知信息、确定贷款。①

2. 合同式管理

虽然法国对公共文化机构的管理是政府主导式的，但文化和通讯部对公共文化机构的管理不采取行政命令的方式，而是通过签订文化合同、召开行政会议、履行监察职能来了解相关主体的经营情况，以确保政府文化管理目标的实现。以法国国家（国立）舞蹈中心为例，作为文化和通讯部的主要资助对象，全法共有 19 个国家舞蹈中心（CCN），文化和通讯部为舞蹈中心提供资金、场地和设施。中心主任必须由独立艺术家担当，中心需要完成四项使命：(1)创作；(2)保证创作作品让观众看到；(3)使普通民众能够通过舞蹈中心的教育活动而更容易地接触和认识艺术；(4)长驻舞团出去巡演时，其工作室、教室、剧场等空间要租给其他独立的小舞团使用。为了避免垄断和保证机会均等，舞蹈团还要定期接受中心文化部的评估和检查。②

(二)私营文化机构的管理

由于长期的国有化政策，法国私营文化机构的发展空间一度较为狭窄。随着私有化、分散经营、权力下放的政府改革，法国提高了文化市场的开放度，私营文化机构获得了更大的生存空间；法国在文化普及与文化

① 王列生、郭全中、肖庆：《国家公共文化服务体系论》，文化艺术出版社 2009 年版，第 281 页。

② 乔燕冰：《法国为什么会成为欧洲文化中心？——解码法国政府文化策略》，网址：http://www.cflac.org.cn/ys/xwy/201303/t20130329_179463.html。

民主方面的努力,也为私营文化企业提供了人才储备、扩大了市场空间。所有私人文化企业都要在法律框架内从事经营活动,接受政府与媒体的监督。此外,法国对私营文化机构的管理主要表现在政策支持方面。完备的法律保障和畅通的资金渠道,保证了法国文化市场的持续繁荣。

1. 财政支持

法国私营文化机构较少享受政府资助,但对于一些较为弱势的文化产业类型,政府会出台专门的规章进行针对性的扶持。比如为了避免独立书店被大连锁店挤垮,法国政府对遇到困难的独立书店实行直接的财政补贴政策,创设特殊担保基金帮助独立出版商和书店从银行获得贷款,并对网络书店出台限制性措施。

2. 税收优惠

法国规定,所有的企业都要交 18.6%的增值税,而文化企业仅交 7%的增值税;征缴电视台营业总额 5%和电影录像出版版权转让费 2%的税收,用于专项补贴电影生产。如果私营文化机构在公众场所举行有益于公民身心健康的文化娱乐活动,则可以享受免税优惠。法国政府还创新性地推出了“自主性资助”模式,为特定行业提供税收支持:为资助电影生产设立了电影视听资助账户,直接从票价中提取 11%的特殊税,自动汇入制片人的账户;为每位法国演出制片商建立专属账户,每售出一张演出票都会从中提取 3.5%的税费,转入相应制片商的账户;法国国家图书基金会则将购买唱片、书籍甚至出售复印机的税款都纳入管理,用来资助图书出版业。[①]

3. 协会管理

法国政府虽然对私营文化机构不进行直接管理,但会支持不同文化产业类别建立行业协会,政府通过行业协会与私营文化企业建立联系,并将政府意图通过协会传达下去。每个协会又有其内部的管理章程要求会员企业遵守,以达到行业自律、协作发展的目的。如成立于 1996 年的法国海外设计师协会,是在法国文化和广播电视部的支持下成立的,所有的

① 疏影、薇冉、杰夕:《多国文化艺术基金:平衡文化 补充财政 推进普及》,《中国文化报》2014 年 1 月 16 日第 9 版。

会员企业都应遵循协会管理制度，积极参与协会组织的推广法国设计产业的活动，积极寻求国际化合作。

(三)文化中介机构的管理

法国的文化中介机构主要有两大类，一类是以营利为目的的各种经纪公司，还有一类是非营利的各种专业协会。前者同私营文化机构一样，在法律框架之内，按照市场经济规律，为投资人的利益服务；后者多是情趣相投而聚合在一起的文化活动爱好者，如音乐协会、话剧协会、舞蹈协会，等等。这些中介机构在促进行业发展、拓展市场空间、调节劳资关系和引导行业自律方面发挥了重要作用。

1. 法制管理

法国《1884年法》及其后来的各次修订政令是成立各种行业协会的法律依据，各行业协会的成立、章程、业务活动受法律保护和监督。法国宪法规定公民有组织结社的自由，因此行业协会数量众多。

2. 财税审计

法国文化行业协会的财政来源主要有四个途径：会员缴纳的会费，政府的资助，其他组织或宗教团体的馈赠，协会出资创办的经营公司向其上交的部分税后利润。法国对行业协会采取税费优惠政策，由于行业协会非营利机构的性质，其会费不须交税。但是，享受政府补贴的协会，在资金来源和经费用途上都要接受严格的财务审计和税务审计。[①]

3. 行业自律

法国政府不直接干涉文化中介机构的活动，文化中介机构由本行业的自律组织进行监督，保证会员企业遵守国家法律与规定。如由法国各类广告协会倡议成立的“法国广告检查办公室”，法国各类广告包括影视广告均须经该办公室依据是否有悖于政治信仰、宗教信仰和道德规范等标准来审核，通过审核并发证之后才可使用。当全国或地方举办公共文化活动时，相关的文化中介机构都有责任参加组织和服务工作。

---

① 廖先旺：《国外文化产业面面观之法国 高雅但不高价》，《人民日报》2006年5月17日第7版。

法国重视文化的程度是其他欧美国家难以比拟的。作为对文化资助力度最大的国家，也是公共文化服务体系最健全的国家，法国可以说是一个“文化福利”国家。法国有着强烈的保持自身文化经典的理想，也有很强的文化自信。对美国式的商业文化，法国表现出很警惕的抵触心理，在世界上力推“文化例外”与“文化多样化”主张，用以抵御美国娱乐文化的入侵。依靠强势的文化战略，法国保证了其文化发展的独特性与独立性，在全世界纯文艺生存空间都在缩小的情况下，法国的文艺创作成为世界文化的独特风景。

第四节　日本文化市场管理

日本自20世纪90年代提出“文化立国”战略以来，文化市场规模迅速扩大。目前，包括影视、音乐、出版在内的内容产业规模超过15万亿日元，就业规模超过汽车行业。其中，日本的动漫产业位居世界第一，占据了全球65%的动画片播映市场。

一、日本文化市场管理的基本理念

(一)“内容不干预”——宏观协调、间接管理

日本的文化市场管理主体以文部省和经济产业省为主。文部省文化厅主管文化艺术、文化遗产保护、国民娱乐、国语教育、著作权、宗教和影视等文化事业工作，经济产业省商务政策信息局则主管影像、音乐、游戏、书籍、流通等利用文化内容产出价值的内容产业。

1. 对文化市场进行宏观协调

在文化市场管理方面，日本政府采取了宏观协调和间接管理为主的方式，日本制定了《文化遗产保护法》《文化振兴基本法》《著作权管理法》《放送法》等一系列法律对文化市场进行调控和规范。对于具体的文化活动、文化内容、文化思想等，政府不设限制，也不加干预。此外，日本政府还通过采取财政补助、综合援助、财政基金、财政投资、政府采购等形式扶

持不同形态的文化产业，扩展了资金渠道，推动了文化市场的繁荣。

2. 对地方政府进行业务指导

日本中央政府与地方政府之间没有隶属关系，因而也不具有直接的行政管理关系，中央政府与地方政府都有自己主管的文化单位与文化活动，各自都有很大的自主权。对于地方的文化工作和文化活动，日本文化厅往往通过研讨会、恳谈会、审议会的形式进行业务指导。

（二）“文化立国”——官民并举、广泛参与

日本文化市场的繁荣一方面得益于政府在政策、资金、人才等方面的大力投入，另一方面也得益于民间力量的广泛参与。

1. 制定致力于全民参与的文化战略

日本文化厅于 1996 年 7 月提出《21 世纪文化立国方案》，把文化建设提高到国家战略高度，大力推动文化产业发展。方案提出，日本通过实施地域性的“文化街区建设计划”、推动参与型文化事务活动、构筑与文化政策相配套的各项政策、建立多元化文化事业的支援体系，鼓励全民参与文化市场建设。这些战略都收到了很好的成效，日本民间的文艺表演、节庆活动和艺术样式，都有非常广泛的民间参与度。日本企业界形成了支持文化、参与文化的社会风气。很多民间企业都拥有自己的博物馆、美术馆、音乐厅，很多大型企业都在主办文化活动。日本三得利公司的三得利音乐奖、NEC 公司的中日围棋擂台赛、富士通公司的世界围棋超霸赛、丰田公司的“丰田杯”足球赛等，都已经成为业内非常有名的文体活动。

2. 推广“产学官合作”模式

促成日本经济腾飞的“产学官结合”模式在文化产业方面也发挥了很大作用。在推进产学结合方面，日本政府扮演了十分重要的角色。文部科学省制定了一系列类似“知识群体创业计划”的政府文件，在促进文化人才与文化市场结合方面作用明显；为了尽快增强动漫企业的竞争力，日本还设立了动漫产业研究会，全面搜集、研究产业相关资料，探究适合日本动漫产业的运作模式。同时，日本政府还拨专款资助大学科研机构与企业联合开发产品。与此同时，学界和研究机构也在积极主动地服务社会，收集信息、开展研究，一方面为政府提供政策咨询，一方面为企业提供

专业服务。

3. 建立投融资主体多元化的资金支持机制

为支持非文化企业和境外资金投入文化产业，日本还推动了许多官民合作基金的建立，以投融资、参股、参与经营等多种形式支持中小企业创业、经营。① 如1990年成立的“振兴文化艺术基金”和“企业艺术后援协议会”，就是由政府出资500亿日元、民间赞助112亿日元共同组成的②，为很多文化企业提供了必要的资金支持。

(三)“从漫画开始征服全世界”——综合发力、海外扩张

在全球化过程中，日本迫切希望以文化扩张带动经济扩张，提升国际竞争力。日本于1996年将动漫产业定位为国家重点产业，并于2004年颁布《内容产业促进法》，综合推进以动漫为核心的内容产业的发展。

1. 努力扩大海外贸易

为扩大海外文化贸易，日本政府出台了财政补贴、出口退税、政府担保、利率优惠等一系列优惠政策，鼓励日本文化企业参与国际竞争。2002年，日本经产省与文部省联手促成建立了民间的“内容产品海外流通促进机构”，拨专款支持该机构在海外市场开展文化贸易与维权活动。日本文部省每年都花费上亿日元的财政经费用于国际文化交流与合作，外务省则利用“政府开发援助”中的“文化无偿援助资金”，购买本国动画播映版权，无偿提供给国外电视台播放。此外，日本经济产业省通过开办“日本国际文化产品展”等各种国际性文化展览，将日本产的电玩游戏、动画、漫画、卡通商品、广播电视、音乐、电影等大众传播娱乐文化产品广泛地展示给世界。在海外扩张过程中，日本特别注重对中国市场的开发，有产经省官员明确宣称：“我们的首要目标是中国，这是我们需要优先考虑的问题”③。通过各个渠道和各种方式的综合发力，日本的海外文化市场日趋扩大。

① 张京成、沈晓平、张彦军：《中外文化创意产业政策研究》，科学出版社2013年版，第61页。

② 阎雨：《海外文创产业：多渠道解决融资难》，《中国文化报》2012年9月1日第4版。

③ [法]弗雷德里克·马特尔：《主流——谁将打赢全球文化战争》，商务印书馆2012年版，第212页。

2. 制定"酷日本"发展战略

2009年,日本发表《日本品牌战略让软实力成为经济增长动力》报告,把动画、漫画、电影、电视剧、音乐、游戏、饮食、时装、设计等产业定位为"软实力产业",确定了综合性推进产业振兴和海外拓展的"酷日本"战略。2010年,经济产业省的制造产业局专门设立"酷日本室",具体负责"酷日本"战略的方案谋划、信息发布、海外推广和相关的人才培养。2013年,日本启动375亿日元官民一体的"酷日本基金",用于推动该国食品、饮料、时尚、动漫等行业在海外的发展。

二、对不同文化市场主体的管理

(一)对公共文化机构的管理

日本的公共文化机构是社会教育的重要场所,文部省将公民馆(含类似设施)、图书馆(含同种设施)、博物馆、博物馆类似设施、青少年教育设施、女性教育设施、社会体育设施、民间体育设施、文化会馆、终生学习中心等十类设施都认定为社会教育机构,这也是日本主要的公共文化机构。公共文化机构必须在相关部门进行注册登记,政府在预算范围内为公共文化机构提供设施、设备及资金支持。

1. 以法律形式明确公共文化机构的地位和管理规范

1946年公布的《日本国宪法》规定:"全体国民都享有健康的、最低限度的文化生活的权利"。1947年公布的《教育基本法》规定:"国家和地方公共团体必须大举奖励社会教育,通过利用图书馆、博物馆、公民馆和其他社会教育设施、学校设施、提供学习机会和信息等适当的方法,努力达到教育目的的实现"。此后,日本又相继颁布了《社会教育法》《图书馆法》《博物馆法》。[①] 这一系列法律为公共文化机构提供了法律保障与管理规范,将公共文化机构的管理纳入法制化轨道。《社会教育法》确立了公民馆基本制度,如馆长负责制、职业资格制度、公民馆主事制度、公民馆运营审议会制度、公民馆运营评价制度、公民馆运营经费保障制度、国库补助

① 王晓燕:《日本校外教育发展的政策与实践》,《国家教育行政学院学报》2009年第1期。

金制度等;《公民馆设置及运营标准》规定公民馆的运营原则为:公益原则、公共原则、中立原则、依"标准"设置与运营原则、设置者依法管理原则。[①]《博物馆法》为地方公众博物馆和私立博物馆建立了一个注册系统,还要求教育文化科技部部长必须提供建立和管理博物馆的可行性标准,制定中央政府给博物馆颁发补助金的标准,博物馆自身则要对自己的运行状况进行评估,并根据实际情况适当改进管理。[②]

2. 以"独立行政法人化改革"逐渐淡化行政管理色彩

2002 年,日本开始大规模的"独立行政法人化改革",将各省厅所属的业务执行部门作为独立行政法人分离出来,如国立博物馆、国立美术馆等,全部外包给社会上其他组织或团体运营,政府只在原则上规定需要达到的指标,整个机构运作全部由承包者负责。[③] 在这样的改革之下,公共文化机构在财政和人事管理上有了更多的自主性,但面临的财政压力也在逐渐增长,商业化氛围日趋浓厚,也受到了一些批评。

(二)对私营文化机构的管理

1. 以严格的法律体系对私营文化机构进行监管

日本有许多法律针对私营文化机构管理,如针对文物保护的《文化遗产法》、针对无线电管理的《放送法》、针对所有私营文化机构和个人的《著作权法》等。日本《著作权法》规定,侵犯著作权最高可处十年以下徒刑,或者 1 000 万日元(约合人民币 70 万元)以下罚金,或者是两种情况并罚。日本的《放送法》则对民间私营广播的性质地位、业务范围、经营管理等做出了明确规定,还提出了"国内节目不得损害公序良俗""虚假节目的受害人或直接关系人可在节目播出后的三个月内提出审查要求"等具体要求。

2. 制定专门政策对特定行业进行限制或鼓励

比如,日本规定了唱片再版价格的维护制度,要求唱片公司在出版唱

① 李国新:《日本的公民馆及其基本制度》,于群、李国新主编:《文化蓝皮书,中国公共文化服务发展报告(2012)》,社会科学文献出版社 2012 年版。

②《日本博物馆现状及面临的问题》,网址:http://www.wenwuchina.com/episteme/list5/detail163/56006.html。

③ 鲍延明:《日本公共图书馆管理变革与运营研究》,《图书馆杂志》2007 年第 6 期。

片时必须在外包装上明确标明零售价格，即使再版价格也不能改变和打折。这种保护政策维护了唱片公司的利益，使得它们能够收回高额的资金投入及应有的利润。还有一些非营利性的私营文化机构，一方面要在从事文化活动时接受政府审查与监管，另一方面也得以享受政府的优惠税制，扩大了资金来源。

（三）对文化中介机构的管理

日本的文化中介组织非常发达，基本上每个行业都活跃着大量的行业协会、代理公司和经纪人公司，文化中介机构已经成为日本文化市场发展的重要力量。

1. 文化行业协会是政府职能的延伸

日本政府把文化经费的拨付、文化产品的审查等许多文化管理事务都交由代理机构办理，日本的文化企业和创作人也把自己的市场事务交由代理公司或经纪人打理。这些文化中介组织承担着制定行业规则、维护会员权益、进行行业统计以及审查文化产品的工作，搭建起了政府、文化团体、社会公众、文化企业之间沟通与交流的桥梁。

2. 文化中介机构依照法律管理

文化中介机构要遵守针对行业协会的各种法律法规。除宪法、民法相关法条外，文化中介机构还要遵循《中小事业协同组合法》《商工会法》，以及专门针对文化市场中介的《著作权中介业务法》等。日本文化厅有权对文化中介机构的业务执行情况进行监督，并对未经许可擅自从事中介业务和违反相关规则的机构进行处罚。

在文化市场管理方面，日本更多借鉴了西方国家的文化管理体制，以法律手段与市场手段调控文化市场。日本文化市场的独特性在于其官民协作的市场运作体制，无论是在某一文化类型的发展上，还是在文化活动参与、文化资金运作、文化项目推广上，日本官民协作体制都体现得淋漓尽致。借助这种发展体制，日本将动漫文化和“酷日本”形象推广到全世界。

第五节　中国文化市场管理

我国的文化市场是随着改革开放进程逐步发育起来的。目前已经形成了文化娱乐、演出、书报刊、影视音像、文化旅游、工艺美术、文化教育等比较成熟的文化市场板块。伴随信息技术的不断更新和世界一体化进程的影响，文化创意、设计服务、动漫游戏、网络文化等新兴的市场也在快速扩张。截至2013年年底，全国文化市场经营单位共有22.66万个，从业人员达到145.18万人，文化市场经营单位营业总收入达到1 366.57亿元，利润总额达到351.74亿元。随着国内文化市场的不断繁荣，我国的文化市场管理理念、手段、思路等也都在不断地更新调整。

一、中国文化市场管理理念思路

（一）政府调控与市场调节相结合

中国目前是政府主导型的文化市场管理体制，遵循政府宏观调控与市场自发调节相结合的管理理念。

1. 多元化的管理主体

我国文化市场管理主体是文化部与国家新闻出版广电总局。前者主要负责文艺事业与公共文化服务体系建设、文化产业与文化市场综合执法、对外文化交流与合作等工作，后者主要负责新闻出版、广播影视、信息网络视听内容以及著作权管理等工作。此外，主管文物和博物馆公共服务体系建设的国家文物局，管理工业设计和游戏产业的工信部，主管市场监管和行政执法的工商行政管理局，主管专利与产权保护的国家知识产权局等，也都是文化市场管理主体。

2. 政府调控为主的文化市场管理

我国文化管理部门出台了一系列文化市场管理的法律法规性文件，如《文物保护法》《著作权法》《广播电视管理条例》《电影管理条例》《出版管理条例》《印刷业管理条例》《营业性演出管理条例》《娱乐场所管理条例》《音像制品管理条例》《互联网上网服务营业场所管理条例》《互联网文化管理暂行规定》《计算机软件管理条例》《电子出版物管理规定》等,依据这些文件,中央和地方各文化管理主体履行对文化市场监督与管理的工作职责。

3. 市场调节在文化市场管理中的作用日趋增强

改革开放以前,我国的文化市场基本以公共文化供给为主。随着经济体制的开放搞活,文化市场开始焕发生机,市场调节在文化市场管理中的作用逐渐加强。尤其是进入21世纪以来,我国逐步放开产权、资本、信息、技术、人才等文化要素市场,市场调节在资源配置中发挥的作用也越来越大。不过,在管理实践中,市场调节尚未能在资源配置中充分发挥作用,市场配置资源与整合资源的渠道、能力还有很大欠缺。

(二)行政管理与社会管理相结合

在原有政府行政管理体系的基础上,中国的文化市场管理体制也在逐步探索社会管理的道路,并取得了一定的经验。

1."中央—省—市—县"四级行政管理体制

市场管理的行政手段,是指国家文化、经济和社会行政管理部门依法履行其行政管理职能,对进入市场的当事人及其交易行为和交易活动实行规划、组织、引导、协调、监督和控制的行为。[①] 我国目前已经形成"中央—省—市—县"互相配合、上下一致的四级管理体制和融经营许可、审核备案、产品审查、市场稽查等多种手段为一体的管理机制。这种条块化的市场管理体制,保证了中央文化政策导向的贯彻执行,形成了大致统一的文化市场格局。

2. 社会力量参与文化市场管理

随着文化市场的日趋繁荣、文化产品形态的日趋多元化,政府行政管理的范围越来越广,相关管理主体承担了越来越多的管理任务,很难进行

① 赵玉忠:《文化市场学》,中国时代经济出版社2010年版,第323页。

常规化的市场管理，只能搞“抽查式”“突击式”“运动式”管理。再加上行政管理部门存在着交叉管理、多头管理、利益化管理、推诿化管理的现象，我国的文化市场管理出现了比较普遍的无法可依、有法不依、执法不严等问题，越来越难以适应现代文化市场管理的需要。于是，适时引进社会力量参与文化市场管理成为各地的常规思路。支持协会加强行业自律，鼓励媒体参与市场监督，畅通群众投诉举报渠道，建立文化市场协管员、监督员队伍等，成为社会参与文化市场管理的有效举措。

(三)国有资本与社会资本相结合

中国文化市场的投资经历了国有资本占据绝对地位到社会资本逐步介入的过程，目前的趋势是社会资本参与文化市场的规模日趋增大，但在总体控制权上，仍以国有资本为主。

1. 国有资本主导文化市场

由于长期计划体制的影响，我国文化市场资源的配置以政府行政调节为主，在资本投入方面，也是以国有资本为主，民营资本与外来资本受到较多限制。不论是影视、出版还是报纸、电台、电视台等领域，都以国有资本为主，几乎各个领域的大型文化企业都有国资背景。随着文化体制改革的日趋深入，我国文化市场的资本市场也日趋开放。2005 年 8 月，新华社播发了《国务院关于非公有资本进入文化产业的若干决定》，明确表示国家鼓励、支持非公有资本进入文艺表演团体、演出场所、博物馆和展览馆、艺术教育与培训、文化艺术中介、电影电视剧制作发行等众多文化产业领域，并可在文艺表演团体、演出场所等文化公司中持有控股权。

2. 社会资本日趋活跃

近些年，随着文化体制改革的深入与文化市场准入门槛的调整，社会资本在文化市场中的表现非常活跃。2012 年，我国文化及相关产业固定资产投资构成中，自筹资金达到 81%，占据文化投资的主体地位。不过，在许多关键性的领域，国有资本依然占据控股地位。

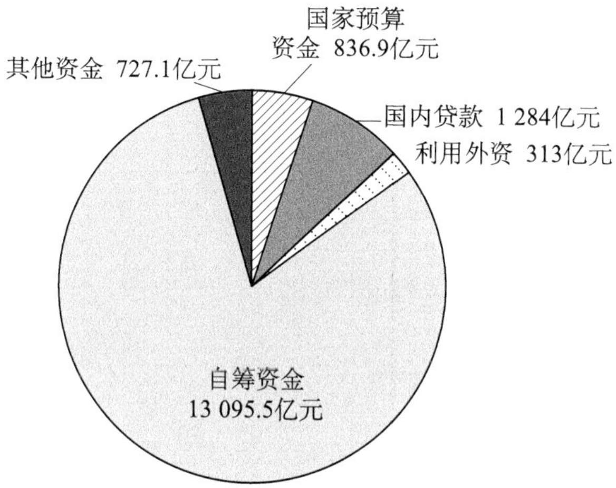

图 3.3 2012 年文化及相关产业固定资产实际到位资金

数据来源：中国文化及相关产业统计年鉴(2013)

(四)社会效益与经济效益相结合

基于文化产品的双重属性(意识形态属性、商品属性)，我国文化市场管理的理念逐步由只重社会效益向社会与经济效益并重方面转变，目前处在社会效益优先、兼顾经济效益的阶段。

1. 社会效益优先

文化商品在被消费过程中对消费主体的思想、心灵产生潜移默化的影响，体现了其所承载的意识形态属性。为了保证文化市场的社会效益，我国的文化市场管理在市场准入、内容审查等方面形成了比较系统的工作制度，保证了影视、演出、出版等市场占有率较高的文化产品不违反主流价值观念，不僭越意识形态底线，既能满足人民群众的娱乐与审美需求，又能体现出正面的文化引领力量。

2. 兼顾经济效益

文化市场也是市场，文化商品也是商品，真正意义上的文化市场既要实现社会效益，更要实现经济效益。为了激活市场主体活力，扩大文化市场规模，近些年我国在深化文化体制改革、放宽资金进入门槛、组建国有文化集团、设立专项扶持资金、支持中小文化企业等方面出台了许多创新性的举措，推动了文化市场的繁荣。但是，目前仍然存在着社会效益与经济效益不均衡发展的状况，有些行业因为过于注重社会效益而抑制了部分市场主体的发展活力，有些行业则出现了单纯追求经济效益而违反基本文化价值观的现象（比如部分彰显暴力、色情等低俗内容的文化产品），这需要我们寻找适当的管理平衡点，以维系文化市场的良性运行。

二、对不同文化市场主体的管理

（一）公共文化机构的管理

公共文化机构是我国公共文化服务体系的重要组成部分，基本上都是政府主办的，并以行政管理为主。

1. 行政管理

根据《公共文化体育设施条例》的有关规定，我国的公共文化机构主要指：由各级人民政府举办或者社会力量举办的，向公众开放的，用于开展文化体育活动的，公益性的图书馆、博物馆、纪念馆、美术馆、文化馆（站）、体育场（馆）、青少年宫、工人文化宫等建筑物、场地和设备。这些公共文化机构是我国公共文化服务体系的重要组成部分。我国的公共文化机构由国家及地方文化与体育行政主管部门实施监督管理，人员编制以机关事业人员为主，经费以各级政府财政投入为主。随着近些年各地对完善公共文化服务管理体系的重视，各级文化馆（站）在自身建设方面有许多创新性的举措。

2. 法制管理

我国正在努力探索公共文化机构的法制化管理道路。由于意识与时间的原因，我国在公共文化机构管理方面的立法比较滞后，无论是公共图书馆法还是博物馆法都尚未出台。目前博物馆管理的主要依据是 1979 年 6 月国家文物局颁发的《省、市、自治区博物馆工作条例》，只是对功能定位以及藏品、陈列、群众工作、科学研究、组织机构、人员队伍等进行了具体的规定。2012 年，全国有公共图书馆 3076 座，各级文化馆（站）43 876 家，博物馆 3069 座。与 2010 年相比，图书馆与文化馆（站）数量比较稳定，博物馆增加了 634 座，年均增长率高达 13%。随着博物馆数量、类型的多样化发展，出台新的博物馆法已是当务之急。在公共图书馆管理方面，根据已经发布的《中华人民共和国公共图书馆法（征求意见稿）》，国家将加大力度鼓励社会资金和社会力量参与公共图书馆建设与管理。

（二）私营文化机构的管理

近些年，我国的私营文化机构呈现快速增长的趋势，在原来文化市场管理经验的基础上，相关管理部门也在不断探索适应新形势的管理方法与管理制度。

1. 法规、制度管理为主

遵循“一手抓管理一手抓繁荣”的市场管理思路，我国的文化市场主体日趋多样化，私营文化机构占据了文化市场的主体地位。我国对私营文化机构的管理以法规、制度管理为主，管理内容包括市场准入、内容审查、法律规范及财政税收等方面，各级文化、广电、工商、财政部门都是相应的管理主体。目前，国内对于私营文化机构的管理，行政管理占据比较主要的地位，社会监督与行业自律管理力量还很欠缺。

2. 努力激发市场活力

为顺应全球文化产业快速增长的趋势，我国出台了较多的扶持政策，支持民营资本进入文化领域，努力激发市场主体的发展活力。尤其在影视产业、动漫产业、设计产业、游戏产业等新兴产业领域，不断降低准入门槛，实行财税优惠措施，中央和地方相关部门还拨出相当数量的专项资金，用以补贴文化生产，我国私营文化企业数量急剧增加，文化市场规模迅速扩大。

（三）文化中介机构的管理

因为行业发展、管理滞后、政策欠缺等原因，我国的文化中介机构目前还不太发达，相应的管理思路也有较大的继续调整的空间。

1. 部门化管理为主，法律监管较为欠缺

随着文化体制改革的深入与文化市场的不断发展，我国的文化中介机构队伍在逐步壮大，出现了越来越多的文化行业协会，如艺术品业协会、演艺协会、动漫协会、设计协会等，各类行业协会一方面在联络会员企业方面做了很多工作,同时承担了一部分行业管理工作,为保证文化市场的有序运行做出了很大贡献。但是,由于我国社会中介组织长期不健全,对文化中介机构的功能及地位认识不足、培育不够,相应的法律监管也很不完善。目前,我国尚无专门的中介法,更没有文化中介法,文化中介机构需要遵守的规范分散在《公司法》《税法》《著作权法》《经济合同法》等法律法规文件中。

2. 制度化管理正在逐步健全

目前,我国文化中介机构的数量仍然较少,尤其在一些新兴的动漫、游戏、设计行业中,社会化的中介服务机构非常欠缺,制度化的管理规范也非常少。不过,在比较成熟的演出、影视等行业,中介机构数量较多,但因为缺少标准化的管理规范,许多文化中介机构存在着职责不清、效率低下和缺乏职业规范与行业规制等问题。2013 年 3 月 1 日,国内第一部细化的文化经纪人管理条例《演出经纪人员管理办法》出台,对演出行业协会与演出经纪人的资格认定进行了明确的规定,使得长期混乱的演出市场有了统一的市场规范,标志着我国文化中介机构管理正在逐步走向制度化的道路。

与美英法日四国相比,中国目前仍是政府主导式的文化市场。市场管理的过度行政化,一方面导致文化供应的价值取向比较单一化,另一方面也导致文化供应与文化需求之间的错位,出现了"供过于求"与"供不应求"并存的局面。与法国政府主导式的文化市场相比,中国在文化产品供应的多样性、中介文化机构的发达程度与文化人才培育体系的健全上,仍然存在不小的差距。近些年,随着文化体制改革的深入,我国在文化立法、降低文化市场准入门槛与培育市场主体方面都取得了明显的进展,文化市场规模迅速扩大。

第六节 小 结

文化市场是一国政府进行文化管理的主要对象和主要场域。美英法日四国是世界上文化产业最发达、文化市场最繁荣的国家,在文化市场管理方面有一定的共性,也有各自的独特性。考察美英法日四国文化市场管理的共性，主要表现为四个方面：

一、四国的文化市场都在严格的法律框架，尤其是知识产权保护框架之内运行，保证了文化市场运作的规范性和市场主体的权益；

二、四国都针对文化市场出台了倾斜性的财税政策，保证了文化投资的积极性；

三、四国都采取措施鼓励社会力量的文化参与，保证了文化建设广泛的参与度；

四、四国在人才的培养、开发、使用上都有完善成熟的运作机制，保证了社会主体创造性的充分发挥。

虽然我国在文化市场管理体制方面不断改革创新，文化市场日趋繁荣，但与美英日市场机制主导下的文化市场相比，我国在完善文化立法、培育市场主体、调动社会参与、促进产学研合作、发挥市场在资源配置中的主导作用等方面，还需要有更多作为，以推动文化市场有更多实质性的进步和更全面化的繁荣。

第四章 传统媒体管理

随着新媒体的不断涌现，传统媒体的管理也遇到了新变革的课题，因而，各个国家在文化管理方面，依据各个文化管理的特点，不断调整对传统媒体的管理，使对传统媒体的管理呈现出新的时代内容。本章将着重考察美国、法国、英国和日本在传统媒体管理方面的具体情况，并结合中国对传统媒体的管理，对中外传统媒体管理做一比较和分析。

第一节 美国传统媒体管理

表达自由是美国大众传播法律规制的核心理念和逻辑起点。大众传播的多元主体性、多元载体性、多元渠道性和多维影响力使依表达自由理念架构的美国大众传播法律规制具有内在的统一性、结构的复合性和冲突的调适性。

一、美国的出版传媒管理

美国在世界上最早建立反垄断体系并将其用于规制知识产权权利滥用行为。美国版权法属联邦司法管辖范围。《1976 年版权法》明确取代了此前一直与联邦法并存的州普通法。

(一)法律法规的监督管理

美国重视对知识产权的保护。大众传播与知识产权关系密切，作品的媒介呈现本身就是大众传播的信源及其表达方式。当今美国的印刷媒体逐渐形成了以宪法第一修正案为前提、核心和原点的法律规制体系，从而规范大众传播媒介的传播活动、传播内容、传播渠道、传播产业和传播效果等各方面。

1. 加速推进知识产权法律制度的现代化

在版权法、商标法和专利法等方面，美国都根据新情况制定了新规。在商标权领域，从 1982 年开始多次修改《哈兰姆法》，重点加强了对著名商标的保护。专利法领域是美国知识产权战略的重点，《2007 年专利改革法案》是对美国专利法的最大一次修改，突出了对专利权利人的最大限度保护。同时，自 1982 年成立联邦巡回上诉法院，专门受理相关专利权纠纷案件以来，形成了大量有关判例，极大地拓展了知识产权制度的内涵，推动着知识产权制度在解决新问题的同时不断完善。

2. 以专利权为核心，积极推进美国知识产权的国际化保护

其主要标志是 1993 年 TRIPS 协议的签订，将《伯尔尼公约》《罗马公约》和《巴黎公约》等国际公约中的大部分实体性内容纳入这项新的协议，大部分 WTO 成员方纷纷修改国内知识产权方面的法律，以强化知识产权保护。但是，实际上，TRIPS 协议使美国成为最大的受益国。另外其最重要标志是 1988 年制定的“特殊 301 条款”和修订的“337 条款”，成为美国实施知识产权国际保护和采取报复性措施实施保护的重要工具。这种进攻性地参与和推动知识产权国际规则的制定和调整的做法，使美国成为对知识产权国际规则的形成和发展影响最大的国家。

3. 注重知识产权权利人利益与公众利益之间的合理平衡

一方面，通过立法和判例，注重为权利人提供有效的知识产权保护，将能够获得专利保护的范围扩大到微生物、与计算机程序有关的商业方法等，规定大学和科研机构对利用国家投资完成的发明能够享有并自主处置专利权等，大力促进版权产业等有关知识产权产业的形成和壮大。

（二）出版行业管理主体

1. 政府规制

美国政府控制媒体经常采取主动的方式，主要有政府发布新闻，包括

主要政要在媒体发表讲话，召开记者招待会、新闻发布会，单独约见记者和发布大量新闻稿件原始素材。政府还运用保密制度和要求媒体机构合作的形式制止一些媒体发布不利于政府的消息，有的时候政府官员采取主动“吹风”的方式提前泄漏一些消息，影响舆论。政府的这些手段在一般的情况下媒体是乐于接受的。

2. 行业协会和社会组织

行业协会自律是美国媒体控制的一个重要方面，它是美国媒体经常性管理的一种方式。美国出版商协会创建于 1970 年，通过将一个行业出版组织——美国图书出版商理事会，与一个教育出版商组织——美国教育出版商研究所，合并而成。如今，美国出版商协会已为各类会员服务了四十多年，实施了既灵活又富有远见的计划：保护版权免遭一切形式的盗版，对教育材料的公共资助，与谷歌达成的和解协议获得法院批准。

报纸发行人协会于 1887 年成立，主要是维护报纸所有者的利益，同时自律协会内部成员的新闻道德行为。1992 年该协会与其他五个协会合并，是美国历史上存在时间较长的行业自律组织。美国报纸主编协会在 1923 年首届年会上就提出了关于新闻道德准则的《新闻规则》。1929 年全国广播业者协会通过了《全国广播业者协会道德准则》《全国广播业者协会商业行为准则》，以后又有《全国广播业主协会电台准则》《全国广播业主电视准则》。美国所有的商业电台和电视台中，一半以上加入了这个协会。全国社论撰稿人协会自 1947 年成立以来每年对各个媒体社论研究评论，“激励美国社论的良知并提高质量”。美联社编辑主任协会和电台电视台新闻部主任协会，在加强行业自律、提高新闻从业者素质方面做了许多长期性工作。

3. 企业内部运作与管理

随着美国资本主义经济的发展，传统媒体开始走向了资本道路，各种集团开始涌现，并且慢慢向海外扩张。

(1)集团化发展

在美国新闻界，报业集团有多种形式，美国报业集团的雏形始于 1794 年，距美国第一家日报的诞生仅十一年之遥，而且诞生地也在宾州的费城。这家名为费城印刷商公司(The Company of Printers of Philadelphia)的"集团"合并了该市早期两家日报,其动机只有一个:节省开支。报业集团的兴起,使一大批报纸、特别是发行量较大的报纸迅速被少数大公司掌握,报业垄断的局面逐渐形成。美国报业集团的组织结构与其他集团公司没有太大区别,可分为两种:全国范围特大型多媒体报业集团,通常为五级架构,即董事会—最高管理层—分局—中层管理—各子公司,以甘尼特公司和论坛报公司为代表;其他报业集团通常为四级架构,即少了分局这一环。

(2)跨媒体和跨国经营

跨媒体和跨国经营渐成趋势,虎视眈眈地开始向海外和其他媒体扩张。美国报业集团在国内报界扩张的空间越来越小,但美国企业资本扩张的本性决定了它们不可能就此罢手,一些实力雄厚的大集团早已预见到这一趋势,虎视眈眈地开始向海外和其他媒体扩张。美国报业集团的跨国经营集中发生在外国报业集团加速向美国渗透之时和1992年美国经济进入高速发展期之后,走在前面的依然是那些在国内雄霸一方的大型报业集团。《今日美国》国际版迄今已在5个国家和地区设有分印点,每日向世界60个国家发行25万份报纸。道·琼斯集团向外扩张的步伐更早,于1976年和1983年先后创办了总部设在布鲁塞尔的欧洲《华尔街日报》和总部设在香港的亚洲《华尔街日报》,在14个国家和地区设有分印点,两报2001年的期发行量分别为95 000份和82 000份。

(3)媒体内部成熟的工作方式

美国现代媒体运作方式成熟,各个不同媒体现在已经形成了相对稳定的工作程序,其中也包括了媒体内部工作管理机制,保障媒体可以实现报道目的。

这种管理机制更注重的是如何提高报道的质量,着眼点不仅仅是控制记者,但是确有一些限制性的条例和观念。所以记者的报道一般并不是随意的,更多的时候是根据整个报道计划完成报道任务。

更重要的是,美国媒体从业者遵从着"WASP"(盎格鲁-撒克逊白人)文化传统精神,追求自由平等和个人的权利,强调媒体的"社会责任感",加之美国媒体的高度垄断化,他们与管理者并没有根本观念的冲突,在很多的时候,他们的利益是一致的,很多媒体从业者自愿遵守这些条例法规。这在“9·11”事件中体现得十分明显，这一期间美国的舆论高度一致。

二、美国的广电传媒管理

美国广播电视行业最著名的机构有三大广播电视网。即全国广播公司(NBC)，目前拥有自营电视台5座、联盟电视台214座、电台8座。它建立于1926年，是美国无线电公司的子公司，总部设在纽约，设立之初包含“红网”和“蓝网”两大广播网，业务范围主要覆盖东部和西部。1943年，蓝色广播网出售，发展为美国广播公司(简称ABC)，当前其总部设在纽约，1995年被沃尔特迪士尼公司合并，拥有5座自营电视台、6座自营调幅电台、7座调频电台、206座联盟电视台和1500座联盟广播电台。哥伦比亚广播公司(简称CBS)，1927年在纽约成立，1995年被西屋电气公司合并，拥有5座自营电视台、7座调幅广播电台、7座超短波电台、200多家联盟电视台和200多家联盟电台。

另外，美国覆盖比较广的广播电视网还包括美国有线电视新闻网(简称CNN)和福克斯(FOX)。CNN成立于1980年，在国际上很有声誉，是美国广电行业的后起之秀。FOX商业性最浓厚，目前在美国，其拥有商业性电视台1 000余家，公共电视台300余家，各种广播电台1.2万余家。由于广播电视等电子传媒的资源特性和传播特性，美国形成了一整套有关电子传媒的法律规制体系、运行方式和规制机构。其中，围绕保护表达自由、服务公共利益、防止媒介垄断的广播电视电子媒介所有权规制由联邦通信委员会制定并经国会、媒体和法院的检视与判断，既促成了超级商业大众传媒集团的形成，也保证了公共电视和地方社区电视的运转，维护了公众的利益。

(一)法律法规的监督管理

美国建立了以宪法或宪法性法律为基础的一般法体系，在一般法的基础上注重运用统一的专门法(或相关法)对公共和商业广播电视媒体进行约束。多数发达国家制定了广播电视专门法，少数发达国家制定了广播电视相关法，如媒介法、传播法和通信法等。美国《1927年广播法案》

创立了广播业规制的法律基础。《1934 年通信法案》奠定了电子传媒的规制政策框架，明确了节目必须符合公共利益的事后监管体系，一直是美国电子媒介规制政策的基础。之后颁布的《1984 年有线通信政策法》《1990 年儿童电视法》《1992 年有线电视消费者保护及竞争法》和《1996 年通信法》等均作为规制依据。

美国也有对广播电视内容的管制，如“限广令”。西方国家广播电视内容规制有严格的法律依据，严格依照法律授权实施事后审查，避免事前检查对言论造成过度限制。同时管理规范对象有权提起诉讼，通过司法渠道实现权利救济，既约束广播电视媒体的行为，也约束规制机构的行为。

例如，美国对广播内容的管制采取特许模式，其体现了美国政府的规制理念和规制内容，被认为是一种规制最完全也最为彻底的形式。其对商业广播电视的管制被称为“扬眉管制”，意思是说独立规制机构联邦通讯委员会（FCC）避免对广播电视节目发出特别指令。规制内容上，由于宪法对公民言论和表达自由的保护性条款，美国政府不对节目进行事前检查，FCC 只能出于维护公共利益的需要，把播出内容的事后审查作为广播电视许可证更换审查的一项内容，判断节目是否服务于公共利益，其中包括对广告数量是否过多的考量。1946 年 FCC 发表蓝皮书将公共利益内涵具体化，其中包括“合理限制广告的数量和内容”。FCC 还颁布了一系列规则，对儿童节目和广告进行规制。从 20 世纪 70 年代开始，西方国家普遍放松规制，但维护公共利益的传统从未动摇过，而广告播放事后限制的目的就是为了维护公共利益。

同时，FCC 在颁发执照的时候还会考虑到族群所有权问题。联邦通讯委员会虽然以多元化作为执照申请的重要考量标准，也从未因种族因素拒绝少数族群申请，甚至采取种种措施加以保护，但是少数族群仍然很难取得媒介所有权。因为少数族群的经济能力差，面对大型企业财团的竞争很难拥有广电媒体的经营权。这一直是美国广电媒介所有权问题的困境，商业基础的公共利益无法解决公平问题。同样，地方主义也陷入困境。FCC 的地方所有权政策建立在杰斐逊民主时代的小城镇民主理念上，而忽略了广电媒体的私有权环境和电视媒体的规模经济本性，结果，美国不仅没有形成公平的地域所有权结构，而且造成了电视市场三大电视网垄断。在这里,资本的逐利本性与民主的深层矛盾无法经由行业规制解决。

(二)广电传媒管理主体及代表机构

政府对公共服务传媒管理实行项目制,采取面向全国招标办法是多元组织项目治理模式的典型特征。在美国,私有的商业广播电视系统占据主导地位,公共服务广播电视系统虽有数百家,但无法与少数几家商业广播电视系统抗衡。

1. 政府管理目标:多元组织项目治理模式

在美国,公共服务广播电视台除由公共广播公司提供节目制作经费外,其执照由联邦通信委员会颁发。联邦通信委员会如同联邦储备委员会一样,不受政党干涉。美国的公共广播电视比较独特。他们注重文化教育,极少播放广告,经费来自于国会、学校、企业界和地方政府及听众的捐助。美国公共广播电视更能够承担社会责任,与英国的"公共广播"有明显区别。

美国公共广播电视系统由教育广播电视系统演变而来。早期适应教育电视台发展的需要,于 1962 年颁布《教育电视设备法》,规定 3 000 万美元公共财政拨款的使用方案。为了促进公共服务广播电视的自身发展能力建设,1996 年颁布《公共服务广播自足法》《公共广播财政资源促进法》,为了保障公共广播机构有足够的运行经费,制定了允许教育广播电视台收取节目播出补偿费、许可证买卖等若干政策。为了谋划公共服务广播电视的未来,1998 年颁布《公共服务广播改革法》,成立公共广播电视未来委员会,评估公共服务广播电视台的状况,检讨联邦政府资助公共服务广播电视台的制度,以期提高公共财政的效用。

美国公共广播服务公司(CPB)是一个私立非营利企业,其经费为公共财政拨款和商业经营收入。美国公共广播服务公司于 1967 年依《公共广播法》成立,职责是促进满足公共利益需求的公共广播和公共电视的发展,通过资助降低节目(特别是面向儿童和少数民族的节目)的创作风险,实现教化、教育和文化的目的。目前,它的财政收入主要来自个人捐资、公共财政拨款和节目销售收入,大约 70%的经费直接资助上千家的地方公共广播电视机构制作节目。在得到公共广播服务公司资助的广播电视台中，450多家为大学附属的机构，450多家为非营利的社区机构，150多家是州政府的附属机构，40家是地方政府的机构。与此同时，20%的经费资助节目制作者和发行者，余下经费用于包括版权保护、公共广播电视台数字化技术改造等。这种格局反映了美国公共广播系统的结构。

2. 代表管理机构：FCC

美国广播电视所有权规制以多元化为目标，是基于这样的认识：市场竞争固然重要，但市场可能失灵，而多元化的信息流通对民主政治来说比自由竞争更重要，因此，只能牺牲竞争的价值以成就多元化的目的。

美国1934年传播法授权FCC核发执照。根据法规，执照颁发和更新除需满足技术、财政、个性特征、公民身份等硬件条件外，软件条件是申请者必须服务“公共利益、便利和必需”。直到2008年前，FCC的选择根据中所有权多元化是最重要的考虑因素，包括媒介的少数族群分布和地方分布的合理性。有六条必须考量的公共利益因素，其中前两条关涉多元化和公平。

(1)媒介所有权多元化

为了提高独立性和多元化，FCC倾向于那些在媒介领域没有其他产权的申请者。

(2)全心经营媒介

经营与所有合一，认为直接从事经营管理的所有者更有利于媒介的社会责任，同时，给妇女和少数族群直接经营者优惠。

少数族群的媒介所有权和使用问题，是FCC对多元化和公平问题的关注重点。“1975年，FCC提出，少数族群所有权或参与作为与其他因素同样重要的考量因素。”原因是FCC发现少数族群在广电媒介中言论表达机会不平等，FCC认为少数族群观点的公平呈现，将会有利于全体公众，因此需要通过增加少数族群媒介所有权来促进多元化和公平。

1990年，最高法院在审理Metro Broadcasting Inc. v. FCC一案中，以5票对4票支持该规定。高法裁定，给少数族群以媒介所有权优惠，并不违反宪法第五修正案有关正当程序和机会均等的规定。法官Brennan指出，少数族群所有权政策具正当性，因这关系到政府一个重要目标的实现，即节目多样化。Brennan阐述道：在分配有限的广电媒介执照时，政府的角色不仅是一个“交通管理者”，而是要本着保护受众权利的原则，以及保证多样的和分歧的信息能够最大限度地传播，这是基本的公共福祉。保障公众通过广电媒体接触多样化观点和信息的权利是 FCC 的使命之一(Communication Law《通信法》)。Brennan 看到，所有权多样化与节目多样化之间的确息息相关。但是实际操作并没这么简单，法官 O. Connor 质疑这种说法，并认为其违宪，其具典型性的表述指出：宪法(第五修正案)保障公平的条款，要求政府平等对待每一个"个体"本身，而不是某组织或种族或阶层或宗教的组成部分。虽然有人会说每一个"个体"的表现可以反映所属种族或组织的特征，但是，政府分配福利或义务时不能根据这个假设。法院的裁决违背了宪法基本原则和传统准则，即种族区分除非必要才被允许。

1992 年初，FCC 曾经否决妇女申请者优惠的提议，认为侵犯了男性申请人的利益，违背宪法第五修正案公平条款。1995 年高法在一桩涉及少数族群案例中，驳回了少数种族优惠的提议，指出除非为了某种强制性的政府目标，除非这是不得不用的办法。在这种情况下，FCC 主席 Reed Hundt 仍坚持少数族群优惠的执照政策，并在法院严苛的标准下捍卫其正当性，这里显示出 FCC 公共利益评判标准的不一致。1996 年《电信法》取消了全部执照申请的竞争比较程序，采取新的执照拍卖制度，但同时，FCC 为了帮助小资本申请者、少数族群和妇女获得成功，实施"新人信贷"的办法，试图增进媒介所有权的多元化和公平。

3. 规制手段和规制效果

美国广播电视机构有三种体制：首先是政府所有制，主要指由美国政府直接经营的电台"美国之音"和美国武装部队广播电台。其次是公共所有制，主要指公共电台和电视台。它们一般由社区组织、大学、教育机关、州政府创办、旨在传播文化、知识和新闻，非营利性质。最后一种就是私人所有制，即私营商业广播电视机构。其是美国广播电视的主力军，覆盖面最广，影响力最大。上述的 NBC、ABC、CBS、CNN、FOX 都是著名的商业广播电视机构。

美国电视经营管理程序比较科学。电视网主要部门有新闻部、娱乐部、体育部、销售部、节目部、技术部等。美国电视机构的大部分电视节目来自外面的电视节目制作公司，电视台仅仅制作少量的纪录片或硬新闻类节目。美国地方电视台一般都与某家电视网签订一项合同，电视网提供一些节目内容,地方台则播出一部分电视网的广告。

由于美国电视商业气息浓厚,美国节目形态呈现如下几大特征。首先,娱乐节目多,这是商业电视提高收视率的重头戏。美国电视中刺激、暴力镜头不少,以此吸引观众。其次,电视节目中广告比较多,商业电视在黄金时间穿插广告的时间10～20分钟不等。第三,美国电视节目新闻节目办得好,其新闻频道是整点滚动播出新闻,ABC、NBC、CBS、FOX每天综合报道都在10次以上。CNN主要是播新闻,并且是一天24小时连续播报,现在已成为美国最普及的每日新闻来源,在国际社会也很有声誉。

FCC把地方问题列为颁发执照的重要考量条件,支持广电媒体地域分布合理。1949年,FCC在传播法增设条款,规定每一个规模能够维持一家报纸的地区,都应该拥有自己的电视台,建设一个"公平的、地方基础上的、全国电视体系"。而且,FCC在审批执照时引导为地方服务。例如,以"怀疑申请人服务公共利益的可能性而拒绝颁给执照",促使申请人向FCC提供额外证明,表明其节目将为社区服务。在20世纪70年代,FCC要求所有的申请者务必进行地方需要调查,1971年甚至发布调查读本,到1984年,电子媒介放松管制,该项要求随之解除,但是申请人仍然自愿这么做,目的是要向FCC显示其服务将有利于公共利益,因而在竞争中增加筹码。由于公共利益标准的模糊性,美国联邦通讯委员会和法院往往做出有利于大企业的决定,FCC更倾向于"维持现状"。例如1975年出台禁止跨媒介双重所有权的规定,结果全美只有16个地区的报纸和广电双重所有权被裁定不合法,原因是这16个区中,都只有一家报纸和一家电视台,而它们属于同一个老板。公众团体申诉,要求所有双重所有权应被禁止。1978年最高法院裁定支持FCC决定,由大法官马歇尔做出的裁定解释道:所有权分化,并非唯一与公共利益有关的顾虑。联邦委员会也要考虑到另一点,亦即对大众所可能做得最好的服务。为了达到这个"最好的服务"的目的,委员会在颁发执照以前,就必须权衡以下若干因素:如广播电台或电视台所有权人对台务运作所可预期的贡献,如广播电台或电视台的节目方针及种类,如执照申请人过去在广播电视方面的记录,以及如所有权分化问题。再者,联邦传播委员会也必须考虑到避免不当地中断现有的服务。所以在过去的许多情况中,报纸的所有权人在同一社区可同时拥有一家电台，而委员会基于该电台的继续服务有利于社会大众，所以一再准予换发新执照。

所有权的分化，使得申请人为了得到执照必须更好地为公众服务，也更好地维护了公众利益。多重所有权长期以来是所有权管制的重点，它是基于传统的公共利益理念，即认为媒介所有权越分散越有利于多元化。为此，美国FCC一直采取鼓励新人政策和限制无限所有权政策。在1984年以前，多重所有权是指一个机构或个人在全国拥有7家以上的电台或电视台，此举违反公共利益，1984年将最高限调整到12家。1970年，FCC出台称为“单一所有权”的新规，禁止在未来由个人或机构在同一社区拥有、操作或控制一家无时间限制的任何性质的电视台和广播电台。1971年该规定修改，准许在同一社区内同一个体可同时拥有一家调频电台和一家调幅电台。所有权管制最要紧的是限制报业和广播电视行业跨媒介拥有，1975年，制定法规禁止这种跨媒介双重所有权。

第二节　英国传统媒体管理

数字技术与网络技术的发展促使传媒市场重新洗牌，英国传统媒体的发展得力于英国社会力量和自主的管理，才能在冲击下立于不败之地。

一、英国的出版传媒管理

“英国没有出版法，也没有对出版物的检查。普通法（如诽谤法）对印刷媒介有适用性。英国人认为，印刷媒介和个人一样享有对有关公共利益的事务进行评论的自由，现在也没有对印刷媒介内容进行管理的立法需求。”①英国将法律规范与管理体制相结合，共同管理传统媒体。

（一）印刷媒体的法律规范

在媒介管理中主要适用的法律是：

① 孙五三：《英国的媒介管理》，《国际新闻界》1995年第2期。

● 限制报纸拥有者向电视和广播的扩张

● 报纸财产的转移

● 印刷媒介取得地方政府的议事日程报道地方政府会议的权利，以及合理使用采访笔记和电话记录的权利。

从 20 世纪 70 年代末到整个 80 年代，由于法律上的漏洞，出现了大量的兼并。比如 1981 年 Murdoch 的 News International 兼并了 The Times 和 Sunday Times，1957 年兼并了 Lonrho 公司的 Today；Robert Maxwell 于 1984 年兼并了镜报集团的 Daily Mirror，Sunday Mirror，The People；United Newspapers 兼并 Daily Ex-press，Sunday Express；加拿大金融家 Conrad Black 兼并 The Daily Telegraph 和 Sunday Telegraph (1986)；1981 年 Lonrho 公司兼并了 The Observer。因此对垄断的限制是目前英国对印刷媒介管理的重点。

此外还有大量涉及侵犯个人权利的法律适用于媒介。关于法庭、政府机密和诽谤的法律也适用于印刷媒介。未经许可获取和发表有关国防和国际关系的官方情报是违反政府机密法的。这些法律也适用于其他媒介。在国家机密方面，政府官员和媒介代表组成了国防、印刷媒介和广播电视顾问委员会。委员会一致同意，在某些情况下，公布某些情报对国家安全是有威胁的。关于哪些情报是不可以发布的，委员会有一个通知(Defence Advisory Notices)，这个通知正式发给新闻界。委员会设立了一个由退休的高级军官组成的秘书处。委员会要求新闻界在发表通知所涉范围内的信息时，征求秘书处的意见。这个秘书处只有建议权，没有决定权，是否发表还取决于有关的编辑、制片人或出版商。这个通知是 1993 年 6 月第一次发布的，其目的既是为了促进媒介对政府体制的理解，也是为了促进政府工作的进一步公开化。

(二)英国印刷媒介管理主体

1991 年，英国成立了一个印刷媒介约束理事会(The press Complaints Commission)。这个理事会不是一个法定机构，它的成员是由一个独立的"隐私及相关事务委员会"从读者中定的。英国官方的年度手册认为，这是新闻界最近一次试图建立行业自律的努力。该理事会的资金来自一个叫作印刷媒介自律后援会(The Press Stantards Board of Finance)的机构,这个机构是1990年成立的,目的也是为了推动行业自律。上述机构都是在公众呼声日益高涨,指责媒介“不公正地侵犯私人隐私”,“报道不准确、有偏见”,滥用手中的权力,要求政府对媒介进行约束的压力下成立的。

印刷媒介约束理事会的任务是处理公众对报纸和杂志内容及经营方式的抱怨,并对记者编辑提出建议。它有一套编辑人员一致同意的,关于尊重个人隐私、答辩权利、更正、记者行为方式、种族和宗教问题报道、保护消息来源和对有偿新闻批判的标准。理事会定期发布它的经济收支情况。

1993年,政府指定的一个委员会检查了印刷媒介约束理事会的工作,认为效果不好,没有能够有效地约束印刷媒介对个人隐私的侵犯。尽管如此,政府始终不愿意通过法律约束新闻界,认为那将严重背离传统的新闻自由原则。但是政府打算通过新的刑法以对付侵犯私人财产,使用监视工具、照片和录音手段获取供发表的个人情报。

同年,印刷媒介约束理事会宣布,它打算加强印刷媒介的自律,它的办法包括制定更严厉的自律条款、增加理事会的成员、建立为公众服务的热线等。

二、英国的广电传媒管理

英国广播电视行业主要由著名的英国广播公司(简称BBC)和独立广播局(简称IBA)经营。BBC成立于1922年,拥有覆盖全国的4个广播节目网、1个国际广播电台和2个电视节目网、6个联播节目制作中心,并拥有29家地方台。IBA创立于1954年,拥有地区性电台、电视台几十座。值得一提的是IBA本身并不编录节目,只对所属商业台起协调节目、管理广告宣传等作用。此外,英国有线电视也很发达。

英国是一个有着深厚公共服务传统的国家。从传统上,英国广电媒介规制的正当性,或者说规制的公共利益目标,可以归为三方面:(1)有效传播;(2)政治和文化多元化;(3)公共服务。这三个方面是互为联系和互相交叉的,而多元化原则处于欧洲广电媒介管理的中心,至少是各类公共服务广电的传统。

20 世纪 20 年代,BBC 开启了英国的广播时代。二战后,BBC 开始播放电视节目。BBC 在很长一段时间内都是英国唯一的电子媒体。早在 20 年代,英国政府就试图在政治与文化两个层面对 BBC 进行控制,另外一种对控制的呼声,则源自对电视/电台节目高质量的要求。直到 1954 年 ITV 加入电视播放队伍,BBC 一枝独秀的局面才被打破。第二个商业频道第四频道(Channel Four)则一直到 1980 年才出现,反映出小规模独立电视频道在英国运营的可能性。

(一)广电传媒的法律规范

英国现有的监管体系采取的是以行业为标准划分的办法。由于广播电视在社会功效、政治功能上的特殊地位,英国在对整个国民经济从国有化到私有化的进程中,仍然保留了广播电视的公营性质,并由英国广播公司(BBC)理事会负责管理,直接对议会负责。而对广播电视中的有线电视部分和卫星部分,由于最初的建设投入非常巨大,BBC 的经费无法负担,因此将有线电视和卫星电视业实行了商业化运营,一方面增加了国民经济收入,减轻国家对有线电视、卫星电视的负担,另一方面提高了有线电视、卫星电视的竞争力。同时将私营广播电视、有线电视和卫星电视的监管归于文化、传媒体育部(DCMS)。1984 年广播法出台之后,英国专门成立了有线电视管理局,其对有线电视业的执照和市场进行统一管理。另外根据 1984 年广播法,有线电视运营商可以兼营电话业务,这样就必须由工贸部(Department of Tradeand Industry,DTI)下属的电信局(Office of Tele—nications,OFTEL)同时对其电话业务的经营执照和市场进行监管。

根据 1954 年电视法案,一个独立电视主管部门(Independent Television Authority)成立,专门监督第一个商业频道 ITV 的运作,后来改名叫作独立广播电视主管部门。在英国,广播电视长期以来都秉持公共服务的价值观。尽管 ITV 和四频道都是以商业频道的身份出现在电视市场上,但和现在更为彻底的商业电视频道相比,这两个频道和 BBC 一样被认为在向公众提供公共服务。

英国电视史上新的历史阶段出现在 1982 年,这一年英国迎来了有线电视与卫星电视。两年后,根据《1984 年有线与广播法案》成立了有线主管部门。该部门成立的目的是要推动有线系统的发展，并且推动家庭购物和伴随娱乐而来的信息传递。随后，英国媒体进入了一个重要的历史阶段：媒体解除管制（deregulation）时期。在《1990年广播法案》的作用下，独立电视委员会成立，取代了之前的独立广播电视主管部门、有线主管部门与电台主管部门，对播出的节目进行监督和管理。媒体规制的现实实践中，由英国国会制定并于2003年7月通过的《2003年传播法案》具有里程碑意义。英国《2003年通信法》设有专门条款，对商业电视媒体播出广告做出详细规定，并因此而促生了一个强有力的电信规制机构OFCOM，“在一个所谓公司接管或者全球资本主义的时代，媒体垄断和媒体商业化对媒体在民主社会中扮演的角色造成了侵害”。[①] 这个超级管制者融合了以前五个管制机构的职能，涉及多个部门，能够灵活地应对来自广播电视频谱和电信方面的新挑战。

在通过了《1990年广播法》之后，英国政府对私营广播电视的管制机构进一步作了调整，合并1984年成立的有线电视管理局和1954年成立的独立广播电视管理局（Independent Broadcasting Authority, IBA），单独成立独立电视委员会（Independent Television, ITC），接管这两个部门的所有权力，统一对提供广播和有线电视服务的商业性组织和娱乐性电视市场进行监管，而有线电视运营商从事电话业务的管理权仍属于OFTEL。由于英国政府非常重视各个行业的自由竞争，有线电视业也不例外，因此有线电视运营商还必须受公平贸易部（OFT）的监管。

随着英国政府于1988年发表《90年代广播电视：竞争、机遇和质量》白皮书和《1990年广播法》的出台，在英国国内掀起了空前的信息化建设高潮，广播电视、电信得到了迅猛发展。到2000年年底，已经有超过1/4的英国家庭拥有数字电视。而电视频道数量也从二十年前的3个发展到现在超过250个。节目时间从1980年的每周300小时到现在每周40 000小时。在这样的大环境下，2012年，OFCOM承认了社区广播（Community Radio）的合法地位，但也放松了交叉媒体所有权方面的一

---

① 曹书乐：《表达自由、新闻自由与媒体规制——英国的法规与实践》，《新闻与传播评论》2010年第9期。

些限制，并且允许来自欧洲之外的实体拥有英国的电视公司。这种新的管制从以前的由上至下的命令与控制的体制转变成更为柔和的方式，宣称将权力民主化，分散国家的权力，建立透明和可信赖的管理整体，将更多干系人（stakeholder）纳入其中，其中包括公民社会（civil society），并提出规制的目的是试图在市场的需求和被赋权的公众之间取得平衡。

（二）广电传媒管理主体及代表机构

1. 政府管理模式：单一组织单一经费模式

媒介多元化是英国广电媒体公共服务准则的核心，公共服务这个概念从 BBC 的特许状反映出，等于是赋予决策委员会一个任务，对于阅听人应该一视同仁，不得就此舍彼。英国广播协会提供的服务不是专门为了某部分人口的，不管这一部分人口是多大的多数。这样的要求具有义务性，必须责成相关人士负起责任，无论是就地理区域的分布或是品位的满足，协会均须在最大可能范围内服务英国民众。

但事实证明，完全依靠内部多元化难以达到媒介多元化目标，BBC 在多元化方面确实存在缺失。BBC 宪章虽然承诺其服务顾及全体公众的多元化和平衡，但事实上一直表现得“保守、偏颇、狭隘、精英趣味”。20 世纪 40 年代，贝佛里吉调查报告总结 BBC 是“伦敦中心的思考方式、黑箱作业的组织文化、自以为是的使命感”。他历数该协会独占地位的“四大罪状”：官僚作风、自以为是、偏袒不公，以及毫无效率。报告建议允许广告主购买时段，但不许介入节目；其次，报告建议将 BBC“地区化”和“分权化”报告的建议虽未被直接采用，但是对英国商业广电制度的形成影响巨大，英国国会通过了 1954 年广播法案，采纳播放广告之电视政策。给独立电视网执照的重要原因，是为了打破 BBC 一统天下的局面，在文化上形成多元选择的局面。另外，是出于欲反制 BBC 的“左倾”色彩，以促成政治传播的多元化。

英国广播公司（BBC）与日本广播公司相同，尽管它们的演变历史迥异，但仍然属于同一模式：公司运行的经费保障主要依赖于议会批准的收视费。英国广播公司被欧洲商业传媒业主们认为是导致公共服务广播电视系统垄断欧洲的始作俑者，目前它拥有 6 个普通电视频道、10 个普通广播频道、5 个新闻电视频道、4 个地方广播电视频道、3 个网站。到 2012

年，实行国内与国外服务分开经营管理的体制，服务国内频道的运行经费77%以上来源于收视费，其余来自节目出售等经营收入，服务国外的频道尽管要求实行有偿服务，利润不断上升，但是经费接近90%来源于议会批准的公共财政资助。

2. 代表管理机构：OFCOM

有线电视对电信业务的融合，导致了对新监管体制的需求。2000年12月，英国文化、传媒体育部大臣史密斯爵士在下院公布了《通信白皮书》。该白皮书向人们勾画了未来十年信息化社会的蓝图，其中最令人感兴趣的是该白皮书描绘了一个新的监管体系。新的监管框架包括以下内容。

(1) 将私营广播电视监管机构与电信监管机构合并为OFCOM

这个新的、独立的、法定的管理机构名为传播办公室。OFCOM负责管理私营广播电视和电信。OFCOM是新监管体制的核心。以前，私营广播电视和电信分属文化、传媒体育部与贸工部管理，涉及多个管理机构，如独立电视委员会（ITC）、无线广播局（Radio Authority）、广播标准委员会（BSC）、电信办公室（OFTEL）和无线传播管理署（Radio communications Agency）。新监管体制下的OFCOM合并了这五个管理机构的法定职责，对电信与私营广播电视进行一揽子监管。

(2)公营广播电视的监管部门与OFCOM并行

由于公营广播电视担当着很强的公益使命，因此历来是英国政府监管的重点。以前监管体系的九个部门，有四个是监管公营广播电视的。出于公营广播电视的特殊性，以及对监管内容的区分，以前的监管体系中BBC理事会、英国电影分类委员会、公平交易办公室和威尔士第四频道委员会这四个监管公营广播电视的部门仍然保留，并与OFCOM组成一个并行的监管体系。这样提高了公营管理部门的地位，实际上加强了对公营广播电视的监管力度。

英国政府相信，通过这样的一个监管体系，可以使英国的通信和媒体成为世界范围内一个充满活力和具有竞争力的市场，使人民能够选择不同的高品质服务，公众和消费者的权利得到保护。而这也正是英国政府发布《通信白皮书》所要实现的最终目标。

3. 英国规制特点及未来监管趋势

英国广播电视机构所有制类似美国，实际运转呈现出英国特色。公共管理制是英国广播电视的最主要形式。英国最重要的广播电视机构英国广播公司就是名义上独立于政府的公共企业，其活动不受政府直接干预，但政府通过《皇家约章》和《执照协定》（广播公司和内政大臣达成的营业性协定）控制着该公司的行政权和财政权，英国广播电视与美国广播电视本质上不同。私营商业制是英国广播电视的另外一种形式，独立广播局是英国广播电视行业中主要的商业性企业。虽然它的名字叫独立广播局，但是其独立性却不及美国私营广播电视。根据上面所说的1973年议会通过的关于独立广播局的法令，无论行政机构还是政策方向乃至技术问题，政府都有很大的控制权。IBA下属电视台主要转播私营电视机构制作的节目，自己几乎不制作节目。BBC经费主要来自于政府收转用户缴纳的电视机执照费，而且政府有权根据情况提高执照费收费标准。英国电视节目比较严谨，BBC不播广告。BBC电视一套节目主要播出新闻、评论、文艺、体育和儿童节目，BBC另外一套节目除新闻外，侧重较严肃的戏剧、音乐、电影及电教和旅游节目。BBC的新闻具有如下特征，首先，对待政治问题严肃认真，情况介绍全面，很少进行评论，更不使用教训人的口吻，力求客观中正，因而在西方具有不偏不倚的美名。IBA的多数节目娱乐性强，其新闻时事和教育节目也占很大比重。除新闻外，英国广播电视大学的电教办得比较成功。英国电视娱乐节目真人秀办得最好，历时长，是英国女王最喜欢的节目，诙谐幽默，但是现在逐渐受美国商业娱乐真人秀的影响，也出现了一些很狗血的情节，比如变性人等。

同时英国广电行业自律对规范广播电视行为发挥了重要作用。另外还有一些顾问性机构，如广播控诉委员会（BCC）和广播标准委员会（BSC），这些法定机构虽然不扮演直接管理的角色，同样受ITC的管理，但是却有权监视那些有营业执照的广播电视商，包括卫星传输和有线电视。以英国为例，自律机制在英国广播电视系统中一直占有非常重要的位置。自律机制一般是由行业或媒体组织制定节目标准，以此规范和约束广播电视媒体以及从业者的行为，其约束效力同于法规。无论是公营的英国广播公司还是商营的广播电视公司都订有自律性规章，并公之于众，以便从业人员遵守和公众监督。自律性规章一般比较全面、详尽和周密，成为指导媒体从业人员行为的准则。如英国广播公司制定的《编辑指导原则》，商营的独立电视网对外公布的《独立电视网价值观和政策》《独立制片人指导原则》《独立制片人委托节目的行为规范》等，就节目赞助、广告等明确行为规范和标准。还建立投诉机制，实现公众对广播电视内容的监督和投诉。

随着科学技术的发展和许多新事物的出现，那种仅根据行业来划分监管部门的做法渐渐不能满足社会发展的需要，世界各国纷纷考虑利用事物的普遍内在规律，寻找相同点进行合并监管。就英国本土而言，这种合并监管也不是什么新鲜事物，例如工贸部下的一个单一监管部门也同时对天然气和电力进行管理。

电信业和广播电视业的合并监管是一个新的趋势，值得我们研究与借鉴。需要强调的一点是，这次监管改革涉及的是电信与广播电视中的私营部分，对于国有的广播电视业务，由于其特殊的行业背景和特殊的地位，其监管职能仍然由英国广播公司（BBC）的理事会来行使，并直接对英国政府负责。如果观众对公营广播电视有任何不满，可以向 BBC 理事会进行投诉。这充分印证了广播电视的产业特殊性。

广播电视与电信的合并监管是一个重要的信号，它意味着“第三次广播革命”的到来。早在 2000 年，许多专家就已经预测到电信与广播电视合并监管将势在必行。这种监管模式在欧洲并非是独此一家，瑞士于 1992 年就建立了电信广播监管局，负责监管广播电视和电信业的事务。可以预见，在今后的几年时间里成立电信广播监管局这样的统一监管机构将是一种趋势。

第三节　法国传统媒体管理

一、法国的出版媒体管理

法国当代报刊出版业格局形成于二战后，其主要体制是鼓励多元化。“报刊体制”这一概念，指报刊业的组织形式，也就是一定社会管理报刊出版活动的制度体系，它包括法律制度体系和国家政策体系两部分。法国出版法规对报刊出版机构的法律形式并未作具体的规定。作为工商业性质的企业，报刊可以是一份私人财产，也可以归某法人所有，企业形式的选择完全是放任的。

(一)法律法规

法国法律规定，报刊出版企业的创办和经营是自由的。年满18岁的法国公民都可自由办报，无须事先批准。法国宪法规定，报刊有发表刊载任何文章的自由权，禁止新闻检查和保证金的管制方法。法国政府行政法规确认，报刊尤其是综合性政治性新闻日报的立场多元化是宪法追求的一项目标。法律同时规定，在享有出版自由的前提下，报刊应遵守以下义务：

- 公布报刊法人代表、所有人、重要股东、出版负责人和编辑负责人的真实姓名；
- 给予被本报文章涉及者以应答权；
- 不得接受外国政府的资金或优惠；
- 不得刊载虚假消息；
- 不得刊载有侵害共和国总统和外国国家元首、煽动犯罪，以及煽动种族仇恨、歧视 、杀戮内容的文章；
- 禁止诽谤；
- 公开企业资本变更情况，限制报刊的集中和垄断，任何综合性政治类新闻日报的发行量不得单独超过全国同类报刊发行总量的30%；
- 公开企业财政经营情况。

法国关于报刊的法律规定使得更多的人投身到报刊创作之中，在政党报刊上给予了极大的自由，带动了报刊产业的迅速发展。

(二)管理主体及管理效果

法国法律规定，报刊出版企业除享有特殊的权利与义务外，其经营活动受企业共同法制约，企业权力机构为董事会，自主经营，自负盈亏。1997年，法国报刊业营业收入的42.9%来源于广告，其余来自报刊发行和其他经营。出于对报刊业特殊性质的认识，国家对报刊业给予直接或间接的资金援助。

法国报刊业源远流长，有长期的政党报刊传统。1789 年于法国大革命中诞生的《人权宣言》在全世界第一次确立了著述出版自由的原则。19 世纪中期，以廉价报刊为标志，法国具有现代意义的报刊诞生，报刊出版业迅速走向空前繁荣。与此相适应，法国历史上第一部体现、实践新闻出版自由原则的报刊出版法在 1881 年 7 月颁布，奠定了现代法国报刊出版制度的基石。该法后经多次修订补充，至今依然适用，其基本精神始终是法国新闻出版业法律制度的精髓。法国当代报刊出版业的结构和体制既脱胎于法国政党报刊、廉价报刊和垄断报刊的历史传统，又形成于第二次世界大战后政府主导的报刊业重组调整，因此在诸多方面显现出有别于欧美其他国家报刊体制和结构的特点。

"从原则上讲，法国报刊政策的出发点是在报刊领域实现多元主义原则。所谓多元主义原则，即要求大众传播媒介作为社会化交流工具，应对具有代表性的各派政治观点和社会思潮给予全面公正的反映。"① 这一原则反映了社会对新闻媒介的最高要求。从以上所述可以看出，现行法国报刊出版体制具有如下几个显著特征。

1. 经营条件宽松

在法国，报刊企业创办无须事先许可，企业形式不限，创业资本额很低。

2. 经营方式商业化

法国新闻企业的经营受工商企业共同法约束，以广告经营获取收入，企业按利润交税。报业垄断竞争日趋明显。

3. 国家对报业制约力不强

在报刊管理方面，企业只向法律负责，当局没有制约报刊企业的行政手段。来自国家的唯一力量，是通过对报业资助而施行隐晦的控制。

从格局上看，法国报业出现全国性报刊市场萎缩，地方报业市场胜出。以日报为例，地方报的发行量几乎为巴黎全国性报刊销量的 3 倍。其次是日报市场衰退，期刊市场增长。据统计，法国期刊读者人数近些年

① 孙维佳：《法国报刊出版业的体制结构及特点》，《国际新闻界》1995 年第 5 期。

来始终保持持续增长的势头，报刊集中垄断程度不高。法国报刊业集中垄断程度相比英、美、德、意、荷、奥和瑞典等西方主要发达国家，尚处于较低水平。具体表现在法国报团规模小、数量多，发行量巨大的垄断报刊几乎不存在。其次，报刊广告业欠发达。法国报刊广告出现于 19 世纪 30 年代，无论在时间和规模上都落后于英、美、德等国。据 1990 年统计，法国报刊广告营业额为 236.6 亿法郎，仅占其全部营业额的 46.6%。从广告业的环境看，法国广告业更注重于张贴式广告，而忽略报刊广告。最后从体制上看，法国实行政府对报业补贴政策，从而也造成了报刊业对固定资助的依赖，限制了报业经营收入的增长。

二、法国的广电媒体管理

法国是欧洲广播电视事业较为发达的国家之一。1922 年法国邮电部在埃菲尔铁塔上架设发射天线，标志着法国广播事业的开始。以后的发展大致可分为四个时期。首先是国营为主、私营 并存时期(1922—1945)。广播诞生后，私营电台纷纷出现。1923 年政府颁布法令，规定广播事业为国家专利，私人只有经过邮电部特许方可经营，且不得妨碍国营广播和公共利益。这一时期，国营电台居于主导位置，到 1937 年，有 3 个全国台、18 个地方台、私营电台有 12 家。其次是国家垄断时期(1945—1974)。1945 年二战结束后，法国政府以行政命令取消了所有私人电台的营业执照，不再允许私人经营广播。同年 11 月，成立法国广播电视公司(RTF)领导全国的广播电台和电视台。1964 年，将 RTF 改为 ORTF，全称法国广播电视管理局，国家主要通过管理局局长和管理委员会对广播电视事业进行垄断和控制。这一时期法国广播电视事业获得重大发展。第三是分散经营体制时期(1974—1982)。法国广播电视事业在 ORTF 的统管下缺乏活力，经济窘迫，加之 ORTF 内外因政府对电视节目的干涉，不满情绪增长。1974 年 8 月通过议案，决定解散 ORTF，将其业务分散给新成立的各自独立的、自治的、高质量的、互相竞争的七个国营公司。分散经营体制改变了政府具体管理的方式，但并没有解除政府对广播电视的垄断。第四是逐步开放时期(1982 年以后)。围绕国家垄断广播电视业的问题，社会各界，尤其是政界、视听界一直进行着激烈的争论。

1982年7月议会通过新的广播法，允许开办私营电台。1985年1月政府又宣布开放商业电视。此后，政府进一步放宽了对私人建立电视台的限制。1988年密特朗再度当选总统，第七次修改广播电视法，1989年通过。依据新法，法国成立真正独立的、有权威的最高视听委员会（CSA），从而确立了比较成熟的广播电视管理体制。

（一）规制依据与规制目标：多元组织法定分配模式

法国公共服务广播电视系统由3个独立的电视台、2个独立的广播电台，即法国电视一台、法国电视二台（FR2）、法国电视3台（FR3）和5台（FR5）、法国广播台、法国国际广播台等九家机构组成。播放的节目和广告内容与民营电视台没有多大差别，现有职员约7 000人。法国还与德国合办了一个电视台（arte台），专播文化类节目。法国广播电台下设六个台：新闻台、文化台、音乐台、蓝色台、7号台和巴黎地区台，有职员约4 000人。向国外广播另设有法国国际广播电台。

这些广播电视机构都属于国有，具有相同的法律地位，节目都由法国电视播送公司（TDF）统一转播，都由政府专门机构（CSA）统一监督。这些公共服务媒体的教育、文化和社会使命，由总统颁布的命令所规定。比如，法国电视二台、三台，依据总统命令，必须保护儿童和少年，促进社会正直、独立和多元化。

1980年以前，法国广播电视事业由国家垄断，国营广播电视机构是国家机器的一部分，置于政府管理之下。在戴高乐总统时期，电台电视台的负责人每天要向情报部长汇报播出情况。当时的一位情报部长后来在回忆录中说，他的办公桌上有三个呼铃，除叫秘书和客人的以外，还有一个是与广播电视台台长联系的。1975年，因为财政紧张，法国国家广播公司被改组为法国电视台和法国广播电台。

1981年，密特朗就任法国总统，开始改革广播电视事业，废除了国家对广播电视事业的垄断，允许私人办广播电视机构。同时把国营的广播电视机构从国家机关分离出来，并赋予其一定的独立性。1989年，成立了视听高级委员会（CSA），负责管理法国电视台和法国广播电台，进一步扩大了电视台和广播电台的自由度。CSA通过制定法规和内部规章制度行使管理和监督职能，不介入具体采编播放业务。比如，它不能事先对广播电视节目发表意见，也不能决定停播某个节目或重新播放某个节目。现行的法国公营广播电视机构和领导体制如图 4.1。

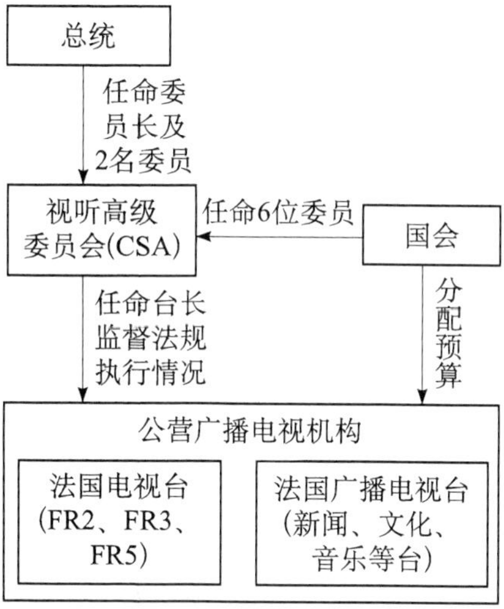

图 4.1 法国公营广播电视机构和领导体制

如法国电视一台，尽管在 1986 年私有化，但必须承担公共服务法定义务。这些公共服务传媒由各自董事会管理。董事会一般有 12 名成员，其中两名代表来自上议院、下议院，4 名代表来自政府机构，4 名代表来自广播电视管理机构，2 名为媒体雇员代表，一般任期三年。各媒体必须接受议会、政府和广播电视专门机关的管理。对公共服务传媒的广告经营，法国议会立法要求严格控制。法律禁止政治性广告，电视剧播出过程中不得被广告打断，各台的广告有时间限制。如法国电视二台播出广告时间平均每小时不得超过 6 分钟，绝对禁止播出超过 12 分钟的广告。法国电视三台播出广告时间平均每小时不得超过 5 分钟，绝对禁止播出超过 10 分钟的广告。曾担任总统的萨科奇呼吁取消公共广播电视的商业广告，政府有关方面正在进行调查研究。

(二)规制手段和规制效果

首先，法国不断完善公共服务传媒的制度建设。法律制度建设是传媒制度建设的关键，并随着形势发展，不断通过法律调整或促进公共服务传媒发展。提供公共服务作为法律义务必须有法律依据，因此加快公共服务传媒立法，成为发展壮大公共服务传媒事业的基本保障条件之一。提供公共服务，不仅是公共服务传媒的义务，也是商业服务传媒的义务，可以享受公共财政资助，也可不提供公共财政补贴。如法国电视一台尽管早在1986年私有化了，这个名副其实的法国第一电视频道仍然担负着严格的公共服务传媒的法定义务。

其次，强化公共服务媒体的独特性建设。全世界的公共服务广播电视机构是一个多样化系统，既有英国式的单一系统，更有法国这种高度多元化系统。目前全世界的公共服务媒体基本上可以划分为国家的或超政党的、隶属并服务于政党的两大类。不同的国家根据自己的实际情况在社会的发展中建立了符合自家国情的公共服务广播电视机构。

第四节　日本传统媒体管理

在社交媒体等新兴媒体的冲撞下，日本的传统媒体虽然缓慢却仍在持续的发展中，并且是世界传统媒体的中坚力量。战后日本出版产业的最大特征之一就是由书籍出版转换为杂志出版，杂志的出版社完全掌握了出版界主导权，大量出版、大量宣传、大量销售、大量消费，构成当代日本出版的基本状况。

印刷媒介相关的市场环境方面，日本印刷产业经历着重大的考验，如长期的经济停滞、各种信息媒介的流行、下降的出生率与社会老龄化，以及2011年的日本东部的大地震。“如此严峻的环境变化造成印刷市场的不景气，而且这种趋势还会持续下去。根据政府部门所做的产业统计数据，2011年拥有4名以上从业人员的印刷企业的业务量较上一年下降了7.5%，产值减少到5.6万亿日元。”①根据日本印刷产业联盟的研究报告，日本印刷市场交易额将会从2010年的7.9万亿日元下降到2020年的7.4万亿日元，比2010年降低6%。

① 《日本印刷业发展新况》，《中国包装》2014年第3期。

一、日本印刷媒体规制:有序的自由

日本出版业在规制方式上的变化是以第二次世界大战的结束为分界点的。二战前的日本,出版业和新闻、广播业同样受到了来自政府的直接管制。在管制方式上,不仅有《出版法》等专门的法律,警察机关还可以根据《治安维持法》等法律对出版社做出禁止销售和没收出版物的处罚。正是出于这种对二战时言论统制政策的反省,战后的日本宪法第21条规定了“保障集会、结社及言论、出版等一切形式的表现自由”(21条第1款),并且“不允许对其进行检阅”(21条第2款)。这就意味着,在出版物公开销售之前,警察等国家权力机关不能对出版物的内容进行检查和阅览,不能对出版物做出停止销售的决定。与新闻和广播电视相比,出版业可以说是三者中间最自由的行业,这种自由表现在没有专门的法律和专门的政府监控部门,可以自由地设立出版社,可以自由地发行出版物等方面。

总体来说,日本公权力机关对出版业进行调控的根本目的在于通过对其内容进行一定程度的限制以使其符合公众的要求。为了达到这一目的,在调控方法上归纳起来主要包括以下三种方式:第一,法律调控,即以各种一般性法律对出版物的内容做出限制;第二,政府公权力机关的介入,即文部省、法院和警察机关等政府机关、司法机关和执法机关依法对出版物实施监督;第三,行业的自律,即出版业通过自身的行业组织制定出行业必须遵守的伦理纲领并以此对出版活动进行自我约束。

除了上述三种自主规制的方式以外,社会各类组织和团体也会对出版业施加一定的影响,这些影响不仅来源于党派或右翼团体等政治组织,也来源于市民团体或广告机构,其中最典型的运动为1990年夏季的由家长和主妇组成的市民团体发起的“反对有性描写的漫画”运动。在这场波及全国的运动中,出版社纷纷进行了取消销售计划、停刊和强化审阅等自主规制,同时作为销售主要场所的全国便利店也自觉地对有害漫画采取了停止销售的措施。

总体来说,日本的规制方式更多地体现了一种出版业与政府之间的相互协调的关系,虽然在各个细部都存在着不甚合理的地方,但从整体上来看这种规制方式却维持了一种有序的自由。[①]

二、日本的广电传媒管理

日本是当今世界上信息技术最为发达的国家之一。日本广播开播于1925年,电视开播于1953年。日本广播协会在1926年成立,播出广播节目,是公共广播体制。1951年商业广播电台开播。自此,日本步入公共广播电视和商业广播电视共存的双轨体制。

20世纪80年代中期经邮电部批准,第一批电缆电视台开始营业,几年后大小电缆电视台增至4万多家,其中有的以转播电视公司节目为主,有的以自办节目为主。1984年和1986年,日本先后将两颗实用广播卫星送上轨道。从1986年起,NHK利用它们进行电视卫星直播。1987年7月,NHK开办了世界上第一个全日夜卫星直播频道。目前有两套卫星直播节目:第一套全天4小时播送,以国际新闻和体育新闻为主,另有部分音乐和特别节目;第二套选自地面常规电视节目,每天播出22小时半,主要供边远地区收看。

早在1973年,日本就开始研制高清晰度电视。这种电视将现有的图像扫描行数增加一倍,并且采用高保真立体声音频信号和宽屏幕画面,极大地提高了画面的清晰度。1981年,日本先于美国和西欧推出高清晰度电视。1988年汉城奥运会时进行试播,全国10万观众通过2200部高清晰度电视机收看了卫星直播节目。1991年,NHK、各民营电视台和电器厂组成了高清晰度电视推广促进会,同年11月通过卫星每天播送8小时高清晰度电视。

(一)日本广播公司规制:单一组织单一经费模式

日本的广播事业诞生于1924年,11月成立中央放送局。1925年,东京、大阪、名古屋三个电台分别播音。1926年,政府为了加强控制,指示三家电台合并成立日本广播协会(Nippon Hoso Kyokai,NHK),受邮政省监督。NHK的性质与英国广播公司相近,为国家授权独家经营的非

① 龙一春:《日本出版业的规制方式及行业自律》,《出版发行研究》2006年第2期。

营利性组织,受邮政省监督。1928 年,NHK 建立全国广播网。以后二十年,日本广播业一直是政府控制的垄断事业。NHK 成立后,日本的广播事业进入了迅速发展的黄金时期。1947 年,进驻日本的联合国占领军对广播进行监督管理,指令日本广播协会改组。1950 年国会通过“电波三法”:《电波法》《广播法》《电波监理委员会设置法》,确立了广播事业自主经营和广播自由的原则,确立了公营和私营并存的双轨体制,广播电台也正式向民间开放。战后日本广播协会建立了东京电视台,1953 年 2 月开始电视播放。1953 年 8 月 28 日,私营的日本电视公司在东京开播。1960 年 9 月第一批彩色电视开播。进入 60 年代后,随着经济的起飞,日本广播电视业有了飞跃发展。1975 年彩色电视在全国普及。

日本广播电视事业的主体是日本广播协会(简称 NHK)。其总部设在东京。目前,它的运行仍遵循 1950 年颁布的《广播法》,由 5 个全国性电视频道、3 个全国性广播频道、教育电视台以及 2 个对外的广播、电视频道等组成。第一套广播主要为新闻节目,第二套广播主要为教育节目和外语节目,调频广播主要为音乐节目。此外,日本还有 100 多家商业广播电台和电视台,已形成几个很有影响的完整的商业广播电视网,其中东京广播公司、日本电视广播公司、富士电视公司、全国朝日广播公司这四大商业广播电视网在日本很有影响。目前,公营广播电视由日本广播协会经营,私营广播电视一般采用股份公司体制,实行商业运作。现在日本广播电视普及率仅次于美国,居世界第二位。

依据《广播法》,日本广播公司由经营委员会、董事会两级机构管理,它们在决策和执行过程中要听取专门的广播节目咨询机构的意见。经营委员会由日本首相任命的 12 名成员组成,他们决定日本广播公司的重大事项,诸如管理机构、公司政策、预算及其他的财政计划、广播站点布局计划、职业道德准则,选举任命董事会会长,批准副会长、监事会成员、董事会成员的任命等。董事会由会长、副会长、董事等组成,负责处理日本广播公司重要的日常事务。依据《广播法》,成员由经营委员会会长提名,独立的广播节目咨询机构(包括全国广播节目咨询机构、地方广播节目咨询机构、对外广播节目咨询机构等)负责对节目质量和服务实施监督。广播职业道德准则的修订必须征求广播节目咨询机构的意见。法律要求日本广播公司必须将广播咨询节目机构的评价纳入日常管理之中。日本广播公司必须执行邮电大臣发布的有关命令，任何财产的处理都要得到邮电大臣的许可。

日本《广播法》要求日本广播公司应当尽可能地向盲人提供语言服务、向聋哑者提供影像服务，帮助他们更好地理解电视节目内容。在灾难爆发时，广播电视应当及时进行广播，以减少其危害。《广播法》禁止日本广播公司营利，禁止日本广播公司播送商业广告。任何人和机构只要拥有接收设备，都应当缴纳收视费。因此，收视费是日本广播公司主要经济来源，占了全部经济来源的96%以上，余下的部分来自节目内容出售等方面的收入。日本广播公司在2006—2008年度计划中明确提出把收视费占总收入的比例稳定在96%以上，也许是基于这项指标近三年下降趋势：收视费占总收入的比例2004年为96.5%，2005年为96.3%，2006年为96.0%。与20世纪90年代相比，下降趋势明显：1999年收视费占总收入的比例为98%。日本广播公司的经费预算案由经营委员会提交邮电大臣，邮电大臣在咨询有关机构后提交首相府，首相府在监察机关稽查后提交议会。①

日本广播公司经费来源与英国广播公司(BBC)相同，尽管它们的演变历史迥异，但仍然属于同一模式：公司运行的经费保障主要依赖于议会批准的收视费。NHK依照《广播法》规定的收费原则向用户征集视听费，除国际广播经费和邮政大臣指定的研究项目经费由政府担负外，NHK不再接受国家补贴，因此，BBC和NHK都在经营和运转上呈现一定的半官半民趋向。

日本的国情决定了它们的广播公司规制，它们的法律规范也决定了公共服务的规范性，与英国同一模式的发展让日本传统媒体的道路走得更加顺畅。

(二)代表机构：NHK

NHK是日本最大的广播电视机构，创建于1926年。战后重新改组。1953年开播电视以前一直经营广播事业，现在主要力量已转向电视。它

① 陈中原：《世界公共服务传媒管理体制浅析——以外国广播电视系统为例》，人民网传媒频道2009年11月16日。

是政府领导的半官方性质的公营广播电视机构，一方面接受政府的领导和监督，另一方面依法自主经营，享有自主权。NHK 享有充分的新闻自由，任何人不得对广播内容进行非法限制和干涉。经济基本自立，费用主要来自用户的收视费，不以营利为目的，不播放广告，旨在通过制作新闻、娱乐节目提高国民的文化水准。现在有三个广播电台、两个地面电视台、两个卫星电视台、一个国际广播电台。总体上看，NHK 的节目内容比较严肃、正统，新闻报道方面力求准确、公正，注重实效性，娱乐题材尽力避免庸俗化，在世界电视领域享有较高的声誉。目前，“NHK 环球广播网”是 NHK 对外广播电视（国际广播电视）的总称，由三种广播电视服务，即“NHK 环球广播网 TV”“NHK 环球广播网・收费电视频道”“NHK 环球广播网・日本国际广播电台”组成。这三种广播和电视在迅速而准确地为海外的日本人提供各种信息的同时，为促进日本与世界各国之间的理解，向外国人播出介绍日本的文化、政治、经济、技术等信息的节目。

二战后，日本确立广播电视公营与私营并行的体制。首先是公共广播电视，其主体是日本广播协会。它是依照日本《广播法》建立的特殊法人组织，其组织机构、活动宗旨及各项活动均依照《广播法》而行，公营性质，不播广告，经费来源主要是收听费、收视费，以及国民的自愿捐款。节目质量很高，社会影响大。其次是商业广播电视，日本五大民营商业广播电视网是其重要组成部分，即东京广播公司 TBS、日本电视网公司 NTV、全朝日广播公司 ANB、富士电视网公司 FTV、东京十二台 IZ。

NHK 主要经营宗旨有以下几点。

①确立 NHK 公正、自由、服务公众和遵守技术标准等原则；确立 NHK 真正公营的性质，脱离政府、政党而作为独立机构运作；享有编辑自由、表达自由，任何人不得非法干涉和限制广播内容。不得播放广告和从事营利性活动。

②明确允许发展民营广播业，建立竞争机制。

③遴选 NHK 经营委员会成员的标准：必须来自社会各界，须是具有广博的知识和经验、能够对公共利益做出正确判断的人，不得有政府公务员、政党负责人、广播器材制造商、新闻机构负责人。

（三）规制手段和规制效果

日本NHK新闻节目所占比重较大，综合电视节目以国内外时事报道、评论为主，兼播适量的知识、文化教养、体育和文艺节目，其教育节目网以知识教育和文化教育为主，新闻比例小。比如，日广《一天一题》栏目，由该台解说委员简明易懂地阐释日本和世界所面临的政治、经济、社会、文化等各个领域的最新问题，或请各行各业的专家学者对有关问题进行解说和分析。《科技新貌》节目则定位于介绍以“科技立国”为国策的日本所赖以生存和发展的各种科学和延伸的各种应用技术，不仅注重介绍刚刚研发的最新技术，还把焦点对准那些有用且新的思维方法，以此对现有技术进行发展。日本国际广播电台华语广播作为日本唯一的华语国际广播，通过电波为加深友谊、增进理解发挥着重要的作用。现在，华语广播每天从东京播出九次（下午和夜间每次30分钟，早晨20分钟），广播时间共计四个半小时。20世纪90年代以来，NHK一度面临较严重的观众年龄老化的问题，目前正努力修正受众市场定位，主要措施有：将节目的创意策划推向市场，采取面向外部的独立制片人公开招标方式募集优秀方案。在节目竞标优选过程中吸收受众参加，如根据不同节目特点组织相应年龄层的受众代表收看，或邀请不同年龄层受众代表收看同一节目，等等。

日本民营商业电视新闻报道较少，广告多。日本电视节目设置的最大特色是由专人主持的板块式结构综合节目较多，节目因人设置，使节目个人化的特征明确。另外，就是新闻报道现场直播多。

第五节　中国传统媒体管理

传统媒体的双重属性和“两分开”“制播分离”等体制上的变革，决定了政府对媒体的管理必须遵循“区别对待、分类指导”的原则。对公益性媒体事业单位应加大投入，鼓励其积极走向市场，实现多渠道、多形式增值。对经营性媒体单位，应健全完善党委领导、政府管理、行业自律、传媒企事业单位依法运营的管理体制，培育市场主体，完善传媒市场体系。

一、媒体管理概说

媒体一词源于英文 media，被译为“大众传播媒体”或“媒体”。早期媒体分为印刷媒体（纸质媒体）和电子媒体。数字技术和网络技术应用到媒体中后，媒体又分为传统媒体和新媒体。传统媒体即早期的印刷媒体（报纸、杂志、图书）和电子媒体（广播、电视）。新媒体不是专指某一具体媒介形态，而是指利用数字技术和网络技术，通过有线和无线网络以及卫星等传播渠道，以电脑、手机或其他数字接收设备为终端进行信息传播的新型媒体形态群。主要包括如门户网站、社交网站、网络搜索引擎、网络报刊等网络类媒体，手机报纸、手机电视、手机图书等手机媒体，微博客等自媒体。[①] 新媒体与传统媒体的最大区别是变单一传播为双向互动传播。

（一）媒体定位和布局特点

近年，传媒领域在现代新技术的支撑下异常活跃，报纸杂志、广播电视、互联网络等媒体及其产品发展势头迅猛，作为意识形态载体，媒体产品也创造了巨大的经济效益。

我国的媒体定位和布局经历了一个历史发展过程。

1. 媒体定位

单一强调媒体的喉舌功能是早期媒体的定位。新中国成立后，为构建适合新政治制度的新闻管理体系，我国取消了自主经营的报纸，留存的报纸几乎都是党报。办报所需经费来自国家财政，发行依靠公费订阅。一统天下的报纸媒体定位为党和人民的喉舌、党和政府的宣传工具，属于意识形态的重要组成部分，具有单一的政治属性。20 世纪 80 年代末到 90 年代初，“信息”和“传播”的概念引入中国后，人们逐渐认识到，媒体不只是宣传工具，它也是信息产品，具有一般商品属性。1992 年党的十四大以后，媒体的信息传播、文化娱乐和舆论监督等方面的功能得以确认。

---

① 高宏存：《从“新闻危机”到主动引导网络舆论》，祁述裕主编：《文化体制改革与文化软实力》，国家行政学院出版社 2012 年版，第 265 页。

1993年6月，中共中央、国务院发布的《关于加快第三产业的决定》和同年12月由国务院转发的国家计委关于《全国第三产业发展规划基本思路》，将“报刊经营管理、广播电视事业发展”正式列为第三产业。1996年，江泽民同志视察人民日报社时又明确指出，新闻媒体“既要宣传，又要经营”。1999年9月，国务院办公厅转发的信息产业部、国家广播电影电视总局《关于加强广播电视有线网络建设管理的意见》，进一步明确了广播电视的产业属性。① 2002年，党的十六大提出改革文化体制、发展文化产业，将传媒列为文化产业的重要组成部分。党的十六届四中全会通过的《中共中央关于加强党的执政能力建设的决定》，提出了促进文化事业全面繁荣、快速发展文化产业，同时强调传媒产业化经营不能改变党管媒体的原则。

近年来，随着《中共中央关于深化文化体制改革推动社会主义文化大发展大繁荣若干重大问题的决定》《国家“十二五”时期文化改革发展规划纲要》《文化产业振兴规划》《新闻出版业“十二五”时期发展规划》等一系列文件相继出台，媒体事业和产业未来发展的目标、路径更加清晰。无论传媒体制如何改革，传媒产业如何发展，新闻媒体都要在宣传党和国家的政策方针、构建社会主义核心价值体系和传播主流文化、构建和谐社会中发挥舆论主渠道作用。在当今市场经济体制下，媒体具有意识形态传播和产业经营双重属性。

2. 媒体布局特点

中国传媒业经历了由报纸“一枝独秀”，到报纸与广播“双轮驱动”，再到报纸、广播、电视“三足鼎立”，然后是报纸、广播、电视、互联网“四强相争”，如今又进入了报纸、广播、电视、互联网、手机等各种媒介形态相融共生的“多媒体融合并存”的发展阶段，媒体格局在媒介产品的发展中不断调整。② 目前我国媒体布局主要呈现如下特点。

(1)公益性媒体占据意识形态主阵地

公益性媒体如党报党刊、通讯社、电台电视台，是党的新闻宣传事业

---

① 郎劲松等：《社会变迁与传媒体制重构》，中国传媒大学出版社2010年版，第180页。

② 郑保卫：《后危机时代世界媒体格局变化与中国新闻传播策略》，人民网，2012年1月12日。

的主阵地，是我国现代传播体系构建的战略重点。近年，随着公共文化服务体系的不断完善，重要公益性媒体进一步扩大了有效传播覆盖面。以广播电视为例，截至2011年年底，广播电视成为社会最普及的信息工具，全国广播人口综合覆盖率97.06%，全国电视人口综合覆盖率97.82%。同时，新兴传播载体广泛用于传统媒体，实现了数字化转型。据业内权威研究公司格兰研究统计，截至2012年5月底，我国有线数字电视用户达到12 166.6万户，有线数字化程度约为60.37%。[①] 公益性媒体在宣传党和国家方针政策、主导社会舆论方面发挥着主渠道作用。

(2)经营性媒体是文化产业主力军

传媒业进行体制改革后，媒体产业发展迅速。仅就新闻出版业来说，2010年，新闻出版业总产出达到1.22万亿元，增加值达到3 500亿元，占到国内文化产业核心层增加值的60%；2011年，全国出版、印刷和发行服务业实现营业收入1.45万亿元，增加值4 021.6亿元，[②]是我国文化产业的绝对主力。

(3)互联网等新兴媒体成为影响巨大的大众传媒

根据CNNIC发布的《第30次中国互联网络发展状况统计报告》，截至2012年6月底，中国网民数量达到5.38亿。其中，手机网民规模达到3.88亿。手机首次超越台式电脑成为第一大上网终端。手机端视频用户的增长更为强劲，用户超过1亿人。微博在手机网民中的使用率上升到43.8%。手机作为传播媒介催生了大量的“公民媒体人”。手机网民和手机终端的发展，极大改变了媒体生态，一个报纸、广播、电视、互联网、手机等“多媒体融合并存”的媒体格局在中国已经形成。根据国务院《推进三网融合的总体方案》，2015年将全面实现电信网、广电网、互联网融合发展。三网融合的大背景下，新型媒体产品和信息服务业态将不断涌现，文化传播渠道、信息和文化服务形态更加丰富多样、快捷经济。[③]

(4)国家应急广播体系建设正在进行

根据国家应急体系建设总体要求，充分利用无线、有线、卫星等传输

---

① 格兰研究，流媒体网，http://dvb.lmtw.com/Market/201206/79232.html，2012年6月28日。

② 新闻出版总署：《2011年新闻出版产业分析报告》，2012年7月9日。

③ 蔡赴朝：《发展现代传播体系 提高社会主义先进文化辐射力和影响力》，《人民日报》—人民网，2011年11月7日。

资源，综合采取中短波广播、调频广播、移动多媒体广播和数字音频广播等技术手段，以中央人民广播电台为龙头，联结省市县，建立健全应急广播的信息采集播出、传输覆盖、接收等系统，2015 年年底前实现应急广播的全国覆盖和稳定运行。①

(5)重点媒体走向海外

我国重点媒体已经具备了打造国际一流媒体的良好基础。《人民日报》整合新闻资源系统，加快海外版数字化转型步伐。2012 年 11 月 6 日《人民日报》海外版官方网站“海外网”正式上线，标志着《人民日报》海外版数字化转型建设迈出重要一步。新华社驻外分社超过 140 个，形成比较健全的全球新闻信息采集网络和新闻发布体系。中国国际广播电台建有海外记者站 32 个，使用 61 种语言对外播出。中央电视台海外记者站达 50 个，开播英语、西班牙语、法语、俄语、阿拉伯语、汉语 6 种语言 7 个国际频道，在 141 个国家和地区落地，海外用户超过 2 亿。《中国日报》形成国内旗舰版、美国版、欧洲版、亚洲版共同发展局面。中新社海外供版覆盖 22 个国家。人民网、新华网、中国网络电视台影响力不断增强。②

二、中国新闻出版管理

自 2003 年以来，我国新闻出版业经历了转企改制、组建出版集团、跨地区跨行业重组和上市融资等发展进程。目前，经营性图书、音像出版社基本完成改制，2 400 多家非时政类报刊社已转制或登记为企业法人，10 万家印刷厂、1 万多家国有书店转制，120 多家新闻出版企业集团成功组建。经过九年的改革发展，我国已建立起了较为完整的新闻出版体系。新闻出版业不仅肩负着培育社会主义核心价值观、增强社会主义意识形态吸引力和凝聚力的重要使命，也是经济发展新的增长点和加快转变经济发展方式的重要着力点。改革中的新闻出版业成就辉煌，但也面临着新的问题和挑战。

①② 蔡赴朝：《发展现代传播体系 提高社会主义先进文化辐射力和影响力》，《人民日报》—人民网，2011 年 11 月 7 日。

(一)新闻出版业发展面临的问题

1. 意识形态属性与产业属性冲突加大了管理难度

新闻出版业的改革和发展,带动了地方经济的发展,因此,一些地方政府高度重视新闻出版产业发展,却忽视了新闻出版业的意识形态安全。有的盲目要求审批建设印刷厂和出版物批销市场;有的不顾印刷业属于特殊行业的规定,随意将印刷厂出售、租赁或交由他人经营,还有的不经过主管部门批准就引进外资进行合资或外商独资经营印刷。某些期刊、出版社则以各种隐蔽的形式外包部分版面,随意扩版增刊以谋取经济利益等。与此同时,在新闻出版产业化过程中,书刊、报纸零售业和印刷、复制经营企业增长迅速,更多的社会成员进入这个行业,新闻出版业的从业人员成分日趋复杂。利益的驱动也导致市场非法出版物猖獗。新闻出版业的管理比以往任何时候都要困难。

2. 体制不健全,新闻出版管理深层次难题多

新闻出版体制改革触及的深层次矛盾和问题,主要集中在非时政类报刊出版单位转企改制和报刊图书市场监管等重点领域及关键环节。①行政配置资源体制下的报刊分属不同部门,报刊数量多、资源分散,管理混乱,不同所有制形式制约着报刊资源的整合,部门所有制尚未彻底打破。②按现行政策规定,国家不允许外国资本和民营资本进入传统的新闻媒体领域,报刊无论以何种方式形成的资产全部是国有资产。如果有社会资本隐蔽违规进入新闻媒体领域,一旦核实资产,清理问题就会凸显。③一些地方政府对中央规定的支持报刊改革的政策,如土地、税收、资产处置和不良债务清理等没有落实。④改制过程中,经济效益、市场开拓好的报刊主动转制,但效益差、甚至负债经营的报刊无力担负转制成本,如何退出市场,政策和机制尚不明朗。此外,报刊、图书市场多头管理的问题也很突出。

3. 调整变化中的媒体格局给市场主体带来挑战

技术、市场和体制合力推动媒体格局不断变化,媒体间各种力量对比与组合的结构经常处于序列易位和要素重组,直至形成新的媒体格局。①新媒体的发展倒逼新闻出版产业格局调整。当网络媒体和移动媒体快

速发展时，报刊等传统媒体开始趋弱。新闻出版业必须顺应新形势，依靠高科技应用，不断创新产品形态，调整产业形态格局，快速发展数字出版、数字印刷、数字发行等新业态。②世界媒体格局变化带来发展动力也带来文化安全隐忧。目前世界媒体格局是美国独大、英法德等多强争雄、亚非拉等新兴传播国家群体兴起。我国作为新兴传播国家的一员，传播力和影响力也在逐步提升。国际金融危机之后，我国加强了国际传播拓展的力度，影响不断扩大。但是，世界新闻信息与文化语言传播的“数字鸿沟”依然存在，中国传统文化和文化安全面临巨大挑战。[①]

（二）加强新闻出版业管理的措施

新闻出版业“十二五”规划确立了发展的目标任务，针对改革和发展中的问题，提出了加强新闻出版业管理的具体措施。

1. 强化审查责任，确保新闻出版成为社会主义舆论主阵地

“舆论导向正确，是党和人民之福；舆论导向错误，是党和人民之祸”。各级管理部门应明确职责，强化分级管理责任制，落实“谁主管谁负责”“谁审批谁把关”的行政管理制度，保证新闻出版产品内容健康。对重点任务、重大项目和重要工作实施目标倒逼机制，统筹协调落实领导责任。

2. 严格准入制度，解决出版物过多过滥问题

新闻出版的意识形态属性决定了新闻出版企业不同于一般企事业单位，必须严格遵守准入制度规定。建立新闻出版主管部门与公安、工商等部门的协同配合机制，明确执法主体，完善执法程序，共同把好进口关，避免新闻出版过多过滥，保证出版市场的正常秩序。

3. 完善新闻出版法规，依法行政管理

地方政府应根据国家《著作权法》《新闻出版条例》等法律法规，制定适合本地情况的地方法规，为地方新闻出版管理提供易于操作和实施的执法依据，以保证执法的有效性。按照中央和省级新闻出版主管部门的要求，根据本地实际情况，抓好常规性执法，制定“扫黄打非”的长效管理

① 郑保卫：《后危机时代世界媒体格局变化与中国新闻传播策略》，人民网，2012 年 1 月 12 日。

检查机制，清除新闻出版市场的精神垃圾。

4. 明确部门管理职责，加大市场监管力度

市场监管涉及新闻出版管理、文化执法、工商管理以及公安等多个职能部门。在查处违法违规行为过程中，各部门应明确职责，分工合作，加大执法的力度和广度，避免出现执法真空，保证新闻出版市场健康发展。

5. 抓好队伍建设，提高管理人员素质

新闻出版业需要一支懂得法律、熟悉政策、通晓市场规律，具备政治素质和业务素质的管理队伍。要加强新闻出版干部队伍的教育和培训，使其切实担负起管理责任。

三、中国广播电视管理

我国广播电视事业和产业稳步发展，目前已建成世界上覆盖人口最多，中央与地方、国内与国外相结合，有线、无线、卫星等多种手段并用的广播电视网。科技创新进一步推动了网络广播电视台、移动多媒体广播电视(CMMB)、IPTV、互联网电视和手机电视等广电全媒体高速发展，3D电视也取得突破性进展。由于广播电视既是政治宣传的手段、新闻传播的媒介，又是文化教育和娱乐休闲的载体，其管理难度较大，问题也较多。

(一)广播电视发展与管理存在的主要问题

1. 社会责任与产业发展相冲突，节目内容同质化、低俗化和庸俗化

由于我国广播电视业的相关法规制度不够健全，一些机构投入了大量的资金和人力，开发出的节目形态一旦成功，立即被各类制作公司跟风模仿甚至“克隆”，造成节目同质化和市场恶性竞争。也有某些机构社会责任意识缺失，为了追求收(听)视率，抢占市场广告份额，崇尚“娱乐至上”，甚至公开制作播出伤风败俗的节目。

2. 行政管理体制与产业市场扩张相冲突，节目资源、行业资源浪费严重

我国广播电视行政区域化发展的格局，形成了“条块结合，以块为主，分级管理”的行政管理体制，行政边界就是广电传媒市场的边界。广播电视播出机构多，节目套数多，频道频率高，耗费大量人力物力制作出的节

目只能在很小范围内播出。产业规模小,产业链落后,产品雷同,产业集中度低,广播电视综合竞争力受到严重影响。同时,属地管理和条块限制使得广电业跨地区、跨媒体、跨行业发展步履艰难。①

3. 管理手段与体制改革进程相冲突,广播电视管理法源依据不完善

我国广播电视管理主要依靠法律法规、行政政策和媒体业自我约束等手段。《广播电视管理条例》是目前管理广播电视活动的基本依据。而随着广播电视数字化和新媒体蓬勃发展,《广播电视管理条例》不仅不能满足当前广播电视管理的需求,更不能满足三网融合后广播电视全媒体的管理要求。广播电视制播分离改革也已进入实质性实践过程,但与制播分离改革相配套的政策措施仍相对滞后。比如,为民营制作公司提供同国有制作企业平等市场主体地位的相关行业政策缺乏,制播分离改革具体操作细节没有明确规定,制播分离的内容引导和激励政策也未能相应配套等。因缺乏政策保障,媒体企事业进行跨地域、跨媒体、跨行业合作发展难以推进。

4. 事业单位性质与模糊的产权归属相冲突,广播电视业发展瓶颈显现

根据《广播电视管理条例》,广播电视的频谱资源归国家所有,广播电台电视台由县级以上广播电视行政管理部门开设,因此,我国的广播电视产权制度结构特征是国家一元主体下的事业单位体制。随着广播电视产业性质的确立,广播电视经营主体自我资本积累必将日益增多,资本结构事实上已变为国家投入、广电机构自身资本积累投入和社会资本借贷经营等多元结构。但现行法规政策尚无这种多元结构下的相关产权规定。产权不明晰影响了广电机构资本积累的积极性,直接造成发展内在动力不足。② 随着广电数字技术与业务的发展,当前的产权制度规定越发不适应数字化发展背景下的管理要求。

5. 节目评估标准单一与节目价值多元相冲突,节目评价体系不够完善

广播电视节目评估的方法和标准对节目的生产有导向作用。我国广电节目评估的方法、方式和标准,经历了一个从政治化到市场化的过程。

---

①② 周旻等:《中国广播电视事业产业协同发展历程与模式研究》,《中国广播电视学刊》2009 年第 1 期。

政治化时期是政治标准第一，市场化背景下又一味强调收（听）视率。作为目前许多广电机构评价节目、栏目质量最重要的标准，收（听）视率高低，不仅影响广电机构的广告收入，甚至决定栏目和工作人员的去留。无论是政治标准还是收（听）视率标准，一旦成为唯一标准，节目评估必将产生异化。评估异化将直接影响节目内容制作的导向。

6．新媒体信息传播快捷与传统媒体信息传播迟缓相冲突，广电主流媒体地位受到挑战

自媒体时代，每一个人都可以通过播客、微博成为信息发布的主体。自媒体的便捷和快速传播力是一把双刃剑，它既可以是信息传播的快车道，又可能是谣言的发源地。广播电视作为传统主流媒体具有无可比拟的权威性和公信力，但广播电视现有体制和运行机制难以与自媒体比速度。所以，在公共管理尤其是危机管理中，广播电视等主流媒体如何尽早占据主动引导社会舆论，成为政府管理部门必须认真思考的重大问题。

（二）广播电视业发展的重点和管理措施

根据党的十七届六中全会精神，今后广播电视系统将进一步强化广播电视主流媒体功能，繁荣影视文化创作；加快构建广播影视公共服务体系、广播电视现代传播体系；积极推进三网融合；加强广播电视科技创新及相关标准制定。

1．发展重点

（1）强化广播电视主流媒体功能

广电领域最重要的任务是高举中国特色社会主义伟大旗帜，坚持社会主义文化前进方向，大力弘扬社会主义核心价值体系，坚定不移走中国特色社会主义文化发展道路。

坚持正确的舆论导向。坚持“三贴近”原则，提高主流媒体的吸引力和凝聚力。做好重大突发事件新闻报道，健全应急报道和舆论引导机制，提高时效性，增加透明度。切实加强对社会热点问题引导，加强舆论监督工作。高度重视和加强网络广播影视、手机广播影视的发展和管理，抢占舆论高地，掌握舆论引导主动权，扩大宣传覆盖面，提高主流舆论传播力、影响力。加快发展移动多媒体广播电视、手机电视和车载、楼宇电视等公共视听载体，加强 IP 电视、手机电视等新媒体集成播控平台建设，更好地

发挥各类信息网络设施作用，特别是要以满足人民精神文化需求为出发点和落脚点，培育一批网络视听新媒体内容创作生产的骨干企业，不断推出体现一流水准、代表中国形象的网络视听节目产品，努力打造国内外知名的视听新媒体内容品牌，让网络视听新媒体成为壮大主流舆论、播放精品力作的重要阵地。

(2)推进广播电视公共服务发展

村村通向户户通转变。在有线电视网络未通达的农村地区大力实施直播卫星公共服务工程，使广大农民免费收听收看到十多套音质图像清晰的广播电视节目，2012年达到5 000万户，2013年达到1亿户，2014年达到1.5亿户，2015年全面完成2亿户农村家庭入户任务。加强少数民族语言节目译制、制作、播出，进一步提高边远少数民族地区广播电视覆盖水平。

(3)加强应急广播体系工程建设

充分采用各种技术手段，到2015年年底前建立健全统一联动、反应快捷、覆盖广泛、安全可靠的应急广播信息采集播出、传输覆盖和接收系统，实现应急广播全国覆盖和稳定运行，更好地发挥广播电视在应对突发公共事件中的重要作用。

(4)加快广电行业发展方式转变

目前，我国文化产品仍是数量大国而不是强国。2010年我国上映526部电影，创造了102亿元的票房。其中国产影片占56%，实际票房才57亿元，而一部美国电影《阿凡达》就收入168亿元。[①] 因此我们要运用市场机制，将政府主导和市场机制相结合，加快转变发展方式，从数量增长转到质量提高，从外延式扩张转向内涵式发展。

(5)以科技创新抢占广播电视发展制高点

有线网络整合是广电未来立足于三网融合发展的基础。要实现一省一网，推动有线电视网络数字化、双向化改造、网络互联互通、升级换代和推广高清交互、有线支付、可视互动等新业务发展。同时组建国家级广播电视网络公司，逐步实现全国有线电视网络统一规划、统一建设、统一运营、统一管理。完善3D电视频道产业链，将3D电视采、编、播、存系统建设和标准制定提上日程。加强高清电视节目制作与播出，提高自制节目

① 蔡赴朝：《广播影视领域改革和发展》，国家行政学院进修部主编：《文化体制改革和文化建设》，国家行政学院出版社2012年版，第84页。

中高清节目尤其是高清影视剧的比例，在引进境外影视剧时应优先考虑高清版本，引进高清影视剧数量和比例须达到总局要求。广电云计算的需求与标准，培育广电云计算产业链等，也是未来亟待解决的问题。

2. 管理措施

由此，广播电视各级管理者需要探索新的管理依据和管理手段，以适应广电业发展的新形势。

(1)制定广播电视专门法，为广播电视管理提供法律依据

我国尚未制定针对广播电视活动的专门法律，要抓住广播电视数字化发展和三网融合发展的契机，制定符合三网融合下广播电视管理特点的广播电视专门法，确定广播电视管理的法律依据。

(2)加强广播电视新业态内容监管，保证播出信息安全

随着数字技术的不断发展，互联网、IPTV、手机电视等基于网络和数字技术的新媒体形态层出不穷，广电管理部门需要探索三网融合下的广播电视和新媒体内容监管的体制和机制，加强对新媒体业务内容和业务传输的监督、监控，确保广播电视和新媒体输出的信息安全，维护国家的政治安全和社会稳定。

(3)开发利用频率资源，推动广播电视业发展

数字广播电视频道占用的频率带宽明显比模拟广播电视频道占用的频率带宽少。广播电视行业完成数字转换后，势必会在原有广播电视频率资源中节约出部分频率资源。要积极探索和利用这部分频率资源开展新业务，推动广播电视产业发展。

第六节　小　结

在欧洲大陆，多数国家仿效英国建立垄断性的公共服务广播电视系统，主要理由归纳起来为三点：一是认为广播系统的公共产品属性决定了它完全依靠市场机制将难以生存。二是公众担心商业广播电视会腐蚀或毒害社会道德，建立公共服务广播电视系统可以避免商业化因素左右广播电视系统，可以最大限度地遏制它败坏社会风气。欧洲众多学者和民众对于美国广播电视系统的反感，尤其对美国浓厚商业文化和暴力倾向

节目的持续批判，充分反映了欧美价值取向上的重大差异。三是认为市场力量不可能促进广播电视系统提供社会最理想的节目，即广播电视市场失灵，必须予以管制。

在这种思想指导下，欧洲各国相继在20世纪上半叶建立了公有的、垄断性的广播系统。这个系统一方面承担着公共服务的使命，但同时被纳粹政府利用成为鼓噪或宣传的工具。第二次世界大战之后，欧洲地区大多数国家开始反思公共广播系统的功能、公共广播系统与政府的关系，认识到政府对于公共服务广播系统的过多干涉是不必要的，公共服务广播系统应当强化社会教化的功能，应当避免再度被“纳粹”政府利用，建设独立的公共服务广播系统成为历史的选择。

于是在20世纪50年代，全世界的公共广播系统出现了一次分野：一部分转变为独立的公共服务广播系统，一部分被强化为政府的附属机构和宣传工具。20世纪60年代，随着电视的出现，许多公共服务广播系统顺利地转变为公共服务的广播电视系统，东欧地区政府控制的广播系统也发展为政府宣传机构的广播电视系统。这样形成了世界上三种类型的广播电视系统：公共服务的广播电视系统，商业服务的广播电视系统，政府宣传服务的广播电视系统。

20世纪90年代以来，随着国家对传媒价值取向的变化，原来三种媒体之间比较清晰的界线越来越模糊，出现了多种混合类型。如：本为商业服务机构的英国的独立电视台（ITV）的第四频道以及法国的部分商业电视频道，与政府签订了合同，履行部分的公共服务功能，从政府获取一定的公共财政补贴。而法国广播电视系统的多样性表现在多个方面，尤其是公共服务媒体机构的多样性、经费来源的多样性、收视费分配机制导致各个公共服务媒体经费结构的多样性。美英法日四国广播电视同政府的关系以合作为多，相比而言，美国的广电机构独立性更大，它维护的是美国资产阶级的整体利益和国家民族的最高利益，而不是为政党和商业寡头服务。

第五章　互联网新媒体管理

托马斯·弗里德曼在他的畅销书《世界是平的：一部二十一世纪简史》中向我们勾勒出世界由于信息技术进步而日益扁平化的景象。现实也正是如此，各国政府都要面对一个日益扁平化的社会，要面对全球信息化进程中互联网新媒体的发展给社会治理带来的种种改变。信息化程度的提升能带动一个国家经济、社会快速发展，网络新媒体在人们的生活中也日益发挥重要的作用，然而互联网上出现的问题也给国家的经济发展和社会稳定带来了新的挑战。如何科学有效地治理互联网是各国政府都面临的新课题。大多数国家都采取立法与技术手段相结合的方法，除此之外根据不同国情，各国政府对互联网新媒体的管理也各具特色。

第一节　美国互联网管理

美国是互联网的发源地，互联网发展早、普及率高，美国是目前网络最发达的国家之一。美国在国际信息通信技术上占据绝对领先的地位，美国制造的电脑操作系统与智能手机操作系统以及各种应用软件占据了全球软件市场绝大多数份额，拥有最多的互联网相关知识产权。[①] 美国目前还是实际拥有互联网域名系统管理权的国家，世界互联网 13 个根服务器之中 10 个在美国。世界互联网发展至今处处都带有强烈的美国烙印，美国最具影响力也是实际的领跑者。美国一直在保持网络空间优势

---

① 《KPCB 2013 年互联网报告》，2013 年美国的智能手机操作系统国际市场份额占比达到 93.6%，网址：http://www.36kr.com/p/203685.html。

并对其他国家施加影响方面做努力。美国政府高度重视本国的信息化建设,并把信息化发展战略作为国家总体发展战略的重要组成部分。其信息化建设的战略目标是:通过继续占据信息技术研发和应用的制高点,提高信息占有、支配和快速反应的能力,从而主导未来世界的信息传播,保持和扩大信息化方面的整体优势。为了这一目标,美国对互联网的管理主要采取立法管理、市场调节、技术监管、行业自律的方式。

一、管理机构与部门

美国的互联网管理由性质不同的部门与机构共同承担,其中包括政府部门、独立管理机构与非政府机构。美国联邦政府通过司法部反托拉斯局和商业部国家电信与信息管理局这两个部门对包括互联网在内的电信行业进行管理。网络安全方面,国务院负责跨国网络监管和网络安全合作,国防部负责军事领域的网络安全,中央情报局负责外来网络安全威胁评估,司法部与联邦调查局负责网络犯罪的调查和起诉,国土安全部负责信息通信安全。

根据1934年的《通信法》规定,美国还成立了联邦通信委员会(FCC),是专门负责美国通信政策与通信产业管理事务的独立机构,直接对国会负责,兼有部分立法、司法和行政执行职能,可仲裁争议,制定规章,执行法规,同时受联邦司法系统的制约与法院监督。联邦通信委员会是对美国的通信产业最具影响力的机构,它并非我们习惯思维中的政府管理机构,它扮演了行业推动者和管制者双重角色,重在推动互联网发展。

二、网络管理政策

(一)对互联网发展进行战略布局

也许是因为最先认识到互联网对未来世界发展的影响,美国是最早制定国家信息发展战略的国家。美国从20世纪90年代就开始了网络空间战略布局,在发展的不同阶段,先后制订、实施了一系列具有连续性、指导性的国家互联网发展战略。1993 年，美国启动《国家信息基础设施行动计划》(National Information Infrastructure Agenda of Action)，这一计划宣告美国正式启动国家信息化建设。1994 年，美国发布《全球信息基础设施计划》(Global Information Infrastructure: Agenda for Coperation)，旨在推进国家间的信息化建设与合作，推进世界信息发展。1996 年，《下一代网络计划》(Next Generation Internet)旨在推进网络基础设置与技术的更新换代，使美国在网络信息技术方面始终处于世界领先地位。2003 年，《保护网络空间的国家战略》[①]，2011 年，《网络空间国际战略》[②]，从国家战略扩大为美国互联网全球战略。2012 年，《维持美国的全球地位:21 世纪的防务重点》[③]旨在全面保护美国网络空间安全。这一系列战略布局从国家顶层设计的角度有力地推动了美国信息化进程。发展战略的内容由最初的国内网络发展，到现阶段国际网络拓疆，到未来主导世界互联网格局，都进行了周密的部署。

(二)立法管理互联网

立法管理是美国政府互联网管理的基础。美国以原有法律条文为基础，结合互联网发展的实际，对原有法律进行了拓展、完善，保证了法律法规的连续性，还根据互联网发展需要，通过了 130 多项互联网管理的法律法规，逐渐建立起成熟的网络管理法律体系，保证了互联网的健康发展。其内容涉及行业准入、信息保护、消费者权益、版权保护、诽谤和色情作品抑制、反欺诈与谣言等方面。主要包括:《1977 年联邦计算机系统保护法案》《1984 年伪装进入设施和计算机欺诈及滥用法》《1986 年计算机欺诈和滥用法》《1987 年计算机安全法》《1990 年电子通信秘密法》《中小企业计算机安全、教育及培训法》《1991 年高性能计算机及网络法案》《1994 年计算机滥用法修正案》《1995 年数字签名法》《1996 年电信法》《1996 年全球电子商务框架》《1997 年域名注册规则》《1999 年统一电子交易法》等。在“9・11”事件之前，美国为维护网民利益而设立的法律与宪法发生冲突

---

① 谢新洲:《美国互联网管理的新变化》，《新闻与写作》2013 年第 3 期。

② The White House. International Strategy for Cyberspace: Prosperity, Securi-ty, and Openness in a Networked World, May 2011.

③ http://www.chinadaily.com.cn/hqzx/2012-01/06/content_14396364.htm.

时往往是宪法占上风。1996 年，克林顿政府为了约束网络色情行为意欲通过“通讯正派法”，规定在未成年人可接触到的计算机上传播低俗不雅的内容将被视为犯罪。“美国公民自由联盟”向法院提出控告，认为此法律虽对未成年人有利，但限制了成年人的权利。该法案因最高法院判决违宪而夭折。[①] 宪法赋予美国公民的人权受到了国家的最高重视，但是当国家安全遭到威胁时，个人权利也得为国家安全让路。“9·11”事件之后，基于反恐考虑，美国政府加大了公权力对互联网直接干预的力度，之后出台的法律也赋予政府部门更多监管权力，如《爱国者法》与《国土安全法》中规定公众在网络上的信息包括私人信息在必要情况下都可以受到监视。

（三）引导互联网行业自律

仅凭政府监管与法律约束并不能完全规范网络行为，网络从业人员的行业自律与网络使用者的道德自律比硬性的管制更为积极有效。美国政府积极引导互联网行业自律，呼吁互联网络供应商、经营者遵守互联网络行为准则，保障互联网络秩序。政府联合网络从业人员与行业组织，直接或间接地参与制定行业自律规范，给他们提出参考或建议，行业自律组织则制定公约，自觉遵守，自我约束，共同保障行业发展。为了促进互联网行业自律，美国政府发布《国际互联网免税法》，对自律较好的网络运营商以免税待遇，而缺乏自律的经营者则得不到免税待遇。[②] 美国的行业自律体系比较完善，自律管理的范围涵盖了个人隐私权保护、知识产权保护、电子商务、网络非法内容监管等方面，在互联网管理中发挥了举足轻重的作用。

（四）倡导网络用户道德自律

美国政府积极提倡网络用户道德自律，呼吁网络用户培养自我保护意识和安全意识，禁止不良网络行为。美国计算机伦理协会制定了关于计算机道德的十条准则（The Ten Commandments for Computer

① 王靖华：《美国互联网管制的三个标准》，《当代传媒》2008 年第 3 期。
② 陈慧：《发达国家如何监管网络舆情》，《学习时报》2014 年 7 月 7 日。

Ethics)，被称为网络的“摩西十诫”，早已成为美国网民耳熟能详的行为规范，其中包括：不能用计算机危害其他人，不能妨碍别人的计算机工作，不能偷看别人的文件，不能利用计算机进行偷窃，不能利用计算机做伪证，不能非法拷贝软件，不能在未经允许的情况下使用他人的计算机资料，不能非法使用别人的智力成果，想一下你写的程序对社会将产生的影响，遵守计算机使用规则等。[①]

三、互联网内容管理

(一)保护公民权利的同时加大对网民的监管

美国政府一直致力于网上保护个人隐私权、保护未成年人以及保护网络版权，打击互联网犯罪。美国政府建立全国反欺诈信息中心，建立电信欺诈数据库供执法机关进行检索。美国的网络警察利用科技手段跟踪调查网上犯罪行为。联邦调查局在全美组建了被称为“黑客猎人”[②]的特工小组，对计算机犯罪活动进行调查，调查范围包括非法入侵计算机网络、侵犯个人隐私、经济间谍活动、网络诈骗、软件盗版等。美国政府还为相关科研机构、高等院校提供经济资助，培养技术人才，通过网络技术研发来积极治理网络犯罪情况。

在保护未成年人网络合法权益方面，美国政府主要通过分级(rating system)和过滤(filtering system)的技术手段来实现互联网传播内容的管理。分级系统(rating system)对网络信息内容进行分级整理，屏蔽不符合法律规范、道德规范的不正当内容。例如 RSACI (RSAC on the Internet)分级系统，以网页呈现内容中的性(Sex)、暴力(Violence)、不雅言论(Language)或裸体(Nudity)表现程度四个项目作为依据进行分级。过滤系统(filtering system)通过软件过滤对网络内容中的不良信息进行技术屏蔽。过滤软件一般是将不良信息中的关键词进行过滤和筛选，被称作“电子守门人”。例如网络保姆(Net Nanny)软件，它具有监控未成年人浏览痕迹，过滤色情网站，防止家庭隐私资料外泄等功能，可协助家长

① 王彬彬：《美国如何治理网络谣言》，《学习时报》2013 年 6 月 3 日。
② 《美国黑客猎人：信息世界里的网络警察》，《羊城晚报》2005 年 6 月 15 日。

对未成年子女上网内容进行管理。

在保护公民网络合法权益的同时，美国对网民的监管更加严格。2011 年 4 月 15 日，美国白宫发布了《网络空间可信身份国家战略——增强在线选择性、有效性、安全性与隐私保护》，旨在使个人和组织遵循协商一致的标准来认证数字身份，从而实现相互信任。对政府而言，认证网民的可信身份能够有效减少身份盗用、网络欺诈、信息窃密、网络恐怖主义袭击等网络犯罪活动，也使网民更加透明地存在于政府的管理之中。在“9·11”六周后就颁布的《爱国者法》以及 2002 年颁布的《国土安全法》中都有在必要情况下国家可以以反恐与爱国的名义监视、提取公民网络私人信息的相关条款。2013 年曝光的“棱镜门”事件更是曝光了美国国家安全局与联邦调查局自 2007 年就启动的代号为“棱镜”的秘密监控项目，他们直接进入美国网际网络公司的中心服务器实施绝密的电子监听计划，监听范围覆盖全球。据俄罗斯媒体报道，美国国防部还与社交网络公司联手启动了被称为“网络心战”的计划，对大约 70 万网民实施网络阅读内容控制，研究通过内容控制来影响网民的情绪和观点。如果没有“棱镜门”事件出现，我们还对美国一直宣扬的网络自由心向往之，并质疑我国的网络监管是否生硬。深入了解美国的网络政策才发现，美国对网络的管制并不放松，甚至采取了强硬的后台监控手段。

（二）拓展全球战略布局，强化网络的国防与军事能力

占领网络空间的主导权是美国全球战略布局的重要内容。美国认为互联网是国家继海、陆、空、航天之后的第五大空间，当今世界政治、经济、军事局势日益复杂多变，未来国与国之间的博弈将会在网络空间之中进行。因此，从克林顿、小布什时代美国就开始了网络空间战略布局，奥巴马执政之后，此战略得到延伸与发展，网络空间的战略布局已经初步形成。美国还积极开展“互联网外交”，通过互联网信息自由流动的特性，潜移默化地向网络世界输出美国价值观，倡导网络自由，打破其他国家网络监管的壁垒，以达成自己的国家利益。

美国日益重视互联网在未来战争中不可估量的军事价值。互联网的前身是美国军方网络“阿帕网”，它的设计本身就是源于军事目的。2009 年，美国国防部发表《四年任务使命评估》，将“网络中心战”列为美国的核

心能力。[1] 2010 年,美军网络战司令部正式启动,开始组建网络军队,网络部队分为国家任务部队、作战任务部队、网络保护部队三个部分,分别承担管理基础设施计算机系统,执行攻击、进攻任务,保护国防部自己的网络的任务。目前美国三军都有网络部队,有 5 000 多名网络战专家,8.87 万网络部队军人。[2] 军事信息网络化、网络军事化已经成为美国国防战略与军事部署的重要方针。

美国法律体系完善,市场条件成熟,为政府管理互联网新媒体创造了良好的基础。更重要的是,美国是目前世界互联网新媒体最先进的国家,这种先进不仅体现在技术中,还体现在美国政府对互联网新媒体的管理之中。政府管理理念先进,最早认识到网络新媒体在信息化社会中的基础作用,重视互联网的使用,对互联网行业予以政策扶持,鼓励行业自律,积极创造条件推动其发展。克林顿、小布什、奥巴马三届政府积极进行网络空间战略布局,让互联网新媒体最大程度服务于国家利益。

第二节 英国互联网管理

根据 2014 年维基百科最新统计数字,英国是目前世界上网络普及率最高的国家,达到了 89.9%。作为工业革命的发祥地,英国在全球工业化进程中占尽先机,然而在全球信息化进程中,英国一直落后于领跑者美国。为了保持国际地位,缩小与美国的差距,以发展信息化带动国家经济与社会快速发展,英国必须奋起直追进行一场数字化革命。多年来,英国政府一直致力于打造“电子英国”,建立以公众为中心的电子政府,用互联网来实现最好的公共服务,让所有人都享受到信息社会带来的便利生活。政府为互联网发展提供非常宽松的政策环境,注重网络基础设施建设,支持技术创新,鼓励市场竞争,对互联网的管理以行业自律为基础,政府给予必要的法律规范和政策引导,使英国互联网一直保持良好的发展态势。

---

①② 谢新洲:《美国互联网管理的新变化》,《新闻与写作》2013 年第 3 期。

一、管理机构与部门

英国的互联网管理由性质不同的部门与机构共同承担，包括政府部门、独立管理机构、非政府机构。其中，英国政府为互联网发展和管理提供法律依据和政策保障，具体管理由政府授权的独立管理机构执行。互联网的行政管理主要由内政部负责，电信政策主要由贸易工业部负责，网络媒体管理则由文化、传媒体育部负责。互联网的独立管理机构是信息通信办公室(OFCOM)，此外，英国还设有互联网特别工作组以及国家网上儿童保护中心等机构。非政府机构有互联网观察基金会等。

英国信息通信办公室(Office of Communication，简称 OFCOM)2003年由英国贸易工业部授权依法而设，是信息通信行业的主管机构，专业技术性强，具有管理权威。它由原来各自独立的管制机构英国广播标准委员会、电信管制局、电视委员会、无线局和无线通信局合并而成。英国信息通信办公室的权力由国家法律和政策赋予，不受企业和政府左右，具有组织行为独立性。OFCOM 的主要职责是以法律为基础，维护电子媒体的内容标准，加强对互联网非法内容的管制，保证各项信息通信服务高质量运行，保护公众不受到媒体传播内容的伤害，保证公众的隐私不受侵犯。与我们所理解的上级主管单位不同，英国的 OFCOM 充分尊重互联网发展规律，总是以最低干扰的调整机制，在行业自律与市场调节无效的情况下，在法律约束下才介入管理，并保证管理政策的必要、公正、平衡、透明。OFCOM 主要通过市场准入管理、监督实施电信管制规划以及依照竞争法案对与信息通信业进行管理。

互联网观察基金会(Internet Watch Foundation 即 IWF)组建于1996 年，它由英国网络服务商、内容商等自发建立，是一个在网络行业内部实现自我管制的行业自律组织。IWF 是非营利性机构并提供免费服务。这个行业组织最初是由 80 多个网络服务运营商、搜索提供商等组成并捐助。IWF 的宗旨就是互联网行业实行充分的自律，抑制利用互联网进行的犯罪行为，消除儿童色情等网上不良信息。它的主要任务是搜索、检视网上的非法信息，并将这些数据通报给服务商，以便服务商删除非法信息或阻止网民访问非法网站，督促网络服务商自律以免招致法律制裁。

IWF 制定“R3 网络安全协议”为行业规则，并积极参与国际合作。它在英国的互联网管理中起着举足轻重的作用。

互联网特别工作组(Home Secretary’s Internet Task Force)。2001年，英国内政部组织成立内政大臣的互联网特别工作组，主要目的是保护儿童在线行为安全。

国家网上儿童保护中心(National Centre for Child Protection on the net)。2006 年，由内政部网络特别工作组、高级警官协会、互联网监视基金会、儿童慈善机构和互联网行业组织共同组建而成。主要职责是整合社会各方力量，打击以未成年人为目标的网络犯罪，减少网络对儿童的伤害。中心为社会各界提供沟通的平台，共同商讨预防和降低犯罪的策略，为家长提供指导建议，建立儿童犯罪数据库，为执法人员提供线索。

二、网络管理政策

(一)打造“电子英国”

英国政府一直致力于打造一个“电子英国”，这个国家战略的目的是充分利用现代信息技术更好地满足人民的需求，以科技进步推动国家经济长期发展。英国互联网行政管理政策就是以“电子英国”为目标制定的。1999 年，英国政府正式发布《现代化政府》白皮书，之后相继出台了《21 世纪政府电子政务》和《电子政府协同框架》。2000 年政府发布“电子政府”行动方案，提出全面改革政府和公共服务机构运作方式，充分运用现代信息技术建立“以公众为中心的电子政府”，实现对公民、企业的电子服务传递，把英国改造为在使用互联网方面世界第一的国家。

“电子英国”战略颇有成效。2000 年，英国政府在之前“电子政府”的战略构想基础之上，进一步发起“英国在线”行动，旨在打造全球最先进的国家电子政务网站。2001 年 2 月该网站 ukonline. gov. uk 正式开通。网站页面颠覆了以前按照政府部门分类的方式，以公众的待办事件来组织政府服务页面，公众只需点击所需主题，政府关于该主题的相关内容都可找到，而不需考虑是由政府的哪个部门负责。如点击搬家，与搬家有关的房屋买卖、租赁、抵押借款、装修与修缮、公用设施(水、电、气)等方面的手续和国家政策都可找到，包括居住地的社区信息，如学校、医疗、休闲、交通等。政府站在普通使用者的视角进行网站设计，真正体现了以公众为中心的理念，大大消除了公众与政府打交道的困难，增加了网站的易用性与便捷性，公共服务网络化基本得以实现。

除电子政务之外，“英国在线”行动还鼓励发展电子商务，推动英国全民上网。自“英国在线”行动开展以来，英国已成为上网费率最低、宽带普及率最高的国家之一。2005 年，英国政府又启动了新三年行动计划政策，要在英国境内为公民提供宽带服务设施的时空全覆盖，帮助不会上网或没有条件上网的群体，以填补国内数字鸿沟。政府计划为弱势群体提供上网扶助服务，为所有学生提供低成本租用的计算机，以保证他们能够在家使用互联网。

(二)行业自律为主导

行业自律在英国互联网管理中占主导地位。随着英国互联网的全面普及与全民上网，网络引发的社会问题增多。虽然现行法律法规与政府的行政管理对互联网监管起到重要的作用，但是如果没有互联网运营商、服务商等从业人员与政府积极主动的配合，如果互联网行业不自律，那么政府的监管很难真正起效。只有互联网行业主动自我规范，从业人员根据业内共同制定的协约进行内生的自律，才能有效控制由网络引发的一系列问题。1996 年后，互联网行业自律成为英国互联网管理最有效的途径。

为了将行业自律落到实处，英国互联网行业自律机构互联网观察基金会(IWF)与英国网络服务商协会、伦敦网络协会在 1996 年 9 月共同发布了《安全网络：分级、举报、责任》(即《R3 安全规则》)，这是国际首开先河的网络监管的行业性法规。这项法规确立了互联网观察基金会监督网络服务商实施行业自律的具体规则。IWF 接收和处理公众对儿童色情等网络有害信息的举报与投诉，对网络内容进行分级与标识，对评估后认定为非法的内容责令信息发布者或运营商删除，并通报给执法部门。网络运营商必须以自律的态度提供合法的网络服务，积极配合 IWF。IWF 还面向公众开展网络安全教育，帮助家长与未成年人远离网络上的非法内容。英国互联网的行业自律效果显著，1997 年以来，源自英国本土的非法内容，特别是与儿童色情有关的内容，已经从18%下降到了1%。可以说互联网监视基金会已经把"英国网络上儿童色情内容降到了最低水平"。① 英国在以行业自律促进网络安全方面已经处于世界领先水平。

(三)完善立法管理

对互联网进行立法管理是英国除行业自律之外另一有效的管理方式。英国电信管制的法律基础主要是1984年的《英国电信法》和1998年的《竞争法案》，在此基础上，对互联网进行管理的法律有传统法规中相关条文，也有专门的信息通信方面的法案。传统法规中涉及互联网管理内容的法律主要有《1959年和1964年猥亵出版物法案》《1986年公共秩序法案》《2003年性犯罪法案》《刑事司法与公共秩序修正法》《青少年保护法》《禁止泛用电脑法》和《录像制品法》等。20世纪90年代起，英国政府根据网络发展需求，加强了对互联网的立法管理，针对问题最突出的个人通信、电子商务、网络犯罪等方面先后出台了《1990年计算机滥用法》《2000年电子通信法》《信息公开法》《通信监控权法》《2003年通信法》《通信数据保护指导原则》《垃圾邮件法案》等法律。这一系列法律的制定与实施有效遏制了网络犯罪，规范了网络经营者与使用者的行为。

三、互联网内容管理

英国互联网内容管理主要针对未成年人保护与打击网络犯罪。为了保护未成年人，政府经常开展网络净化行动，集中打击违法发布未成年人色情信息的行为。政府开设全天候热线电话，随时就儿童网络问题向公众提供帮助。在打击网络犯罪行为方面，政府组建了内政部下属的专门执法机构，负责调查处理网络黑客、制作传播电脑病毒、网络诈骗等犯罪行为。英国贸易工业部在政府网站上向公众提供网络欺诈的识别方法与寻求帮助的途径，政府还推出了应对"电子犯罪"战略，以各种方式对抗网络犯罪行为。

---

① 姜群：《英国互联网管理体制透视》，华中科技大学硕士学位论文，2006年5月。

英国互联网内容管理主要采取分级与过滤等技术手段。IWF 根据裸露、性、辱骂性语言、暴力、个人隐私、网络诈骗、种族主义言论、潜在有害言论或行为以及成人主题等分类标准，采用“网络内容选择平台”系统对网页内容进行分类过滤，并为网页加注分类电子标签。当用户打开相关页面时，网络系统会自动询问是否继续，用户可根据自己的意愿选择是否浏览此信息。用户也可以安装过滤软件过滤不想要的内容或网页。家庭或企业用户还可以自行选择安装英国电信提供的 Netintelligence 等安全软件，这些安全软件易于操作，可以保障计算机安全联网，也可以帮助家长对儿童使用计算机实施监控，并能阻止打开不良内容或网站以及联机举报非法互联网内容。

英国政府在互联网新媒体管理中较为突出的特点是注重公共服务信息化与行业自律。与美国意欲雄霸网络世界的互联网全球化战略不同，英国的互联网战略重点在于打造一个电子国家、电子政府，让公众能够享受到信息化社会给每一个人带来的美好生活。以绅士风度著称于世的英国，国人具有强烈的自我克制意识，体现在互联网管理制度上就是以自律型监管为突出特点，其他国家也采取行业自律的方式，但自律意识最强、制度模式最典型并卓有成效的还属英国。

第三节　法国互联网管理

法国不是政治、经济、军事实力最强的国家，法国是世界公认的文化大国，从文艺复兴到法国大革命，法国为人类近现代文明做出了巨大贡献。在全球信息化进程中，法国的信息技术产业发展虽然起步较晚，但速度较快。法国在网络时代的国家发展战略目标定位并非经济、军事上赶英超美，而是以文化软实力来树立自己在国际舞台上的大国地位，以自己独特的文化对抗美国的文化霸权。因此在互联网管理方面，法国管理政策极具特色，更加注重网络时代对民族文化、知识产权的保护以及青少年教育问题。

一、管理机构与部门

法国的互联网管理是由政府相关部门与社会机构共同承担的。所涉及的政府部门有内政部、文化和通信部、国民教育部、司法部、财经和工业部等。有代表性的互联网管理部门包括:1997年成立的邮政及电信管理委员会,它是网络行业主要监管部门,是具有独立性的行政监管机构,按照法律授权行使对电信行业包括互联网行业的监管职能。最高视听委员会1989年组建,是独立的国家广播电视行业行政管理机构。该委员会成员由法国总统、参议院议长和国民议会议长亲自任命,其主要任务是按照多元、自由的声像传播方针对国内广电与网络媒体进行管理、监督,保证视听节目质量和文化多样性,保护未成年人合法权益。互联网使用委员会是由法国教育部部长直接领导的部门,其主要职能中就包括互联网上未成年人保护。互联网作品传播及权利保护高级公署是由行政、立法、司法三部门组成的独立政府机构,专门负责监督管理网络盗版情况。除政府部门之外,法国还有互联网行业自律组织等网络调控机构,包括法国域名注册协会、互联网监护会和互联网用户协会等。1996年,法国成立消费者委员会,站在网络用户的角度对网络通信技术与网络传播内容进行监督,以保护网络消费者的合法权益。

二、网络管理政策

法国对互联网的管理政策经历过两次改变。互联网管理政策的第一次改变发生在20世纪70年代,政府由统管网络转变为提倡行业调控。当时法国处于网络推广与互联网基础设施建设阶段,发展信息技术和规范互联网完全由政府统管。政府成立了法国信息与自由委员会,相继出台了《通讯电路计划》《建立信息高速公路计划》等纲领性文件与《信息技术与自由法》《戈弗兰法》等法律,在保护公民隐私、打击信息犯罪等方面制定法律规范。随着互联网在法国的发展壮大,越来越多的网络发展所引发的问题呈现在法国政府面前。法国政府在规范网络技术发展及对网络调控和管理过程中发现,仅凭政府的力量难以处理好所有的网络问题,必须和网络运营商等网络从业者共同协商，共同面对网络带来的种种管理的困难，发挥网络从业者的主动性，让他们更多地承担起调控与管理网络的重任，即所谓行业自律。

20 世纪末，法国政府对管理互联网又有了新的认识，随着互联网在法国进一步普及发展，政策由提倡行业调控延展为协调各方共同调控。互联网反中心、反控制的物理属性决定了它是一个开放的空间，任何一个政府或机构、个人都无法控制互联网，网络空间的健康安全需要每一个网民都自觉努力。只有人人参与、协调各方力量才有可能将网络问题化解和把危害或损失降到最低程度。法国前总理若斯潘曾在一次互联网国际讨论会上提出自己的观点："互联网在给予人们自由的同时，也要求每个人负起责任。责任这个问题过去都由政府来承担，即由政府制定并执行法规。这是一种错误的做法。事实上，法律与自律互不矛盾，而是相得益彰。政府制定的法案提倡和鼓励个人和企业各负其责"。[①] 基于这种认识，法国政府在 1999 年初提出并开始执行"共同调控"的管理政策。要想充分保护网络用户的权益，使互联网成为一个真正自由的空间，政府、网络开发商运营商和网络用户三方应共同协商、对话，政府对网络进行规范化管理，网络开发商依法操作，用户网上自律。这一次政策的改变，奠定了后来法国政府管理互联网的基础。

2006 年，法国政府通过了《信息社会法案》。其核心思想就是加强对互联网的共同调控，明确各方的权利与责任，保证网上的通信及交易自由和信息传播的安全可靠，保护网民的隐私权、著作权以及国家和个人的安全，努力实现信息社会的民主化。《信息社会法案》主要包括以下内容：第一，保障网上通信自由的同时明确每个人的权利与责任。自由的前提是要求人人遵纪守法，及互联网参与各方责任明确与规范操作，保证网上提供的内容真实可信，网络自由不能成为网络暴力的借口。第二，充分保障公民的通信保密权、知识产权、隐私权、形象权和要求保证安全的权利。第三，对互联网上的域名实行规范化管理。第四，提高电子商务的安全性和可靠性。

---

① 江小平：《法国对互联网的调控与管理》，《国外社会科学》2000 年第 5 期。

三、互联网内容管理

(一)注重保护本国文化与知识产权

法国极为注重保护本国文化,法国历届政府在制定视听传媒政策时,都以保护与促进本国文化,抵制外来文化,尤其是美国文化和社会模式渗透为目标。依据欧盟通过的《无国界指导原则》,法国政府在视听传媒规制政策方面制定了相当严格的法规,在具体细节上许多条款比欧盟更为苛刻,以保护和规范国内广播电视及网络市场,进而维护法国文化的独特性和独占性。与其他国家网络内容管理侧重点不同,法国极为注重在网络上保护本国文化传统、语言等知识产权,并致力于将丰富的国家文化遗产数字化,为法国文化在互联网上的广泛传播、扩大影响创造条件。

2009 年 9 月,法国《促进互联网创造保护及传播法》经过一波三折最终通过。法国根据法案成立了互联网作品传播及权利保护高级公署(HADOPI)。该公署为独立政府机构,其职责在于鼓励并促进互联网上受版权或邻接权保护的作品,监控作品是否为非法使用;保护作品网络信息传播权;监管受版权或邻接权保护的作品的技术措施及权利人信息。根据法案,相关行业保护机构有权向公署的权利保护委员会提出侵权控告,权利保护委员会接受检察官转交的侵权信息。权利保护委员会收到侵权指控之后,会启动“三振出局”程序。“三振出局”的说法来源于棒球比赛规则,运用到知识产权保护领域内意指当权利保护委员会确认网络用户侵权行为后,对其发出三次警告,如果用户仍不停止侵权行为,则会受到相应处罚。“三振出局”法案简化法律程序,提高执法效率,用户的非法上传或下载行为一旦被转交给法院,授权法官就可以立即做出裁定,避免了之前因复杂的审判程序导致办案久拖难决的问题。这种简捷的反应机制为有力打击网上盗版行为提供了切实的法律保证,有效控制了网上有恃无恐的盗版行为。该法案出台后即受到欧盟诸国的极大重视,各国纷纷效仿。

“三振出局”的具体做法是:如果互联网用户被发现存在非法下载行为,公署权利保护委员会就会以发送电子邮件的方式对其警告;如收到邮件后六个月内仍继续非法下载，则第二次以挂号信方式予以警告；如互联网用户还在继续侵权，权利保护委员会将案件相关材料转交给法国相应大审法院，法官可对其进行断网一年的惩罚，同时课以1500欧元的罚款。然而，高级公署的目的是预防和减少侵权行为，并不是为了惩治和罚款。大多数侵权者在收到电子邮件及挂号信的警告之后就及时停止了自己的侵权行为，这已经达到了有效管理的目的。

"三振出局"法案曾被称为是全球最严厉的互联网法案。这项法案发挥效力的四年间一直饱受诟病，人们觉得该法案在保护知识产权方面意义不大，更重要的是其断网的制裁措施侵犯了用户自由使用互联网其他功能的权利。正是由于上述原因，2013年7月9日，法国宪法法院做出判决，法国网络著作传播与权利保护高级公署指控在法国非法下载版权作品的网络用户再也不会被切断互联网，仅处以罚金，罚金数目由1500欧元降为60欧元。

（二）注重保护未成年人

1998年，法国通过了《未成年人保护法》，从严从重惩罚利用网络诱惑青少年犯罪的行为。在用严格法律保护互联网上青少年利益的同时，法国教育部还利用网络开展文明教育，引导学生在上网时提高警惕，防止不良内容的侵害。如教育部和数字经济部国务秘书牵头，与互联网行业共同创建"放心互联网"计划，建立专门的网站，教会家长与青少年如何在网上获取知识，如何辨别陌生网友是否友善，在自己受到骚扰或侵害时如何正确保护自己等。目前法国"放心互联网"计划已被纳入欧盟"安全互联网"计划之中，并在欧盟其他国家推广。

法国教育部还采取控制与教育相结合的做法，在法国所有校园网上安装浏览自动监视器，并在网上链接了两份涉及淫秽及种族歧视的"黑名单"，通过技术屏蔽使学生免受不良网站的侵害。法国教育部还要求中小学校在礼仪与公民教育课中增加网络安全教育的内容，将正确使用网络纳入学校规章制度，并要求中小学生毕业前必须取得信息与网络资格证书，证明能够独立与正确使用互联网。教育部还普及校际网络实用法律指南，为教育机构领导和师生解答在网络使用中遇到的各种法律问题。

此外，互联网使用委员会呼吁政府对小学生、教师和教育机构针对互联网特征进行培训、宣传,以使他们产生责任感,掌握互联网的正确使用规范。2004 年,互联网使用委员会提出了“网络信任”计划(CONFIANCE),旨在帮助儿童和大众了解互联网使用中存在的风险,树立正确的网络行为。同时号召法国各主要社会机构联合起来共同参与到保护儿童互联网安全的行动中来。互联网使用委员会还主导实施了“年轻人与家庭”计划、“面向中小学教育和高等教育的数字资源”计划等活动。除了互联网使用委员会之外,法国司法部下设“网络与未成年人”网站,旨在从法律上为青少年提供援助,保护未成年人不受恋童癖者的骚扰。法国出版公司 Carpe Diem 则通过其创立的“未成年人保护网”给家长网络技术上的解答和指导,如怎样正确安装、使用安全过滤软件等,还为孩子和家长、专家与家长、家长之间提供交流论坛。

法国网络内容管理中对未成年人使用互联网的保护工作目标明确,操作严谨,覆盖面广,从法律、技术、教育等层面实施综合治理,教育部门、行政部门、学校、家庭、网络运营商等各司其职,官方、民间机构、各界人士多方协调参与,举全国之力,一起为法国青少年营造一个健康、安全的网络环境,大大降低了互联网不良内容对青少年的伤害程度,体现出了这个国家细致的人文关怀。

法国互联网管理政策经历了由政府统管到政府放权并协调网络行业与网络用户共同参与网络治理的过程,这也是政府管理观念改变的过程。从法国网络管理做法可以看出,对互联网的管理与对社会问题的治理紧密相连,法国在解决网络问题的时候并没有局限于网络,而是发动各方力量进行网内网外的综合治理。如法国未成年人网上保护工作从网络、社会、学校、家庭各层面展开,共同去解决网络问题,收到良好的效果。此外,法国在互联网上文化与知识产权的保护值得同为文化大国的中国警醒、学习、借鉴。

第四节 日本互联网管理

20 世纪 90 年代,欧美经济高速增长,而日本经济陷入了长期停滞,总结经验教训,日本人认为经济差距缘于信息化发展的差距。由此,日本提出“IT 立国”战略，集中精力发展信息化产业以重振日本经济。如今，日本的通信基础设施建设已经领先世界。日本还是移动互联网最发达的国家，计划 2015 年 4G 网络覆盖率超过 90%，5G 网络计划也已出炉。[①] 在管理方面，日本政府积极推动互联网行业发展，加强立法对其进行规范，鼓励行业自律组织发挥重要作用。日本政府在移动网络管理、社交网站管理和保护未成年人、打击网络犯罪方面都有独到之处。

一、管理机构与部门

日本政府依据各相关省厅(部委)现行的政府职能，采取联合管理互联网的方式，并且各部门有着较为明确的责任划分。主要包括：总务省、经济产业省、警察厅，以及法务公正贸易委员会、法务省和内阁官房等。凡涉及网络犯罪问题由警察厅负责立法与执法，涉及商务领域的问题由经济产业省负责立法与执法，涉及网络服务与内容提供等问题由总务省负责立法与执法。总务省、经济产业省和警察厅三个机构是互联网主要管理部门，其他各相关省厅根据各自的事务职责协同推进互联网的管理工作。

除政府部门之外，在日本互联网管理中起到作用的还有一些民间组织。如日本网络信息中心是负责域名登记与 IP 地址管理的民间组织。其责任是登记、管理域名和 IP 地址并对其进行调查研究，就有关事宜进行国际协调。日本政府对于网络域名与 IP 地址持不管制的态度，但该组织接受总务省、经济产业省和文部科学省的监督。

手机内容审查运营监管机构是 2008 年成立的专门负责手机内容审查基准制定和具体内容审查的民间机构。机构经费主要是会员单位缴纳的会费与手机网站审查费用。机构由理事会和审查基准制定委员会、内容审查监视委员会、咨询委员会组成。委员会各自独立决策，成员均为民间人士。主要任务是为了保护未成年人权益，制定手机内容审查标准，执行手机网站的审查与浏览、使用准入。手机网站想要通过监管机构一年

---

① 《日本 4G 运营现状》：网易，http://mobile.163.com/13/1120/07/9E3VMLJI00111790.html。

一次的运营资质审查，必须自律自检以保证网站没有违法内容。手机内容审查运营监管机构还编制教材，深入中小学校进行手机网络安全培训，防患于未然。

二、网络管理政策

（一）实施“IT立国”战略

为了摆脱信息化建设落后的局面，日本实施了一系列战略计划，总称为“IT立国”战略。2000年，日本国会通过了《日本高度信息网络社会形成基本法》，为实施信息化战略提供了法律依据。2001年，日本开始执行“e-japan”战略，全面推进建设世界最高水平的高速与超高速网络，培养信息化人才，完善相关法律法规，优化引导政策。2004年，日本又提出“u-japan”战略，旨在建设全时空覆盖的国家网络环境，推进网络技术应用，促进电子商务，消除地区间与人群间的数字鸿沟，让所有人都能够便利地使用网络。2006年，日本制订“IT新改革战略”与“新一代宽带战略2010”，旨在提高信息产业技术，加强网络基础建设。计划在2010年让光纤到户覆盖日本90%的家庭。设想将家用电器、办公设备、甚至汽车等都联入互联网，实现日本人工作和生活的信息化、自动化、互联网化。

2009年，在近十年的网络发展基础之上，日本进一步提出了“i-japan”战略，明确提出到2015年要实现以人为本、安心且充满活力的信息化社会，重点发展电子政府建设及针对老龄化社会的远程医疗技术等。为了确保网络信息安全，政府出台了“保护国民信息安全战略”，计划在2010年至2013年的四年间，推进网络安全建设。截至2012年，“仅占GDP 9.6%的信息化产业对日本国民经济发展的贡献率高达34%，对经济复苏起到强力推进作用”。①

虽然日本互联网宽带发展晚于欧美国家，但日本却是移动互联网的鼻祖，也是目前全球电信行业最发达的国家。早期因为计算机上网费用昂贵，日本另辟蹊径，专注移动互联网的研发，只要一部手机就能满足全

① 方旸、方苏春、王金翎：《日本国家信息化发展战略研究》，《情报科学》2012年第11期。

部上网需求。日本以超前的战略眼光从快速增长的移动通信领域重点突破,将本国互联网发展重点放在无线互联技术研发与普及上,凭借自己的技术和服务经验,已经在世界范围内信息化发展下一阶段的无线互联服务中领先。目前日本正处在普及4G网络到研发5G网络的过程当中,移动网络发展速度已远超中国。

(二)以法律监管为保障

互联网高度普及必须有法律监管作为保障。早在1984年,日本就制定了管理互联网的《电讯事业法》。进入21世纪之后,随着互联网技术的发展和网络的广泛应用,日本相继制定了《互联网服务商责任法》《打击利用交友网站引诱未成年人法》《青少年安全上网环境整备法》《个人信息保护法》《反垃圾邮件法》《色情网站管制法》《禁止非法读取信息法》《电子契约法》等法律法规,有效遏制了网上犯罪和违法、有害信息传播。除此之外,日本内阁还对原有刑法等法律进行修改,补充与互联网相关的违法犯罪行为。2011年,日本国会通过"为应对高度信息化部分修改刑法的草案",增加了设计散布计算机病毒的罪名,并规定电子邮件发送淫秽影像的行为适用于"散布淫秽制品罪"。日本修正《著作权法》,将电子书等新媒体出版物全面纳入法律保护范围,无授权的上传或下载和持有盗版产品均属违法,还在《商标法》中添加网络域名纷争的处理规则。正是因为日本政府制定了完整的法律制度体系,并不断对其进行充实完善,才有效维护了互联网健康发展。

(三)加强行业自律

日本互联网相关的行业组织也制定了一些行业自律条文,特别是在技术层面提供了不少互联网管理的新技术手段,对著作权等管理上也设立行规,这些都对律法式网络监管体系的建立起到了一定作用。日本互联网行业颁布了名目繁多的行业规范,电气通信业者协会、电信服务业提供商协会等行业组织制定了一系列行业规范,如《电子网络运行中的伦理纲领》《关于电子网络事业中有关伦理的自主指针》《互联网用户规则与方法集》等。日本通过强调行业自律与法治相结合,使网络参与者的自律成为解决网络监管问题的重要方式。

三、互联网内容管理

(一)保护未成年人安全上网

2008年1月日本开始实施安心网络建设项目。同年6月《青少年网络环境管理法》实施,这部法律中明确将“诱使犯罪或自杀的信息”“显著刺激性欲的信息”和“显著包含残忍内容的信息”这三种信息划为有害信息,法律要求网络运营商和服务商必须限制未成年人对此类信息的浏览。总务省、内阁府、警察厅、文部科学省、经济产业省以及各都道府县着力推动普及青少年上网过滤软件,要求网站普及过滤功能。上述部门与个人电脑生产厂商、手机运营商、过滤软件开发商、家电卖场等携手,扩大过滤软件的普及范围,日本三大通信运营商均已在其经营的手机系统中预先内置了能过滤有害信息的家长管理软件,以减少有害网络信息对青少年的侵袭,特别是有损于青少年身心健康的内容。在利用网络的犯罪活动中,未成年受害者绝大部分是通过手机上网的。为了减少未成年人上网的机会,文部科学省发布通知,原则禁止中小学生携带手机上学,有的地方对高中生也进行了限制。

(二)查处违法不良信息,打击网络犯罪

日本2006年6月开始启用违法信息和有害信息举报平台“互联网热线中心”。平台将网络上需要限制的信息分为违法信息和有害信息两类。违法信息指儿童色情图像、淫秽图像、贩卖毒品信息等信息,将本类信息上传互联网的行为本身即违法。有害信息指尚未达到违法的程度但违反公序良俗的信息,如指导自杀、转让枪支、制造爆炸物等,本类信息从维护公共安全和秩序的角度不能放任不管。网民通过“中心”的网站在线举报,“中心”认定举报的信息为违法信息或有害信息时,会向警察厅通报,同时商请违规网站删除有关信息。警方接到“中心”通报后,为提高取缔违法、有害信息的效率,采取全国联动搜查方式开展调查,调查初期由警视厅负责锁定信息源所在地,之后再由警察厅指示信息所在的都道府县警察进行搜查。当难以判断是否为违法或有害信息时,会与律师等法律

顾问协商后做出断定。据统计,2011 年共接到举报 182 757 件,经过分析约有 20%共 36 573 件为违法信息,2.6%共 4 827 件为有害信息。日本是"互联网热线中心"国际网络 INHOPE 的正式会员,当有害信息所在服务器在海外时,中心则会将情况通报给其他国家的"热线中心"。①

日本警方将网络犯罪分为"非法接入""以电脑或电磁记录为对象的犯罪及制造病毒罪"和"利用网络的犯罪"三大类。在利用网络犯罪这一大类中,又细分出网络诈骗、传播淫秽物品、猥亵儿童、传播儿童色情物品、违反交友网站规定、违反青少年保护规定、侵权等类别。警方的重要工作就是掌握网络违法信息,重点防范涉及儿童的淫秽图像等恶性事件。为了将网络评论和匿名信息的社会影响度降到最低,警方还定期对国民、服务商进行教育和引导。警察总部从 2000 年起陆续设立了网络犯罪对策科,并开设了专门接受网络犯罪的咨询窗口。为加强应对网络犯罪的能力,2011 年,日本警察厅制定了"应对网络空间威胁的综合对策推进要领"。要领基本方针包括:培养全社会应对网络威胁的意识,完善警察搜查体制,加强与外国搜查机关合作等。警察厅从 2001 年起还每年召开综合安全对策会议,就应对网络犯罪进行讨论并提出研究报告。

(三)加强手机移动网络管理

在手机网络盛行之前,日本总务省已经把治理互联网有害信息作为推进通信政策的一项工作来实施。为保护未成年人不受有害信息侵害,对用电脑上网的用户实施了网站链接限制服务。随着手机上网在日本的快速普及,为实现手机上网也能与电脑拥有同样的过滤功能,日本政府与国内三大通信公司合作开展研发工作。日本坚持"一机一卡一电邮"的手机捆绑销售政策,用户购买手机需要提供有效证件实名注册并与通信公司签约,这种手机实名制也便于网管和警察的监控。从 2008 年 6 月起,《青少年网络规制法》要求通信公司与未满 18 岁的青少年签约时必须提

① 《全球互联网治理监管》,网址:http://www.cnnic.net.cn/gcjsyj/qyjsyj/hlwzcyj/rdzt/qqhlwzljg/201209/t20120903_36004.htm。

供手机网络过滤服务，异性介绍或交友类网站、赌博类网站、论坛类及社交类网站、政党类网站等均可被禁止浏览。然而，尽管日本对手机网站内容监管做出了极大的努力，但是日本警察厅定期公布的网络犯罪数据显示，由手机论坛或游戏类网站上引发的未成年人犯罪仍占五成以上。手机网络违法信息的判断和处理目前是一个世界性难题，无论日本还是其他国家，手机网络内容管理还需要摸索更为科学有效的方法。

（四）规范管理交友网站

由于利用交友网站诱骗未成年人进行性侵害的案件层出不穷，早在2003年，日本政府就专门针对异性交友及异性介绍类网站发生的犯罪制定并通过了《异性交友网站规制法》，旨在通过过滤限制未成年人通过手机使用异性交友类网站，保护他们的权益。其中明确规定：交友类网站在做广告时要明示禁止儿童利用；建立交友网站需向警察厅申请，运营网站时发现诱骗未成年人的帖子要立即删除。这些规定起到了一定作用。从日本警察厅的统计数据来看，异性交友类网站引发的未成年人受害者数量从2006年的1 153人下降到2010年的254人。[①] 但异性交友网站犯罪率下降的同时，普通交友和论坛类网站发生的未成年人犯罪案件却呈现增长态势，成为深刻的社会问题。为此，日本警察部门加强“网络巡逻”，监控网站、论坛上的信息，然而此类网站的有害信息更为隐晦，监管难度大，效果并不明显。如何对其实施有效管理，日本政府、通信运营商及民间机构一直处于摸索中前进的状态。

日本的互联网发展起步晚于欧美但是发展迅速。日本之前为了替代宽带而普及的移动互联技术意想不到地在国际移动互联进程中占尽先机。日本政府注重信息化产业对经济复苏起到的推动作用，积极致力于用网络科技改变国人生活。在互联网管理方面，日本更侧重于清理网上不良信息、打击网络犯罪、规范社交网站，并在手机移动互联网管理方面做出了积极的探索。

---

① 王梓安：《浅谈日本手机移动互联网管理》，《中国记者》2013年3月1日。

第五节　中国互联网管理

中国互联网络信息中心2014年7月发布的第34次《中国互联网络发展状况统计报告》显示，截至2014年6月，中国网民规模已达到6.32亿，网络普及率达到46.9%。2011年，中国信息化发展总指数达到0.732，居世界第38位，[①]仍属于信息化发展中等水平国家，中国可以称为网络大国，但是目前还不算网络强国。在加快信息化发展的进程中，我们应该清醒地认识到与发达国家的差距，借鉴别国经验，审视目前互联网发展中存在的问题并加以改进，以全面推进信息化战略发展，带动综合国力的进一步提升。

一、管理机构与部门

中国的互联网管理体系涉及十多个国家部门，根据2006年中央十六部委联合出台的《互联网站管理协调工作方案》，基本分工如下。

中央宣传部：对互联网意识形态工作进行宏观协调和指导。

国务院新闻办公室：负责互联网上意识形态工作，具体协调互联网意识形态管理，统筹宣传文化系统网上管理。

工业和信息化部：负责互联网行业管理工作。

公安部：负责互联网站安全监督，依法处罚和打击网上违法犯罪行为。

国家安全局：负责对互联网站涉及国家安全事项的信息内容进行监督检查。

互联网专项内容管理的主管部门包括：国务院新闻办公室、教育部、文化部、卫生部、公安部、国家安全部、商务部、国家新闻出版广电总局、国家保密局等。

---

① 何强、龚振炜：《2013年中国信息化发展指数（Ⅱ）国际比较研究》，《调研世界》2014年第3期。

互联网前置审批部门包括：国务院新闻办公室、教育部、文化部、卫生部、国家新闻出版广电总局、国家食品药品监督管理局等，负责互联网信息服务各自主管服务项目的前置审批，对网站相关专项内容进行监督检查和审核，并向同级互联网行业主管部门提供年度审核意见。

公益性互联单位主管部门：教育部、商务部、中国科学院、总参谋部通信部等，负责对所主管的公益性互联单位进行日常监管。

互联网企业登记主管部门：国家工商行政管理总局。

2014 年 2 月，我国成立了中央网络安全和信息化领导小组，主要负责指导制定中国网络空间国家安全发展战略。

中央级网络管理部门还下设各省、市、县网络管理机构，各级机构形成自上而下的互联网管理组织体系。除政府部门之外，我国还有政府授权的互联网管理服务机构中国互联网信息中心，以及互联网的行业组织中国互联网协会等机构。

我国互联网管理体系规模庞大，机构众多，共同管理，按照这种制度设计的初衷，政府应该对互联网已经形成了全方位无死角的管理状态。然而目前互联网管理情况不容乐观，网上信息真假难辨，网络媒体乱象丛生。对互联网的管理政出多门，各部门之间管理职责权限界定不清，管理内容又相互交叉，部门间缺乏协调与认同，造成了实际工作中的多头管理或都不管理，效率低下。如同一个刚加入游戏的人不熟悉游戏规则，以前中国对互联网处于探索与适应阶段，分开部门管理安全有效，随着我国政府对互联网认识的深化，对互联网发展规律的准确把握，整合权责、精简机构，优化管理体系或形成多部门联合协调行动机制，以提高互联网管理效率与质量，将是大势所趋。

二、网络管理政策

（一）网络管理政策沿革

1. 信息化建设有步骤铺开，互联网主要管理机构基本形成的阶段（1996—1999 年）

中国 1994 年接入国际互联网，是第 77 个接入互联网的国家。在全球信息化进程中，虽然起步比较晚，但国家对互联网的态度积极而果断。1996年国务院信息化工作领导小组及其办公室成立，同年国务院第195号令发布了《中华人民共和国计算机信息网络国际联网管理暂行规定》。1997年4月，全国信息化工作会议召开并通过了《国家信息化九五规划和2000年远景目标》，将中国互联网列入国家信息基础设施建设，并提出建立国家互联网信息中心和互联网交换中心。1997年6月，受国务院信息化工作领导小组办公室的委托，中国科学院组建了中国互联网络信息中心（CNNIC），行使国家互联网络信息中心的职责。1998年3月，第九届全国人民代表大会第一次会议批准成立信息产业部，主管全国电子信息产品制造业、通信业和软件业，推进国民经济和社会服务信息化。8月，公安部正式成立公共信息网络安全监察局，负责组织实施维护计算机网络安全，打击网上犯罪，对计算机信息系统安全保护情况进行监督管理。

2. 我国对信息化发展做出战略部署，互联网管理体系与机制逐步形成阶段（2000—2010年）

2000年10月，中国共产党第十五届中央委员会第五次全体会议就信息化建设做出重大决策，全会审议并通过的《中共中央关于制定国民经济和社会发展第十个五年计划的建议》明确指出："大力推进国民经济和社会信息化，是覆盖现代化建设全局的战略举措。以信息化带动工业化，发挥后发优势，实现社会生产力的跨越式发展。"2001年9月，《信息产业"十五"规划纲要》正式发布，这是国家确立信息化重大战略后的第一个行业规划。2005年11月，温家宝总理主持召开国家信息化领导小组第五次会议，审议并原则通过了《国家信息化发展战略（2006—2020）》。会议认为，制定和实施国家信息化发展战略，是顺应世界信息化发展潮流的重要部署，是实现经济和社会发展新阶段任务的重要举措。2007年6月，国家发展和改革委员会、国务院信息化工作办公室联合发布《电子商务发展"十一五"规划》，首次在国家政策层面确立了发展电子商务的战略任务。12月，《国民经济和社会发展信息化"十一五"规划》发布，提出了"十一五"时期国家信息化和互联网发展的总体目标，是加快推进信息化与工业化融合和贯彻落实科学发展观的重要举措。2010年1月，国务院总理温家宝主持召开国务院常务会议，决定加快推进电信网、广播电视网和互联网三网融合。2010年6月，国务院新闻办公室首次发表《中国互联网状况》白皮书，说明了中国政府关于互联网的基本政策：“积极利用、科学发展、依法管理、确保安全”。

3. 深化网络社会治理，中国网络安全与信息化发展战略布局阶段（2010年至今）

2011年5月，国家互联网信息办公室正式设立。这一机构的设立，其目的是进一步加强互联网建设、发展和管理，提高对网络虚拟社会的管理水平，体现出国家层面对互联网的高度重视。2012年2月，国家工业和信息化部发布《物联网“十二五”发展规划》，提出到2015年，我国要初步形成创新驱动、应用牵引、协同发展、安全可控的物联网发展格局。2012年12月28日，第十一届全国人民代表大会常务委员会第三十次会议通过《关于加强网络信息保护的决定》。决定要求保护个人电子信息、防范垃圾电子信息、确立网络身份管理制度，并赋予了有关主管部门必要的监管权力。2013年8月，国务院印发《“宽带中国”战略及实施方案》，指出宽带是战略性公共基础设施，提出了“到2020年我国宽带全面覆盖城乡，宽带应用深度融入生产生活”的阶段性发展目标。2014年2月，我国成立了中央网络安全和信息化领导小组，国家主席习近平亲自担任组长，机构职责是着眼国家安全和长远发展，统筹协调网络安全和信息化重大问题，研究制定网络安全和信息化发展战略。这一阶段，网络带给社会的冲击与挑战考验着政府的治理能力，收效不大的网络管理模式在现实的挤压下急待突破，未来国家信息化发展及安全保障问题需要尽快布局。

（二）对网络进行法制化管理

为了规范互联网的发展，中央政府、各职能部门和地方政府都分别出台了互联网管理的制度法规，其中包括国家法律、行政法规、部门规章、规范性文件以及各种通知、意见等。这些大大小小的制度法规内容庞杂，种类繁多，粗略统计有两百多种，但是其中上升到国家法律层面的仅有两部，其他均为效力级别不等的规章制度。法律效力较高的有：《全国人民代表大会常务委员会关于加强网络信息保护的决定》《全国人民代表大会常务委员会维护互联网安全的决定》《中华人民共和国电子签名法》《互联网信息服务管理办法》《互联网上网服务营业场所管理条例》《信息网络传播保护条例》等。我国互联网管理制度法规之中，有的相互交叉，有的内容重合，不同部门之间的法规甚至因为代表不同部门的利益而互相矛盾，缺乏协调与清晰的管理权限界定。上位法与下位法不能紧密衔接，在内容管理上可操作性不强。因此，虽然我国对互联网管理的制度法规众多，但是管理的效果却并不理想。对互联网进行国家立法管理是当今世界各国互联网管理最重要最有效的办法，虽然立法程序复杂、要求严、标准高，但是立法管理互联网是我国能否科学管理互联网的关键点之一。

(三)建立行业自律组织

我国互联网行业自律组织起步较晚。2001 年，中国互联网协会成立，制定了《中国互联网行业自律公约》，至今已有新浪、搜狐等 400 多家网络内容提供商加入公约。2004 年，协会开通了违法和不良信息举报中心，接受网民对网络色情、垃圾邮件等违法不良信息的举报。互联网协会还组织会员开展自查自纠的活动，推进行业自律。与其他国家不同，我国的行业自律组织在互联网管理中并没有起到主导作用，一方面这是由我国的互联网管理体制决定的，在目前体制中政府全权管理，没有突出运营商的责任；另一方面，自律组织的行业自律制度设计不合理，除举报之外没有建立起监控、抽查以及测评的制度，没有体现出对会员的监督作用。一部分自律意识不强的商业网站为了增加点击率对不良内容视而不见，并没有得到必要的惩戒。美国、英国等国的自律组织还对成员网站进行分级和标注，这也是我国自律组织没有做到的。他国的经验表明行业自律是互联网管理事半功倍的重要途径，但是目前中国的网络行业自律还没有更好地发挥作用。

三、互联网内容管理

(一)接入控制与内容过滤相结合的内容审查方法

中国互联网内容管理主要采取互联网接入控制与内容过滤等方法。监管部门先行审查境外网站或信息，经判断不适合入境的即通过技术手段进行接入控制。境内流动信息由主干路由器上的过滤软硬件系统实时扫描，一旦发现不良内容瞬间阻断。对网络用户发布信息或意见的平台进行敏感词过滤，阻止不良内容生产传播。对已经发布或传播的内容，组织监看人员巡视抽查，发现问题及时处理。论坛、网站设置信息举报通道，用户发现不良信息可向网站进行举报。

（二）打击网络犯罪，集中时段专项整治

除了对网上内容进行审查之外，中国政府也一直致力于打击网络犯罪。公安机关针对网络赌博、网络淫秽色情信息、侵权盗版、黑客攻击破坏活动、制贩假证、银行卡犯罪、网络黑市等网上违法有害信息进行跟踪打击，维护网络秩序，净化网络环境。各地公安机关还建立了网上报警平台，为网民在线举报提供了便捷的途径。针对一段时间内积累的突出的网络问题，公安部门会开展专项整治行动。例如2002年在全国范围内集中开展的网吧等互联网上网服务场所专项治理行动，2004年十四部门联合发文展开打击淫秽色情网站专项行动。2013年公安机关集中专项打击网络谣言、净化网络环境的行动，依法查处在网上肆意造谣的网络推手“立二拆四”“秦火火”等。集中时段的专项整治行动力度大、速度快、针对性强，在短期内能取得立竿见影的管理成效。

（三）管理舆论平台

互联网解放了公众话语权，激发了人们参与时政话题互通信息有无的热情。网络新闻开放评论功能，舆论平台发达是中国互联网的特点。各大网站论坛、博客、微博客、即时通信工具等都是中国网民热衷的获取信息与交流的平台。然而舆论平台也成为不法分子发布涉恐、涉暴、涉黄等违法信息，肆意传播诽谤和谣言的密集地带。因此，约束不良信息传播，打击违法信息，以确保网络言论自由，成为我国网络内容管理的又一重点。继《全国人民代表大会常务委员会关于加强网络信息保护的决定》《互联网信息服务管理办法》《互联网新闻信息服务管理规定》等对论坛、网站、博客等舆论平台加以规范后，2014年8月13日，国家互联网信息办公室又发布施行《即时通信工具公众信息服务发展管理暂行规定》。规定对以微信为代表的提供即时信息交流服务的新兴应用进行规范。内容包括：公共账号需要审核备案，无新闻资质的公共账号不得发布、转载时

政类新闻。用户须按照“后台实名、前台自愿”的原则，以真实身份信息认证注册，并协议承诺遵守法律法规、社会主义制度、国家利益、公民合法权益、公共秩序、社会道德风尚和信息真实性等“七条底线”。自由意味着责任，与以往法规不同，在这次的规定中突出了网络内容提供商自律与用户遵守底线的责任，体现了我国政府对网络从单一管理走向与服务商和网络用户共同治理的新尝试。

日本著名风险投资家孙正义提出“时间机器”理论，阐释了发达国家和发展中国家互联网行业发展阶段的不平衡，中国正在经历的互联网发展阶段正是欧美发达国家网络发展初期经历过的。面对互联网这一新鲜事物，我们应该借鉴西方发展经验，改变传统的管理观念，加强国家立法，加强行业自律，尊重互联网规律，整合行业与网民的力量共同治理互联网。

第六节　小　结

美国、英国、法国、日本、中国五国互联网管理各具特点，美、英、法、日对互联网的管理属于政府指导行业自律模式，而我国互联网管理则采取了政府主导模式。一个国家选择何种模式管理互联网本身无可厚非，关键在于是否符合国情。互联网管理模式的确定与一国对民众表达自由权利的重视程度、市民社会的成熟程度，以及整个国家的法制状况密不可分。“西方国家基本的价值取向是个人权利优先，自由价值优先，由此出发，必须警惕和反对公权力的扩张；而中国的基本价值取向是安邦定国优先，民族发展优先，由此出发，必须警惕和防止社会失序。”[①]市民社会的成熟意味着民众在社会经济生活中具有自我管理的愿望和能力，市民社会相对成熟的国家，市场发挥着更大的微观调控职能，表现在网络的规制问题上，业界往往被赋予更强的自我管理权；而市民社会相对不成熟的国家，其境遇则正好相反。中国在经济、社会发展水平、法制建设水平以及公民素质相对比较低的情况下，被全球信息技术一体化的浪潮所裹挟迈

① 李永刚：《我们的防火墙》，广西师范大学出版社 2009 年版，第 112 页。

入信息社会，国家整体发展水平是与之不相适应的，采取政府主导的管理模式既是政府执政方式的惯性选择，也是符合客观国情的选择。英法等国在互联网发展前期也经历过由政府管控到共同治理的管理模式演变，中国政府目前正处于从重管到重治的探索与改变之中。

美、英、法、日四国网络新媒体管理也给中国带来启示：首先，网络需要政府监管。网络自由不是无政府主义，批评中国网络管制的西方国家没有任何一国政府放弃对本国互联网的管理。第二，别国政府都纷纷出台了国家网络安全战略，我国也应该加快制定网络空间安全和信息化发展战略，以维护国家安全与互联网未来发展，避免处于战略被动地位。第三，加强针对互联网新媒体的国家立法，整合目前存在的规章制度，增强法律可操作性，形成权威而有效的法律规范体系。第四，推进电子政府建设，以电子政府为契机带动行政体制改革，适应未来高度信息化社会的要求。第五，培养我国高端互联网信息技术人才，加强网络硬件建设，提高自主创新能力，防止别国信息技术垄断。第六，将现代信息通信技术广泛应用于教育、医疗等社会生活之中，让每一个人享受科技带来的便利生活。第七，各国普遍高度重视未成年人保护，我国应加大力度保护青少年健康使用互联网，可参考其他国家行业自律组织进行网络内容分级的方式，对网络内容分级并标注，在未成年人使用的电脑与手机中预安装过滤软件，学校与社会联手，加强正确使用互联网的教育，防止有害网络信息侵害未成年人。第八，重视互联网行业自律组织，优化自律组织监管制度，让行业自律真正发挥作用。第九，帮助网络普及率低的地区和网络普及率低的人群使用互联网，消除国内的数字鸿沟。第十，注重网上传统文化保护，在网络中积极传播中国文化，保护本国知识产权。

互联网进入中国，带来的不仅是信息传播方式的改变，更重要的是它引发了社会深层次的变革。信息化发展的进程中，体现一国政府能力高下的也不仅仅在于政府是否具有权威，更重要的是政府是否具有智慧。

第六章　电影管理

电影不仅是“第七艺术”，更是典型的内容文化产业，是意识形态与国家价值观、文化艺术与商业技术复杂交织的一个领域。本章将从电影领域的各个方面和产业管理的诸多关节探讨各国政府对电影的管理。

第一节　美国电影管理

美国电影在全球电影市场中一直处于强势地位，然而政府对电影产业的管理却多将权力下放到行业自身与市场，但政府在特定时期的适时介入以及相关的扶植保护政策也对电影的发展起到推动作用。

一、电影产业管理政策

第一次世界大战不同程度地破坏了欧洲各国的电影业，却使美国电影有机会涌入欧洲市场，并逐渐占据了世界市场的垄断地位。在此期间，美国政府充分认识到电影在宣传方面的巨大作用，因此在 1918 年 8 月，美国政府便正式将电影业纳入工业管理范围，这就为美国电影产业的兴起与强大奠定了一个坚固的政治基础。在电影产业的管理上，美国政府在结构规划、电影保护与调整等方面实施了有侧重的管理政策措施。

1. 美国的电影产业规划政策

在电影产业的结构规划上，其管理政策从放归市场自由竞争逐渐走向政府介入引导多媒体的跨界整合。

在美国电影的形成发展之初，美国政府奉行的是自由主义的经济政策，其电影产业中也并不存在垂直一体化的产业结构形式，而主要是面向底层大众娱乐的形式。此时美国电影的制片、发行和放映都是依据市场的自由竞争规律进行的。

1916 年，名人名剧拉斯基公司（Famous Players-Lasky）并购了博斯沃斯公司和派拉蒙公司，形成了集制片、发行和影院一体化的电影公司[①]，美国电影开始步入了大制片时代，这是自由竞争政策下市场的必然产物，美国的电影市场也形成了纵向整合的市场垄断体系。而这种垄断在使得制片、发行和放映被整合的同时，也就不可避免地造成了美国电影的单极化发展，垄断逐渐扼杀了电影的多样化发展。

对此，美国政府机构开始介入电影产业的管理。最著名的是 1948 年 5 月 3 日的"派拉蒙判决"，司法部通过对市场的控制对大制片公司强行拆分，力图使电影产业的竞争回归自由状态。

然而随后电视业的兴起又对电影产业形成了必然的威胁，NBC、CBS 和 ABC 三大电视网的强大挤掉了电影产业的很大一部分市场，并出现了严重的垄断现象。1970 年，美国联邦通讯委员会（FCC）立法对三大电视网进行了限制和调整，该项法案被称为"财—辛"法案，即"财务利益和辛迪加条例"，该法案为电影产业进入电视业提供了绝好的机会。

20 世纪 80 年代以后，随着新自由主义经济政策的实行以及 FCC 对商业电视频道管制政策的结束，媒介集团开始逐渐形成，美国好莱坞电影也成为集团组成部分之一。1996 年，美国通过了《1996 年电信法》，打破了媒介间的壁垒，允许各不同媒体市场的相互渗透，放宽媒介所有限制，促进竞争，[②]这就为 21 世纪媒体界的融合与结构的优化奠定了基础。

2. 美国的电影产业保护政策

在电影产业的保护政策上，美国主要以法律的形式进行规定，尤其注重版权归属问题。

近三十年，美国重要的立法文件有：1976 年的《版权法》及 1982 年的

---

① Ricard Gil, "An Empirical Investigation of the ParamountAntitrust Case",[EB/OL]http://www.history.com/this-day-in-history/us-supreme-court-decides-paramount-antitrust-case.

② 郭庆光：《二十一世纪美国广播电视事业新构图——1996 年〈电信法〉的意义与问题》，《国际新闻界》1996 年第 6 期，第 5 页。

修订版；1998 年，针对计算机技术、互联网和多媒体技术所通过的《千禧年数字版权法》；2005 年，随着视听产品家庭化的比例上升而颁布了《家庭娱乐与版权法案》等。其立法保护针对性强，并逐步加大对侵权行为的惩罚力度，甚至规定影碟成品的进口、生产都必须领取联邦政府的生产执照。

在电影产业发展上，自由竞争和行业自律是美国电影的主要形式，而政府则更多地注重产业保护，为电影产业的发展提供一个自由、安全的发展与竞争环境。

二、电影管理的机构与部门

美国政府在电影产业管理上，更注重其市场属性和自由竞争，政府并没有设立专门的管理部门，而主要以行业自律和工会组织为主。即“是按管理国家产业的办法管理电影，而不是按照文化或政治逻辑去管理电影，这也是为什么美国政府没有制定一部联邦电检法，而是让好莱坞进行行业自律的原因”①。

美国重要的行业组织和工会主要有：

1. 美国电影协会(Motion Picture Association of America，简称 MPAA)

美国电影协会成立于 1922 年，是美国为保护电影厂商而组建的非营利性贸易协会，总部设在加州，是美国最重要的电影管理的行业组织，也是电影产业的协调者和保护者。其主要成员由美国的七家(Big Seven)影视业传媒巨头的主席和总裁共同担任(除梦工厂之外的六家电影公司又被称作 Big Six)，该协会虽不是政府专门部门，但在政治上也有举足轻重的地位，力图通过政治游说来修改美国版权法和刑法，达到保护会员商业利益的目的。对内，该协会针对本国电影产业现状做出一些政策规定，比如强烈支持改进数字版权管理技术、设有一套非官方的电影分级制度、保护制片人利益以及防止垄断等；对外，该协会则在政府的支持下制定一系列面向国际市场的政策，其中最突出的便是版权保护政策，如下大力气取缔电影文件共享网站等。

---

① 何建平：《好莱坞电影机制研究》(第一版)，上海三联书店 2006 年版，第 283 页。

2. 美国影院业主协会(National Association of Theater Owners,简称 NATO)

美国影院业主协会成立于 1965 年,是影院业主的联合体,目的在于保护影院业主的利益,为电影放映提供保障。该协会最初由美国的几家大型商业影院合并而成,总部设在美国首都华盛顿,目前由美国 50 个州和全世界 50 个国家的众多影院业主组成,是目前全球最大的电影放映业组织。该协会定期发布电影业最新信息以及相关观点,这在国际上具有较强的代表性,对全球影院的发展也具有重要影响。比如,为体现电影放映商对发展数字电影(Digital Cinema)的要求和期望,NATO 于 2006 年 2 月发布《数字电影系统需求(Digital Cinema System Requirements)》R1.0,并不断进行修订与完善,并分别于 2008 年 2 月和 12 月发布《数字电影系统需求(Digital Cinema System Requirements)》R2.0 和 R2.1,这一统计在美国与世界的数字电影行业都具有一定的影响力。

3. 美国导演工会(Directors Guild of America,简称 DGA)

美国导演工会的前身是银幕导演工会(Screen Directors Guild),该工会成立于 1938 年,是涵盖美国电影、电视、舞台剧、广播等艺术领域的导演行业工会,它不仅代表着整个行业的发展水平和未来趋势,同时也努力维护导演权益,堪称美国传媒行业规范的最大保证。该工会每年都将对各自的行业进行总结评定,这一评定与众多国际电影导演评奖的结果非常一致;工会本身也成为好莱坞导演们交流艺术与经验的绝佳之地,这就相应地引领了电影行业的导演航向。

4. 美国演员工会(Screen Actors Guild,简称 SAG)

美国演员工会成立于 1933 年,是为保障影视演员的权利而成立的组织,目前会员已约有 20 万人,是美国影响最大的工会。该工会的主要职责是与制片方进行谈判,以规范演艺人员的最低工资、工作条件、健康保险及养老金等,保障演员的工资待遇,为演员创造工作机会。另外,该工会制定了一系列有规范格式的合同,为演员提供工资待遇、劳动补贴等保障,确保演员的工作成果不被非法使用,也为失业或退休演员提供救助。

三、电影内容与传播的管理

电影作为典型的内容文化产业，所讲述的是影像故事，所承载的则是意识形态与价值观等思想领域的内容；也因其与国家意识形态的巨大关联性，各国都重视对电影内容与传播的管理。在美国，其对于电影内容与传播的管理经历了从审查到分级的变化。

1. 审查法案的发展

在电影兴起之初，其媒介地位并没有得到美国社会和政府的认可；加上最初的影像多聚焦于色情、低俗、暴力等，因此反电影力量日渐强大。在矛盾激化中，1913 年，俄亥俄州颁布了电影审查法案，而当时的共同影业公司以侵犯表达自由为由，将组建起来的电影审查委员会上告到了北部联邦区域法院，该案以共同影业公司败诉告终，也就否定了电影的媒介地位，也由此推动了 1930 年行业自律法典——《海斯法典》的颁行，电影的内容与传播都受到审查委员会的审查。

到 1951 年，美国发行人伯斯泰引进了意大利导演罗西里尼的《奇迹》。纽约电影审查委员会禁止影片放映，伯斯泰向纽约法庭提起上诉，该案以推翻了禁映的判决告终，这就承认了电影的“思想交流的媒介”身份。电影成为名正言顺的言论，从此受到《联邦宪法第一修正案》言论自由条例的保护。

2. 分级制度的诞生与定型

1968 年电影分级制的诞生，“正式结束了行业自律审查的惯例，开启了行业自律管理的治理模式”[①]。1968 年，美国电影协会将美国电影进行了分级，这弥补了《海斯法典》崩溃后电影管理的真空，但是这一分级并不是强制性的，而是自愿的，是属于行业自律管理体系的。不过，评级作为某种认证，使得大多数制片人和发行人都愿意提交电影进行评级，这种制度也就对电影内容和传播进行了较为有效的自律管理。

美国最初的分级设计包括四个级别，即 G 级：大众级，所有年龄均可

---

① 曹怡平：《美国电影分级制的再思考》，《国际视野》2012 年第 2 期，第 124 页。

观看；M 级：成人观众级，建议父母指导，但所有年龄均可观看；R 级：限制级，16 岁以下儿童如没有父母或监护人陪同禁止观看（后来提高到 17 岁以下，并在部分辖区有所不同）；X 级：17 岁以下观众禁止观看。这种分级制度从之前的限制审查拍摄内容转向了以保护青少年健康成长为出发点，来对电影内容进行规范。

这种分级具体由定级委员会进行评定，委员会成员需具备为人父母的经验以及能够站在大多数美国父母的立场来衡量一部影片的智力和能力，评定内容则多针对影片主题、言语、吸毒、裸露、暴力等因素。后来，美国电影协会又对此分级制度进行了两次调整，到 1990 年才最终确立现行的分级。具体分级如下。

G 级（General Audiences，All ages admitted）：大众级，适合所有年龄段的人观看。该级别的电影在主题、语言、裸露程度、性、暴力等方面不包含会引起父母或监护人不快的内容。有些语言片段也许会超出日常礼貌语言之外，但它们仍属于日常普遍语言。

PG 级（Parental Guidance Suggested，Some material may not be suitable for children）：普通辅导级，建议在父母的陪伴下观看，有些内容可能对儿童不宜。该级别的电影基本没有性爱、吸毒和裸体场面，即使有时间也很短，此外，恐怖和暴力场面不会超出适度的范围。

PG - 13 级（Parents Strongly Cautioned，Some material may be inappropriate for children under 13）：特别辅导级，13 岁以下儿童尤其要有父母陪同观看，一些内容 13 岁以下儿童很不适宜。该级别的电影没有粗野的持续暴力镜头，一般没有裸体镜头，有时会有吸毒镜头和脏话。

R（Restricted，Under 17 requires accompanying parent or adult guardian）：限制级，17 岁以下必须由父母或者监护陪伴才能观看。该级别的影片包含成人内容，父母在允许孩子陪同观看前被强烈要求对影片有所了解，影片中有较多的性爱、暴力、吸毒等场面和脏话。

NC - 17 级（No One，17 And Under Admitted）：17 岁或者以下不可观看。该级别的影片被定为成人影片，未成年人坚决被禁止观看。影片中有清楚的性爱场面，大量的吸毒或暴力镜头以及脏话等。这一级别并不意味着法律意义上的“淫秽或者色情”，而是其中呈现的内容是被大多数父母认为过于激烈而超出少年儿童的观看界限之外的。

在电影内容与传播上，美国秉承的是行业自律管理原则，政府并不限制制片方拍什么或不拍什么，或者以什么样的方式传播，而是针对已拍的电影进行内容划分，这就给了电影拍摄以最大的自由度。而对于电影的传播，除去其传播的自由外，美国政府注重的是版权保护，不管是在国内还是国外，打击盗版的力度从来都不曾减弱。

第二节　英国电影管理

英国政府在电影管理方面非常重视，不论是电影产业发展还是电影内容传播，英国都自成一套规范，而专门的电影管理部门的设立，更为英国电影产业提供了有针对性的扶植和优惠措施，维护了英国电影的稳定。

一、电影产业管理政策

英国电影产业的发展很大程度上得益于政府的支持，可以说，英国政府在电影产业管理方面制定的一系列政策对于英国电影的发展起到了重要的推动作用。

1. 英国政府对电影管理的历史发展

从20世纪初，英国政府就开始制定了一系列的电影政策，如，早在1908年，英国电影就开始接受一连串立法的管理与辅导；1949年英国政府成立的国家电影金融公司，负责选择优秀的英国电影加以补助；20世纪50年代到60年代末则突出了对电影特殊种类的补助政策，比如对电影短片、新导演、实验电影等的补助。

到20世纪80年代前后，在撒切尔政府自由主义经济政策的影响下，英国电影的产业政策出现了较大的反复，电影配额制、埃迪税收法，以及针对电影产业的税收刺激制度被相继终止并废除，英国国家电影金融公司也被私有化，这在很大程度上造成了英国电影产业的下滑。

到1989年，英国政府开始着手进行调整，修订了对影视产品国籍认定等相关规定，并相继成立电影政策检讨小组、电影政策检讨行动委员会等专门机构。2000 年，电影委员会成立，“成为英国电影政策与实践之主体”①。

2. 当下英国电影政策概述

近年来，为推动英国电影产业的创新与发展，英国政府更制定了一系列相关的电影保护和支持政策。重要的政策如下。

(1)电影上映定额分配方法

从 1909 年起，美、法两国的影片就大量占据英国电影市场，英国本土电影在影院几无容身之地。一战结束后，美国影片更是大量涌进。为了维持和保护英国本国电影事业，1927 年，英国政府当局正式通过了电影法案，规定限额分配比率，这使英国电影在影院的上映率逐年上升。后来随着电影市场的发展，英国政府又几次调整限额分配比率，到 20 世纪 70 年代已将本国影片分配定额提高到 30%。

(2)彩票收入对电影基金的倾斜

1995 年，英国政府开始把国家发行彩票的部分收入划归电影基金，以法律的形式固定下来给艺术领域拨款，主要用于电影院、艺术中心、剧院等开展电影相关活动的机构的建设和设施配备。1997 年，开始对单部影片提供基金，资助覆盖电影制作、发行、放映等各个方面。

(3)“创意产业”概念的提出

英国是最早提出“创意产业”概念的国家，1997 年 5 月，英国首相布莱尔提议并推动成立了创意产业特别工作小组。该小组分析了英国创意产业的现状，并将创意产业做了明确的分类，电影产业便是其中重要的组成部分。在对创意产业大力支持的政策下，英国电影产业也得到了长足的发展，并成长为英国的核心产业。

(4)财政资助政策

2000 年，英国政府成立了英国电影委员会，该会具有商业属性，代表政府资助电影产业，每年预算 1 500 万英镑。后来因为经济危机带来的财政困难，英国电影委员会最终被取消，但其功能却被 1933 年成立的非营利性机构英国电影协会继续承担，以保证英国电影艺术的持续发展。

---

① 卢非易：《欧盟影视政策研究》(2001)，台北：国科会计划编号：38053F，第 53 页。

(5)电影税收优惠政策

2006年,英国政府又出台了英国电影税收优惠政策,适用于电影生产公司为生产英国本土电影所用的支出,降低了投资电影的风险,有利于推动国内低预算的电影制作,也有利于吸引海外投资。2011年11月,英国政府又公布,将电影税收优惠政策适用期延长至2015年12月。

(6)英国电影协会2012—2017计划

2012年,英国电影协会发布了《永远的电影——支持英国电影(2012—2017计划书)》。在该文件中,英国电影协会的核心任务便是支持英国电影,将加大对英国电影的投资,制片人、编剧和导演的地位得到强化,对独立电影公司加大支持力度,以提高英国电影的国际竞争力。另外,该文件还强调了对于英国电影遗产的重视,将投资对1万部电影遗产进行数字处理,可挽救大量若干年后可能消失的电影。

二、电影管理的机构与部门

英国并没有一个统一的直接对电影进行管理的政府机构,而是实行大文化管理的方式,建立了统管全国文化事务的中央政府管理部门,政府对文化事业包括对电影产业的管理多以间接管理为主。

英国电影管理的部门机制归属于政府大文化管理的三级制度。首先,是作为中央一级管理机构的文化、传媒体育部,该部门是统管全国文化、新闻、体育事业的政府主管部门,主要负责制定文化政策和统一划拨文化经费。其次,是中间管理机构,即地方政府及非政府公共文化执行机构,该机构负责执行文化政策和具体分配文化经费。第三,是基层管理机构,其中便包括对电影事业进行直接管理的电影协会等机构。英国的中央政府文化管理部门即文化、传媒体育部只管制定文化政策和财政拨款,并不对基层事业机构形成直接管辖,而是由中介非政府公共文化机构来承担具体管理事务;而在电影事业具体而专门的事务管理上,其管理则多交由基层管理机构。

英国政府很重视电影产业的发展,针对电影产业的专门管理机构主要有:

1. 英国电影协会(British Film Institute,简称 BFI)

英国电影协会成立于 1933 年,是一个支持和推动英国本土电影发展的非营利组织,是按皇家特许状设立,属于慈善组织性质。该协会主要是为英国促进振兴电影行业,包括电视、电影和图像等,其费用由英国政府资助,总部位于伦敦。英国电影协会设立了多种基金,用于支持电影的制作、发行、放映、融资,以及对电影人才的教育和培训,其对电影事业的援助有着明确的定位,而多元化的基金设立,也使电影各个阶段都得到了基金覆盖,为英国本土电影的创新和发展提供了坚实的基础,推动了英国电影的长足发展。

2. British Screen

British Screen 成立于 1985 年,是 1985 年后英国政府扶持电影产业的主要机构,在此之前,则主要由英国政府直属的行业工会——国家电影财政工会(National Film Finance Corporation)代理英国政府对英国电影进行有选择性的资金扶持。British Screen 主要对英语电影和合作拍摄的影片进行资助,其资助方式为直接投资,常以制片人的方式参与创作,甚至对电影进行发行和宣传。

3. 英国电影委员会(UK Film Council,简称 UKFC)

英国电影委员会成立于 2000 年,由工党政府建立,是非政府部门性质的公共机构,以发展和促进英国电影工业为目的,资金主要来自博彩业。该委员会为英国电影寻找直接的资金注入,帮助具有革新精神的编剧、导演,也包括偏远地区或是少数族裔的电影人以及用 DV 拍摄的低成本电影和短片,为促成具有竞争力的、成功的、有活力的英国电影工业和电影文化做出了贡献。2011 年,该委员会因经济危机带来的财政困难,而不得不被取消。

4. 英国电影分级委员会(British Board of Film Classfication,简称 BBFC)

英国电影分级委员会,旧称英国电影审查委员会,成立于 1912 年,是一个独立的非政府机构。该会负责对在英国出版发行、播放、放映、出租和销售的电影、录像带、数字媒体(激光视盘、唱片、电子游戏、软件等)进行内容审查和分级,是主要对电影内容和传播进行管理的机构。

三、电影内容与传播的管理

在电影内容与传播上，英国政府规定对公众开放的影院必须持有地方政府颁发的营业许可执照。而在所放映电影的内容上，地方政府有责任确保儿童不会看到与他们年龄不相适宜的电影，也有权阻止任何电影的放映。总体来说，英国政府对电影内容的管理，一方面是电影审查与分级制度的执行，另一方面则是对电影制作创意性的强调。

1. 英国电影审查与分级制度的发展

在电影内容的管理上，英国的审查分级制度已经历时久远，从1909年开始，政府便通过立法对视听产品实行审查分级制度。负责审查的机构最初是英国电影审查委员会，1985年以后更名为英国电影分级委员会。英国电影审查委员会是应电影工业欲确保影片质量标准的要求而成立的，负责为英国电影进行审查和分级，并颁发级别证明。它可以在颁发级别证明之前要求制片公司删剪某些内容，偶尔也会拒绝给影片颁发级别证明，这就限制了某些内容在电影中的呈现，也在一定程度上确保了电影的质量和传播。

最初，英国电影审查委员会只将电影分为两个级别：U和A。U级代表老少皆宜，A级代表更适合于成人。1932年，由于恐怖片发行数量的增大，委员会添加了H级别，该级别限定16岁以上的观众才能观看。1951年，H级别被X级别取代，同样限为16岁以上观看，但级别限制已不是耸人的恐怖，而是性和暴力。1970年，为更有效地保护青少年，同时允许更多的面向更大年龄、更成熟观众的成人电影无删剪地通过，委员会将电影分级增加到4个级别——U级代表老少皆宜；A级指5岁和5岁以上儿童可以在无人陪伴的情况下观看，但电影也许含有某些家长不希望14岁以下儿童观看的内容；AA级指14岁以下儿童免入；X级指18岁以下观众免入。

1982年，委员会将分级级别进行了更细致的调整，也形成了现行英国分级制度的基本构成。

U(Universal)：普通级——适合所有观众。在此级节目中只能偶尔使用“damn”(该死)、“hell”(见鬼、混蛋)这类轻微的咒骂语言，极少使用其他温和的咒骂语言。

Uc 级(Universal Children):特别适合儿童观看。

PG(Parental Guidance):家长陪伴指导,影片有某些镜头也许不适合年少的儿童。

15 级:适合 15 岁以上及成人观看。

18 级:适合 18 岁以上及成人观看。

R18(Restricted 18):在特别许可的有执照的色情电影院或电影俱乐部的有限范围内放映,18 岁以上方可入内。

1989 年,委员会又新增加了 12 级别(适合 12 岁及 12 岁以上)。2002 年,影片《蜘蛛侠》的火爆使委员会屈从于商业压力将 12 变更为 12A。这意味着 12 岁以下的儿童可以由成人陪伴指导观看。

电影分级的内容一般包括:是否违法,针对特定年龄群体是否有害,针对特定年龄群体是否明显不为公共舆论所接受。对于超出评定标准的内容,BBFC 会建议裁剪或增加警示性语言。而在明确禁止的电影内容中,BBFC 尤其关注:①强奸或酷刑的画面;②暴力虐待或恐怖行为;③非法使用或美化毒品的场景;④可能煽动种族仇恨和暴力的内容;⑤对儿童进行性侵犯或虐待的描述;⑥伴有痛苦、伤害或羞辱的性行为;⑦法院裁定的淫秽内容。

这种分级评定是完全公开的,有明确的法律依据,如 1909 年对电影拍摄和放映进行检查的《电影法》、1978 年的《儿童保护法》、2003 年的《执照管理法》等。电影分级委员会的分级评定是依法行事,有理有据,而且这种分级行为并不具有强制效力,影片制片方或发行方甚至观众,如果对 BBFC 的分级决定不满,都可以提出申诉,英国地方政府设有完善的争议解决机制。

这种明确的电影分级制度,不仅优化了英国电影的内容,还对电影传播提供了基本的受众划分,有利于英国电影的优化发展。

2."创意产业"概念的提出

英国是最早提出"创意产业"这一概念的国家,在电影产业方面也非常强调其创新性。在电影制作方面,英国政府尤其注重利用个人创意、技巧和才华,开发知识产权;在对电影的投资上,英国电影委员会等基层管理机构对电影大力扶持,也尤其注重有革新能力和精神的导演和编剧,为提升英国电影在国际国内的竞争力做出努力。

第三节　法国电影管理

法国是世界公认的电影产生地，经过百余年的发展，电影产业始终是法国政府及企业重视的行业，对于电影的管理，法国政府亦形成了一套较为规范而完整的体系。

一、电影产业管理政策

法国是世界最有文化底蕴的国家之一，其对文化的重视始终没有懈怠，法国的精英界长久以来一直奉行一种“文化例外”(Cultural Exception)的理念，即文化事业应免遭市场经济的统治，应遵循自成一套的艺术逻辑和标准。在这一理念的影响下，法国政府对电影产业的管理就更多侧重在扶持与推动上。

法国电影的蓬勃除电影人的辛勤努力外，法国政府的政策支持也起到了重要的作用。不同于美国政府在自由经济政策下对电影产业管理权力的下放，法国政府对电影产业的管理一直有专门的机构和长久以来的政策支持。这一管理政策从电影产业结构规划，到对电影的财政扶持，再到电影的保护等各方面，体系非常完备。

1. 在电影产业结构上，法国政府很早就已经开始对本国的电影产业进行规划

比如早在1946年成立的法国国家电影中心，其中之一的工作便是对艺术类、实验类电影提供资金补助。而对于大制作与小成本电影的调节上，法国电影产业则实行投资交叉政策，即小规模的电影公司如MK2、阿兰·萨德等倾向于投资规模小但艺术价值高的影片，但其发行则需借助大电影公司如百代、高蒙等，这些大电影公司则多投资“高概念”影片，即大制作电影。政府的这种规划调控，可以在很大程度上避免自由经济政策下容易产生的垄断，可以使电影产业结构得到最优化，从而保持法国电影的艺术特色。

2. 以资金支持电影产业发展

法国政府很早便认识到电影在传承民族文化上的重要作用，因此在对电影产业的支持和扶植上一直具有很大的力度。从 1948 年开始，法国财政法中便明确规定：法国电影工业享受电影扶植资金的支持。而从 20 世纪 50 年代起，法国便实施了制片资金垫付法，即对本国、本民族的影片拍摄提供 100 万法郎的资金。

到 1959 年，为了削弱好莱坞电影等外国影片在法国的竞争力，法国政府将之前所指定的国家补贴政策变为直接利用国家资金来支持电影产业。具体承担国家影视补助政策的是法国电影中心（CNC），该中心对电影产业的补贴分为自动补贴政策和选择性补贴政策，对那些商业性和市场竞争力较弱的艺术电影以及探索性较强的实验电影从文化性和艺术性上进行考察，并经选择予以补助。

除此之外，法国政府、政府银行和民间银行还分别出资成立电影电视融资信用担保基金（IFCIC），这使影视制片企业能够更为容易地获得电影制作资金。而如果某影视无法收回资金时，该基金要为其补偿损失。另外，在电影与电视的发展中，法国政府还建立起一种互补关系，不仅法国电影中心的主要资金来源是对电视台的课税，而且还立法规定电视台必须投资电影工业，为电影放映大开绿灯。① 这种互补关系是利用电视台的优势来扶持电影产业发展，为其稳定发展提供了保证。

3. 法国电影保护政策

在充分认识电影产业重要性的基础上，法国政府在保护本国电影发展上也做了很大的努力，但是“法国政府并没有采取简单的政策性保护和对外限制的方式，而是把重点放在了以发展本国电影产业为主的扶持政策以及鼓励参与国际竞争、对外发展的激励政策上”②。

比如电视台需有专门的电影频道，但其他频道放映的电影长片数量不得超过 192 部，放映影片的时间也不得与新上院线的影片时间重合，以

① 尹良富：《搏击好莱坞——法国对电影的政策保障及支持》，《社会观察》2004 年第 6 期，第 27 页。

② 蔡浩：《中外电影产业结构政策比较研究》，湖南大学硕士学位论文，2010 年 10 月，第 39 页。

此保护电影放映业。另外,法国政府鼓励本土与国外电影业合作拍摄制作,提倡投资来源的多样化,20 世纪 90 年代以来,合拍片的数量已占法国电影年产量的 1/2,这也大大增加了外国投资人投资法国电影的积极性。

而在电影产业的对外贸易中,法国政府强调电影应该受到政府当局的保护,这突出表现在与美国的关贸谈判中。经过多番努力,法国政府为其电影争得了"文化特权",使 1993 年欧洲议会采纳了"文化例外"原则,反对将视听产品纳入世贸组织贸易规章制度中,这就为法国电影在国际贸易竞争中站稳脚跟打下了坚实的基础。

二、电影管理的机构与部门

自 1895 年 12 月 28 日,法国第一部电影放映之后,法国政府一直很重视电影产业的发展,当局也相应地成立了各种机构与部门,用以专门管理电影事业的发展,一方面使电影成为法国产业结构的重要组成部分,另一方面则充分利用了电影的形式来传承和发扬法国悠久的文化。法国用以管理和支持电影事业发展的机构有全国性的电影管理机构如国家电影中心,也有地域性的电影组织如里昂的卢米埃电影学会与土鲁斯电影资料馆等,这些机构负责制定或执行相应的电影政策,并为电影事业的发展提供一定的资金支持。

法国重要的电影管理机构与部门主要有:

1. 法国国家电影中心(Le Centre national de la cinématographie,简称 CNC)

国家电影中心成立于 1946 年,是法国电影管理机构的主轴,该机构直属于法国文化部。其主要职能就是管理法国政府用于视听节目和电影工业的扶助金,具体来说主要有以下五个功能:资助电影制作及发行、保存电影资源、推广电影文化、培育电影人才及立法事务。国家电影中心从成立之日起,便致力于推动电影事业的发展,主要通过对电影产业的管理和支持来履行职责。首先,制定一系列与电影相关的法律法规,如所有在院线上映的长片,都必须取得电影中心的发行许可,以此对电影本身的质量和传播起到一定的监督审查作用;另外电影中心也以法律的形式规定电视媒体放映电影的时间及每年的放映时限,以维护电影放映市场。其次,资助电影制作及发行。其下设的各种基金、补贴和预付金有 16 种之多,其中包括计划扶助金、剧本创作补贴、纪录片扶助金、处女作扶助金、短片扶助金等,是欧洲对电影生产介入最多的政府机构。第三,保存与推广电影资料。电影中心于 1969 年成立电影资料库存中心,同时设有小型电影图书馆,用来保存珍贵的电影资料;另外,中心还资助大小型的影展活动、举办电影欣赏座谈会等,用以推广电影,培养公众对电影的爱好和兴趣。

2. 审查委员会(Commission de Contrôle)

法国国家审查委员会成立于 1946 年,是法国国家电影中心的一个下设部门,是官方许可的电影管理部门,由政府有关部门的代表(司法部、内政部、国民教育部、社会事务和青年部)、行业代表(制片、发行商、放映商、导演、编剧和影评家)、专家(儿童保护领域的社会名人)、青年代表(18 岁至 25 岁)等 25 名正式成员构成,此外还有 50 名候补成员。法国电影分级委员会的宗旨是保护少年儿童,发展电影产业,主要任务是负责判定影片中那些对他们产生不良影响的场景,即那些对暴力、性和吸毒进行细致描述的场面。该委员会具有强制权力,其制定的电影分级制度也是强制执行的制度,严格对电影内容与传播进行有效的管理。

3. 法国电影资料馆(La Cinémathèque française)与法国电影图书馆(La Bibliothèque du film,简称 BIFI)

这两个部门是为管理和收藏电影资料并为公众提供服务而成立的。法国电影资料馆成立于 1936 年,其所收藏电影尽量排除电影派别、风格及国籍之争,收藏影片多达 15 万份拷贝。除收藏外,该部门的主要任务还包括修复受损的影片,这对于留存电影发展的历史、保护电影遗产都起到了重要作用,其下设的电影艺术史学院每年都会有各种演讲和研讨会,宣传并探讨电影相关的文化知识。法国电影图书馆成立于 1996 年,是法国电影资料收藏最丰富的地方,馆藏电影书籍多达 1.3 万册、影片达 1700 部,为查阅相关资料提供了便利。1998 年 6 月 30 日,法国文化部长宣布筹划多年的电影文化中心(La Maison du Cinéma)将于西元 2000 年在前美国文化中心一址正式开幕,将已有法国电影资料馆(含电影博物馆)及电影图书馆整合为一,该中心在管理电影资料与影片遗产方面发挥了更集中的作用。

三、电影内容与传播的管理

法国对电影产业的管理一直非常重视,这不只是指电影审查分级制度,还包括法国政府对某些内容电影的支持和扶植。

1. 电影审查分级制度的形成与发展

法国对电影内容的管理早在一战时期就已经开始了,当时主要是控制战争时期过于暴力和残酷的摄影摄像作品,避免对人们造成心理创伤或者避免让人厌战。而 1946 年国家电影中心成立后,法国政府便立即在中心下开辟了审查委员会,最初该委员会由专家团队组成,定时定期提前观看将要上映的电影,当时的任务是保护电影院里的儿童观众。这是电影的政治审查制度的雏形。

1961 年,审查委员会开始确立了电影的分级层次,将分级的年龄标准确定为 13 岁和 18 岁,这成为之后电影分级的基本层次标准。从此时起,电影院里面所有的电影都需被委员会审查并且分级,某些需要加以提醒的内容则在放映时增加一则警告,甚至 20 世纪 70 年代初色情电影产业爆发时,所有电影院都发行过分级过的色情片。

到 1975 年,法国总理雅克·希拉克(Jacques Chirac)发布了一项法案,将色情电影专门归为 X 级,同时也将色情电影的发行特殊化,不再享有国家政府的资助补贴,将色情电影从法国电影分级制度中独立了出去。

20 世纪 80 年代末,让·弗朗索瓦·特里提议改革电影审查委员会,并于 1990 年颁布法规,建立起更为清晰的电影分级制度,这一举措结束了此前的电影管制制度。此后,电影分级制度代替了政治性的电影审查制度。

然而不管是之前的政治审查还是此后的电影分级制度,法国的这类分级制度都是严格执行的,这不同于美国等其他国家的非强制性和自愿性。在法国,所有在影院上映的影片必须经过审查分级,而经过分级的影片则绝对不允许禁止观看的观众进入影院观看。

具体而言,法国当下的电影分为以下八个等级(不包括色情电影产业以及电影院之外的发行，如电视、DVD、VOD等）。

全年龄层（TP）：即适合全民观看的影片，这个分级包含了90%在法国电影院上映的电影。

全年龄层＋警告（TP＋AVERT）：指大众可看，但有可能会使观众感到不适的地方，所以加以警告，但不限制，这里主要针对会出现一些暴力或粗口的电影。

12岁以下禁止观看：主要指影片的氛围情绪比较灰暗悲观或者暴力镜头较直接等。

12岁以下禁止观看＋警告：在12禁的基础上再加以提醒，是介于12禁与16禁之间。

16岁以下禁止观看：针对的是一些特别暴力、性爱戏过于暴露，或者在情绪思想和意识形态上极具煽动力的电影。

16岁以下禁止观看＋警告：在16禁的基础上再加以提醒，是介于16禁与18禁之间。

18岁以下禁止观看：针对的是有真枪实弹的性爱戏，或者是对暴力的处理过于残暴直接的影片。

18岁以下禁止观看＋警告：在18禁的基础上再加以提醒，目前为止还没有电影得到这个分级。

2. 对艺术电影和新人实验电影的培植与扶持

有浓厚文化底蕴的法国一直重视电影对于文化内涵的承载，而艺术电影也一直是法国电影的标签，这不仅与法国电影人的文化倾向有关，更与法国政府对艺术电影的支持相关。法国国家电影中心对艺术类、实验类电影的补助倾斜，以及大制作电影对小规模艺术电影的资金与发行支持，都是法国政府对艺术电影的政策倾斜。

对电影艺术创新的推崇和对新人新作的扶植，也是法国政府在电影内容上的一大重点。即使在世界范围内，法国对新人电影的支持也是首屈一指的，如2011年法国生产的207部电影中，有73部电影为导演的处女作，占到了总产量的35%。政府对这种创新实验电影的扶植措施，首先来自国家电影中心，该中心每年约拨16%的电影扶植资金直接资助电影处女作的生产。其次，各电影节和基金会也重视电影处女作，戛纳电影节还专设“金摄影奖”以奖励艺术和实验电影的创作。第三，政府也采取相关的激励措施，鼓励发行商多发行处女作。这些措施无疑激励了创新电影和新人导演，使法国电影可以长久地保持活力与创新。

而不管是艺术电影还是新人实验电影，在成本上大多属于中小成本电影，这也是法国电影的一大特点。法国政府在“文化例外”理念的影响下，加强对电影的管理和扶持，以保证法国电影少受市场经济秩序的影响，而遵循艺术的内在规律。在扶持政策上，政府更是采用大制作支持小成本的“劫富济贫”的资助方式，这使得以艺术类和实验类为主的中小成本电影保持了市场上的竞争力。

第四节　日本电影管理

从1899年第一部影片拍摄，日本电影已有一百多年的历史了，其早期的无声电影多受日本舞台剧的影响，逐渐发展健全的电影产业则很大程度上受美国电影业的影响。而日本政府对电影产业的管理也从严格控制转向主要依靠市场机制。

一、电影产业管理政策

日本对电影的管理，以第二次世界大战的战败为界明显呈现出两种状态，即战中对电影的严格控制与战后对电影的放手管理。

1. 二战时，日本军国主义对电影的严格控制

早期日本电影的发展比较自由，多受舞台剧的影响，电影这种形式也受到国民的喜爱。1936年，日益军国主义化的日本开始实行严格的电影管制，电影被纳入了“为实现大日本帝国的国策服务”的轨道，这严重限制也中断了日本电影趋于成熟的创作。1937年8月，在卢沟桥事变的一个月后，内务大臣就要求电影公司进行战时“艺术动员”，日本电影企业被收归国有。1938年，日本军国主义仿效德国约瑟夫·戈培尔对电影实行的纳粹统治而制定了所谓的《电影法》，并于1939年经帝国议会通过实施。其主要内容有，影片摄制及发行需经批准、故事片剧本需先送审、限制外国影片上映等，此时的日本政府对电影进行严格控制，还提

出了"电影是武器"的口号,使电影市场充斥着很多吹捧军国主义、美化侵略的影片。

2. 战后,日本政府对电影产业的放手管理政策

战后,日本电影逐渐从军国主义的控制中脱离出来,电影导演、电影公司开始进行各种题材和风格的尝试,日本电影逐渐形成了自己的风格。在对电影产业的管理上,战后日本政府很少制定专门的政策,而是主要依靠市场机制的调节,而与电影相关的扶持和保护政策则是将电影行业与其他与文化相关的行业整合为文化产业来制定。如"1995 年确立了日本在 21 世纪的文化立国方略;2001 年全力打造知识产权立国战略,明确提出十年内把日本建成世界第一知识产权国;2003 年又制定了观光立国战略"。① 这些大文化产业政策给电影产业的发展提供了整体的方向,也将电影产业融合进日本大文化产业中。

但这些为促进文化产业发展的政策和健全的法律、法规在促进和保护电影产业的发展方面也起到了重要的作用。如,1970 年颁布的《著作权法》就是针对包括电影在内的各著作权进行保护的最具代表性的法律文件之一。历经二十多次的修改,该法规在 2001 年更名为《著作权管理法》。同时,日本国会又根据文化产业发展的新形势和新要求,制定和更新了多部法律,如《文化艺术振兴基本法》《知识产权基本法》等。

日本政府虽然很少介入电影产业的管理,但也根据国内形势制定了专门的电影保护政策。如针对日益猖獗的电影盗版现象,日本政府于 2007 年 8 月 30 日颁布并实施的《防止电影偷拍相关法案》,用法律的形式打击电影盗版行为,以保护电影产业的良性发展。

在全球化形势下面对海外市场时,日本政府则重视电影在亚洲和世界市场上的占领。2002 年 8 月,日本经产省与文部省联手促成建立了民间"内容产品海外流通促进机构",拨专款支持该机构在海外市场开展文化贸易与维权活动,而电影产业作为日本内容产业振兴计划的重要部分,其在海外市场的开拓上受益颇大。

政府的放手管理,使得对电影的管理权限多下放到各个大型的电影公司或者行会性质的电影行业协会。在日本,六大影片公司松竹、东宝、

① 卢娟:《日本的文化产业政策及运作》,《青年记者》2006 年第 5 期,第 39 页。

东映、日活、大映、新东宝都是垄断性大公司，这让面对外国电影激烈入侵形势下的日本电影，可以利用大公司垄断地位调动资金制作大电影，走“巨片路线”，花大成本、请名导演名演员拍摄影片，斥巨资对影片进行宣传，以求与外国电影竞争时拥有较强的竞争力。而电影行业协会则被看作是政府职能的延伸，负责日本电影产品的审查，这种审查通常由电影行业协会自我把关，而非由日本政府直接负责。

二、电影管理的机构与部门

第二次世界大战结束后，日本电影从军国主义的统治中挣脱出来，进入了前所未有的黄金自由发展期，日本政府当局并不对电影实行专门的控制和管理，也没有专门设立电影管理的政府机构和部门，而是将电影管理的权力下放到各大电影公司与相应的行会组织性质的协会机构。重要的电影管理机构和部门主要有：

1. 东京国立近代美术馆胶片中心

该中心是1971年开馆的日本唯一的国立电影机构，属于电影保存机构和电影资料管理机构，也是世界各国电影保存机构为拯救、保存作为文化遗产或历史资料的电影胶片，使它们免遭破坏、散失而组建的国际电影资料馆联盟(FIAF)的正式会员，是一个通过电影进行国际交流的基地。该中心的主要任务是收集、保存、复原国内外的电影胶片及电影相关资料，对之进行调查、研究，并发行各种各样的刊物。该中心每年都会设定一个特定的主题，有计划地放映一些从其保存的大量电影资料中选出的作品，将它们介绍给大众，观众可以观赏到从日本电影名作到国外珍贵作品的各种各样的电影。此外，展室中会常年展出摄像机与剧本、宣传画、剧照等一些珍贵的电影资料。

2. 映画伦理委员会(简称“映伦”)

映画伦理委员会成立于1949年，是日本针对所有公开放映的电影、媒体进行审查的机构，是日本电影审查的权威机构，但它并不是政府机构，而是一个类似利益团体的公益法人组织，具有行会性质。所有日本电影在上映之前，都要经过该委员会审查分级后才能上映。建立之初，该机构隶属于日本影像制作者联盟，是一种自律审查的形态。1957年之后，委员会改组独立。独立后的映伦吸收了电影界以外的人士参加影片的审查，主要任务是审查电影脚本、影片，审查范围包括故事片、纪录片、新闻片、广告片等所有电影形式，并主张“以电影界以外的客观公正的眼睛去审查电影”。

日本现行的媒体伦理审查组织大多由日本业者以外的民间公正人士或学者组成，但也有由业者自律组成，如全日本录像带伦理审查会、日本影像软件贩卖伦理机构等。

其他还有一些特殊历史时期为履行特殊历史使命而建立的电影相关机构。如1948年，东宝电影公司以解雇职员为由对进步的电影工作者进行清理，这引起电影工作者以罢工的形式进行抵制和反抗，此次罢工以22名导演被开除或自愿离开公司告终。此后，日本出现了第一次独立制片运动，吉村公三郎和新藤兼人组织了近代电影协会，金井正和山本萨夫等人则成立了新星电影社，这都是电影艺术家为争取民主而成立的新的电影机构，但由于外部大电影垄断公司控制，这些机构并没有能够坚持多久。

三、电影内容与传播的管理

日本政府在第二次世界大战前后对电影的发展采取了截然不同的态度，战时军国政府对电影实行严格控制，将电影作为战争的武器，内容上以宣扬战争和军国主义为主，传播上则强调电影的宣传作用，不仅控制电影在国内的传播，而且将电影向外扩张，在国外建立制作公司，中国东北的“满映”就是其制作并发行日本电影的机构之一。

二战后，日本电影是在美国控制下发展起步的，美国占领军麦克阿瑟实行了一系列政策，在电影方面则废除“电影法”，并做出了“制作电影的方向性指示”，废除军国主义影片，表现自由主义倾向，但日本电影人则致力于摆脱美国的指示和主题，开始尝试描写普通人，并开始形成自己的电影风格。

但是，日本电影在很长一段时间内都受到美国好莱坞电影的影响，日本政府则将电影产业的发展放归市场，主要依靠市场机制来使电影产业自由发展。这种极度的自由性使得日本电影在内容上呈现出多样化特征，首先是电影艺术家的艺术类电影，这类电影比较多地反映日本普通人的生活，具有鲜明的民族色彩，节奏缓慢、构图呆板，然而内涵丰富且富有哲理，比如黑泽明的《罗生门》，比如“新浪潮”电影潮流。其次，是垄断性的大电影公司有侧重的电影摄制，如日活电影公司出品的“有色情内容的故事片”，这类电影成本低却为公司带来可观的利润，到1989年才从银幕上消失；松竹公司则以拍摄家庭、伦理、婚姻、通俗喜剧等题材的影片为主；东宝公司以战争军事题材的影片为优势；而1973年后的东映公司则以拍摄实录性现代黑帮片和犯罪片为主。另外，为迎合进电影院观影的青少年的喜好，动画电影日渐兴盛，并很长一段时间在日本票房收入前三位中占据很大比重。

20世纪70年代以后，虽然日本电影凭借恐怖片、情色片、动画的新式题材重现复苏的景象，但随即衍生的社会问题如性暴力、性犯罪率和暴力犯罪率的提高，使得日本政府更重视对于未成年人的保护，并加强电影等传媒内容的审查，审查任务则由映画伦理委员会承担。与美国审查分级制度相似，日本的电影审查制度也源自电影业的自律规范，但与美国电影协会(MPAA)评级审查不同的是：在日本，所有的影片必须经过映伦的审查之后方可上映。审查过的影片标有“映伦”字样与编号，未经审查的影片不得在日本全国以及放映环境卫生同业工会联合会所属影院放映。

日本电影具体的分级标准受美国影响很大，共分四级。

普通级(一般电影)：所有年龄段都可以观赏的影片，影片中虽依剧情可有轻微性、暴力描写等镜头，但需尽量控制在有限的范围内。

PG-12(幼童保护级)：有性、暴力、残酷、毒品等描写，未满12岁的儿童不可单独观赏，或需在家长或保护者陪伴下陪同观看。

限制级(R-15)：有虐待描写，未满15岁的少年一律禁止其入场与收看。

禁止级(R-18)：有强烈的性、暴力、反社会行为，或美化吸毒的描写，未满18岁一律禁止入场与收看。

第五节 中国电影管理

1905年，北京丰泰照相馆拍摄了第一部国产电影《定军山》，这是中国电影发展的开端，而中国政府对电影的管理也随着中国当权者的不同而呈现出不同的管理局面。大致而言，中国电影的发展经历了五个阶段：①1905年中国第一部电影诞生到1949年新中国成立前；②1949年新中国成立到1978年中国开始改革开放；③1978年开始改革开放到1992年邓小平南方讲话之前；④1992年邓小平南方讲话发表到2001年中国加入WTO；⑤2001年中国加入WTO到现在。

一、电影产业管理政策

1. 新中国成立前后，电影管理政策的几次变易

1905年到1949年新中国成立，中国电影走过了一段市场自治的、没有政府引导的道路，中国电影人从最初懵懂的摸索到逐渐受市场自律，而兼顾电影的商业运作和艺术创作，电影公司也逐渐开始形成自己鲜明的创作宗旨。1930年，在中国共产党的领导下成立了中国左翼戏剧家联盟，该组织在国家动荡、日本入侵的战争时期，拍摄了大量反映战争现实、激励有志之士的影片。抗日战争胜利后，国民党宣传部和国防部接管了北平、上海、长春、南京等地的电影产业，到1949年期间，中国电影处在国民党和共产党分别领导下的分庭抗礼的形势中。

1949年新中国成立，中国电影产业进入中国共产党领导下的发展时期。新中国成立之初，国营体制下的电影业作为政府宣传和教化的工具，受到较为严格的行政控制；而1966年“文化大革命”的爆发则彻底中断了电影的正常发展，以样板戏为主的影片充斥市场。

直到1976年“文革”结束，1978年改革开放开始实行，电影才重新回到人们的生活中，中国电影产业也开始进入一个蓬勃发展的时期。1979年8月，文化部、财政部提交《关于改革电影发行放映管理体制的请示报告》，并得到国务院批准，该请示恢复了“文革”前正常的电影发行放映的

管理体制，对电影产业的恢复起到了一定作用。

2. 电影体制改革的缓步前行

1984 年 5 月，文化部成立中国电影总公司，正式提出了中国电影的体制改革方案。从此，中国电影行业被定性为企业性质，事业单位企业化经营的电影业管理模式由此产生，电影产业的市场化运作也在这种环境中逐渐生成。整个 80 年代，中国电影产业处于改革探索阶段，政府在强化对电影行业宏观统筹的同时，适当放松了对地方电影票价的控制，也制定相关政策激发电影制片方的积极性，如广电部[1986 年]975 号文件规定："发行方与制片方的结算方式可以采用发行收入分成、一次性买断发行权、代理发行等四种方式进行。"①然而，这些调整政策并没有彻底改变原来的电影运营模式，制片、发行、放映的矛盾依然存在。

到 1992 年，面对着日益凸显的电影业内部与外部的矛盾和问题，中共中央和国务院制定了《关于加快发展第三产业的决定》，正式将电影业列为第三产业，切实将电影业由事业型向企业型转变，电影产业从此步入市场经济格局中。紧接着，1993 年，广电部颁布《关于当前深化电影行业机制改革的若干意见》，否定了"统购统销"的传统分配方式，首次明确中国电影必须走市场经济的道路。1994 年，广电部颁布《关于进一步深化行业机制改革的通知》，允许"拥有影片著作权（发行权）的单位可以直接向北京等 21 家省市（11 家老、少、边、穷省、区除外）的各级发行、放映单位发行自己的影片"②，电影市场主体的活力被激发。1995 年，广电部《关于改革故事影片摄制管理工作的规定》出台，放宽了故事片的拍摄出品权，对制片行业的传统管理模式进行了创新。同年，又试行了"影视合流"政策，即在电视台开设电影频道，并将部分广告收益还给电影制片业。在这些中央宏观文件的指导下，各级行政部门又相继推出了院线制改革、电影股份制等政策革新。总体而言，90 年代的电影政策出台较多，逐渐将电影产业纳入市场体制，电影主体的市场竞争意识也日渐觉醒。

---

① 黄一峰：《电影市场学》（第一版），中国电影出版社 2005 年版，第 31 页。

② 详见《关于进一步深化电影行业机制改革的通知》，国家信息中心（国家法规数据库）提供，广发影字[1994]348 号。

3. 21世纪以来，中国的新兴电影政策

2001年，中国加入WTO，电影业开始卷入全球化的竞争。在面对全球化的市场竞争与外国电影入侵的现状下，中国政府在紧承20世纪90年代电影体制改革历程的同时，逐渐将政策向电影产业的国际竞争方面倾斜。

首先，2001年广电总局与文化部联合颁发《关于改革电影发行放映机制的实施细则》，鼓励区域间影院合作经营，彻底结束了统购包销的传统模式。

2002年2月，新《电影管理条例》颁布实施，它是目前中国电影业最高的行政法规。该文件对电影制片、审查、进出口、发行和放映、保障和惩罚都做了明确的规定，并明文规定：国家鼓励企业、事业单位和其他社会组织以及个人以资助、投资的形式参与摄制电影片。这就拓宽了电影产业的融资渠道，为电影的发展和腾飞提供了法律政策基础。

其后，2005年11月，《电影企业经营资格准入暂行规定》颁布实施，扩大了电影的市场准入，电影融资主体呈现多元化状态。2009年，广电总局颁布《关于深入推进电影改革发展的若干措施的通知》，从电影事业转企改制、电影数字化发展、“走出去”战略等角度全面深化电影体制改革。2010年，国务院办公厅颁布《关于促进电影产业繁荣发展的指导意见》，提出推进我国电影产业体制改革的十大具体措施，成为“新时期指导我国电影产业发展的纲领性文件”。在美国电影进口方面，2012年2月，中美双方就解决WTO电影相关问题的谅解备忘录达成协议，规定在原引进美国电影配额约20部的基础上，中国将增加14部仅支持3D与IMAX放映方式的特种片电影，并增加中国民营企业发行进口片的机会，这标志着美国电影的进口限制进一步放宽。

在电影扶持和保护方面，中国政府更是制定了各种明确的政策规定。如1993年2月，针对日益猖獗的盗版和非法音像制品泛滥的现象，新闻出版署、广播电影电视部、文化部联合下发《关于查处非法音像出版物的通知》，①在政策上强化对电影知识产权的保护和打击盗版行为。在对国

① 《关于查处非法音像出版物的通知》由国家信息中心（国家法规数据库）提供，1993年2月9日颁布实施，2004年6月18日发布的中华人民共和国新闻出版总署令第25号将本文废止。

内院线的支持和保护上，则于2000年10月颁布《外商投资电影院暂行规定》（2004年1月被废止），明确规定："不允许外商独资设立电影院"。2012年，面对国际电影市场的高科技竞争，政府又发布了《关于对国产高新技术格式影片创作生产进行补贴的通知》，规定政府将对进入市场发行放映的3D、IMAX等高新技术格式影片，按影片票房收入分档对影片版权方进行补贴。

二、电影管理的机构与部门

1949年新中国成立后，中国政府对电影业的管理格局逐渐形成"三纵四横"①的状态。"三纵"是指三个中央管理机构即中华人民共和国文化部、中国国家广播电影电视总局和中华人民共和国新闻出版总署按业种进行管理的格局。电影行业在行业分类上可分属于上述三个部门，因此对于电影行业的管理，这三个部门都有所涉及。"四横"是指从中央到地方的中央、省、市、县四级垂直管理部门，这主要是指电影发行放映方面的管理，有一级政府就有一级电影发行放映公司，加强放映工作的统一管理。

另外，我国对电影行业的管理实行电影许可制，电影在摄制、发行、放映以及进出口等各个环节都须取得相应部门的行政许可，这在加大电影管理控制的同时，却是管理权力不集中的体现，使电影的摄制、发行困难重重。

中国重要的电影行政管理机构主要有：

1. 中华人民共和国文化部

中华人民共和国文化部成立于1949年9月，是新中国成立最早并一直保留至今的政府部门之一，1970年曾被撤销，改立国务院文化组，但1975年即恢复设立。该部门是中国文化行政的最高机构，是国务院的职能部门，在国务院领导下管理全国文化艺术事业，主要职责是研究拟定文化艺术工作的方针、政策和法规并监督实施。电影行业作为文化产业的

---

① 刘吉发、林静静：《行业治理：建国以来我国电影产业管理政策的系统梳理与趋势展望》，《长春工业大学学报》2014年第2期，第49页。

重要组成部分，也作为文化传承与传播的重要工具，在总体上是受文化部政策管理规范的。

2. 中国国家广播电影电视总局（简称“国家广电总局”）

1949年，该部门最初成立时被称为中国广播事业管理处，隶属中央宣传部；后于1954年更名为广播事业局，并于1967年被列为中央直属部门；1998年，正式更名为国家广播电影电视总局，是国务院直属机构。其主要职能是专门拟订广播电影电视宣传、创作的方针政策，是电影行业的直接管理部门，负责电影业的指导和审查。1992年2月经国务院批准成立的中国电影集团公司是该部门的直属单位，是集影视创作生产、发行放映、数字电影等多种产业综合发展的大型电影集团。

3. 中华人民共和国新闻出版总署（简称“新闻出版总署”）

1949年2月，中共中央宣传部出版委员会成立；同年11月，以其为前身组建了中央人民政府出版总署；后几经易名，于1987年设立国务院直属机构新闻出版署，并于2001年正式更名为新闻出版总署。该部门是中华人民共和国国务院主管全国新闻出版事业与著作权管理工作的正部级直属机构，主要职责为起草新闻出版、著作权方面的法律、法规草案，并研究拟定新闻出版业的方针政策，是中国最高的著作权行政管理部门。其政策法规为电影著作权提供了政策性保护。

2013年3月中国“两会”公布大部制改革方案，新闻出版总署与国家广播电影电视总局合并为国家新闻出版广电总局。这种行政管理体制改革将“从根本上解决长期存在的电影管理体制中中央与地方、制片与发行放映上下错位的问题，实现电影制片、发行、放映从中央到地方的统一归口管理”①，真正形成权责一致的电影行政管理体制。

与电影行业行政管理的健全法制与政策及日渐健全的体制相比，中国电影行业的自治、自律组织一直发展迟缓。中华全国电影艺术工作者协会、中国电影制片人协会、中国电影发行放映协会和中国城市影院发展协会等电影行业协会，所起的作用主要是沟通、协调作用，在自治方面并没有形成用力合一的自律自治体系。这是因为中国电影制作、

① 余翼：《20世纪90年代以来中国电影产业管理政策研究》，湖南大学硕士学位论文，2010年4月，第50页。

发行、放映等管理的权限均归于国家管理部门，行业自律并没有可行的空间和条件。

三、电影内容与传播的管理

电影因其丰富多彩的内容和繁多的种类，其传播的广泛性对人们的思想与行为产生广泛的影响，因此，对电影内容和传播的管理就显得尤为重要。

1. 中国电影审查制度的历史沿革

在中国，针对电影内容和传播上的审查制度，从电影传入中国后不久的清朝末年就已经初见其形。1911年(清宣统三年)6月，上海的“自治公所”曾宣布过《取缔影戏场条例》，其规定内容包括不得放映淫亵影片、男女必须分开坐等。民国成立后，上海市政厅也沿用了这一条例。可以说这是电影审查制度的雏形，其规定虽不是针对电影本身内容而言，但却是对电影传播方面的审查管理。

后来，随着电影的逐渐普及以及美国电影对华人形象的侮辱，电影审查制度越来越势在必行。1923年江苏省教育会电影审阅委员会的成立及其颁布的电影检查的标准，被看作电影审查制度的开端。1926年，国民党政府内政部与教育部联合制定《检查电影片规则》，开始实行地方分级检查制度。

1948年，中共中央宣传部根据袁牧之提交的《关于电影事业报告》，向东北宣传局发出了《关于电影工作的指示》，对电影剧本审查方针和电影剧本故事的范围提出了具体的要求，并第一次明确了人民电影的指导思想和基本方针。该时期的影片多表现革命英雄主义和艰苦奋斗精神，是思想政治教育的宣传工具。到1966年“文化大革命”爆发，电影的功能也被规制在“为政治服务”和“为阶级斗争服务”，电影摄制被严格审查，“样板戏”成为电影唯一可表现和传播的内容。

1976年“文革”结束，中国包括电影在内的各行各业百废待兴。1978年改革开放的浪潮兴起，电影行业也亟待改革发展。邓小平同志在1979年的第四次全国文艺工作者代表大会上提出了各种指导文艺工作的新原则，这些原则对电影行业的改革和发展起到了指导作用。因此，在其后的

1978—1991年间，电影内容监管领域起草并出台了大量的法规文件，对电影行业的管理也越来越纳入法制化轨道。

2. 新时期电影审查制度的不断完善

1979年，《电影剧本、影片审查试行办法》颁布，规定各类国产影片摄制完成后，须经电影局审查备案。1988年，《电影审查条例(修改稿)》出台，该条例在如何审查“少儿不宜”和特殊题材电影方面作了明确规定，将16岁作为“少年”与“成人”的划分标准。1989年3月，《广播电影电视部关于对部分影片实行审查、放映分级制度的通知》出台，规定对部分影片实行分级制度，划定了“少年儿童不宜观看”的类型。

1992年以后，随着社会主义市场经济体制的建立，电影的文化产业属性逐渐被广泛认同，政府在其内容与传播的管理上也进行了相应的调整和改革。1993年，《电影审查暂行规定》出台，对禁映影片的审查标准作了较为详细的规定，如违反国家现行重大政策等。1996年的《电影管理条例》，是新中国历史上第一部位阶较高的专门性电影法规，规定未经电影审查机构审查通过的影片不得发行、放映。

2002年，党的十六大将文化产业作为重点产业进行强调，而电影作为文化产业的重要组成部分也成为国家重点支持与改革的行业。2001年年底，新的《电影管理条例》通过实施，成为中国电影审查制度法律规制体系的核心。其后又于2006年正式推出《电影剧本(梗概)立项、电影片管理规定》，在明确对电影剧本审查的同时，也放宽了对电影剧本的审查立项。

中国现行的电影审查制度即是根据2001年的《电影管理条例》执行的，该条例严格规定电影所载内容，并赋予电影审查委员会删减电影片段的权力。审查内容主要包括：不能泄露国家秘密、危害国家安全或损害国家荣誉和利益，不能煽动民族仇恨，不能宣扬淫秽、赌博、暴力或者教唆犯罪，不能宣扬迷信和邪教等。

当下中国并没有如美国等其他国家一样实行电影分级制度，但现行的电影审查制度所实行的影片删减权力，其实是通过对电影中某些镜头的删减以达到让所有年龄观众都可以观赏的目的。

第六节 小 结

电影从诞生之日起至今,其文化传承与传播功能已经越来越得以彰显,电影产业作为文化产业的重要组成部分对各国经济与文化发展的推动作用也越来越显著,各国也越来越重视对电影产业的管理。中国的电影业应该在保持本国特色的基础上,借鉴各国管理经验,以提升电影业的发展活力。

由于各国管理体制的不同,其对于电影产业的管理也就呈现出不同的管理方式。国际上电影产业发展较为成熟的国家,电影产业的市场化程度较高,对电影产业的管理也较多体现出市场自治的特点,政府更多的是扮演一种保护者的姿态;与之相比,中国的电影产业发展,就呈现出较强的政府主导特色,尤其与美国相比。

在电影产业管理政策上,美日政府对国内电影产业的管理多采取权力下放的方式,将电影产业放归市场,依据市场自由竞争原则实行行业自律自治,而将重点放在电影产业保护上,通过立法加大对电影版权的保护。与之相比,英法在电影产业的扶植和优惠政策上所下力度更大,其电影产业的发展除自身发展优势外,很大程度上得益于政府的支持。而中国对电影产业的管理权力则更多地集中在中央或地方行政机构手中,政府为电影产业的发展和管理制定了一系列规章制度,行业自律自治则缺少必要的空间。因此,随着电影产业在文化产业结构中比重越来越大,电影产业的市场性质应该得到更充分的发挥,对于中国而言,则应该在政府宏观调控的前提下,更大程度上放开电影管理的权限,使电影更多地回归市场,增强电影产业的行业自律与自治,充分调动电影行业的活力与竞争力。

在电影管理的机构与部门上,与各国对电影产业的管理政策相关,其管理机构与部门也呈现出中央部门与自治机构的不同侧重点。美日因其将电影管理的权力多放归电影产业本身,所以并没有专门的国家级电影管理机构,电影被当作文化的组成部分统摄在管理文化的部门之下,而具体的产业管理权力则属于行业协会性质的组织。英法则设有专门的电影管理机构与部门,负责对电影产业发展的指导与扶植,并且为支持电影产业的发展,其机构多设立各种基金以加大对电影产业的资金支持。而中国则形成了“三纵四横”的电影管理格局，这种格局虽在电影机构上形成了庞大的网络，但这种繁杂的管理机构对电影产业本身的发展也造成了一定的混乱，因此，电影产业的体制改革势在必行。比如2013年，新闻出版总署与国家广播电影电视总局合并为国家新闻出版广电总局，这将有利于统一对电影的行政管理。

由于电影内容涵盖范围的驳杂以及电影传播的广泛性及影响深远性，各国都比较重视对电影内容与传播的管理，最突出的一点便是各国电影审查分级制度的实行。电影分级制度的制定是为保护未成年人，根据内容将其划分成若干级，给每一级规定好允许面对的观众群。美、英、法、日等国都有相应的电影审查分级制度。中国大陆虽一直没有实行电影分级制度，但电影审查制度却从电影发展之初就一直实行着，当下中国更是通过《电影管理条例》明确了电影审查的具体内容。这些相关的电影审查分级制度对于电影内容的限制以及电影传播的规范产生了很大的影响，不仅规范了电影产业的发展，也推动了本国电影产业的多样化。然而，由于电影内容的意识形态承载属性，电影管理部门为了使某电影成为面向全民的作品，必定会大幅度删减电影中的某些内容，这限制了电影人电影创作的自由。借鉴世界各电影产业发达国家的经验，中国政府有必要放宽对电影的审查限制，而代之以电影分级制度，这种“分级制的科学性在于首先能够保证电影导演的创作自由，同时对影片的受众范围予以分类和限制”①，以使电影在不违背国家大政策的前提下，充分保证电影创作者的创作自由，并引导和限制电影受众。

各国根据各自不同的国情，对电影产业的发展实行与国情相符的管理政策，并采取扶植和优惠措施，推动了电影产业的繁荣，也相对提升了各国电影产业在国际上的竞争力，为各国经济的发展与文化的繁荣做出相应的贡献，电影作为一种文化产业越来越成为各国角逐的重点领域。以此为借鉴和启示，中国则需在全球化带来的机遇和挑战中，立足本国的具体国情，调整改革对电影产业的管理，使之在本国市场和国际市场上拥有更强的竞争力，并有效发挥其对文化的传承与传播作用。

---

① 李正光：《碎片化的影像——第六代导演的审美观》，广西师范大学出版社2011年版，第260页。

第七章　演艺娱乐管理

演艺娱乐业是以演艺作品的创作、生产、表演、销售、消费及经纪代理、艺术表演场所等配套服务机构共同构成的体系，其形态包括音乐、舞蹈、戏剧、曲艺、杂技等各种类型。演艺娱乐业是文化产业的重要组成部分，是人们文化消费的重要渠道。

政府对演艺娱乐业的管理主要体现在两个方面：一是通过制定文化政策、提供良好的制度环境，鼓励更多的原创性文化精品的产生，满足消费者多方面、多层次的精神文化需要。二是通过合理的制度安排，促进演艺娱乐业的市场发展和产业化运作，使演艺业娱乐业更好地发挥其产业职能。

由于各个国家的政治、经济、文化、历史传统各不相同，各国政府所采取的演艺业文化管理模式和具体政策也各有特点。

第一节　美国演艺娱乐业管理

美国是个演艺娱乐业大国，演出市场层次多元，品种多样，整体运作机制规范、成熟，商业化程度高，演艺产品具有很强的国际竞争力。

一、行业管理政策与措施

作为高度发达的资本主义国家，美国一贯注重市场的资源配置和自我调整作用，鼓励各类社会团体、组织的私有化和市场化取向。与世界上许多国家不同，美国演艺市场上的商品大都由私人部门提供，政府很少介入演艺商品的生产和流通，但这并不意味着美国对文化完全放任不管，而是“有所为有所不为”。最主要的手段就是用资金的杠杆来引导演艺娱乐业的发展。

在美国，使演艺机构深受益处的是美国政府实行多年的社会捐赠减免税政策（企业和个人出于各种动机将钱、物捐赠给文化机构，并为此享受相应的减免税待遇）。1965 年，美国政府通过了《国家艺术及人文事业基金法》，这个法规规定了政府对文化艺术给予有限支持的方式，还规定了对非营利性质的文化艺术团体免征所得税，并减免为其提供赞助的公司和个人的所得税额。另一部对文化艺术事业进行管理和资助的法律是《联邦税收法》。《联邦税收法》具体规定下列组织可以享受免税待遇：一是交响乐和类似的团体，二是促进爵士乐发展的音乐节或音乐会组织者，三是合唱艺术团体，四是组织青少年艺术家演出的团体，五是组织艺术展览的团体，六是促进戏剧表演的团体、舞蹈艺术团体和学校，七是促进对历史文物欣赏和保护的团体，八是促进手工艺发展的团体。以上法律和政策的实施，不但间接达到了政府支持演艺业发展的目的，同时也调动了社会各界支持文化的积极性，政府、社会、演艺机构三方形成良性互动并均从中获益。

在美国，百老汇的音乐剧团基本都属于商业机构，它们依靠精良的品质和商业号召力生存。与商业化的百老汇不同，“外百老汇”和“外外百老汇”等大多数演艺艺术团体都被视为非营利性机构。商业团体无法获得财政资助，但政府为它们提供宽松的外部环境和完善的法律保障。对于非营利性文化机构，政府则会拨款资助，并鼓励企业和个人赞助。长期以来，一批相对稳定的捐赠者已成为百老汇剧院的一项支柱性经费来源，一些艺术团体的节目单上密密麻麻地列出赞助人名单，赞助数额从几十美元到上百万美元不等。观众可以从票价的差别上分辨出“商业剧”与“实验剧”、“营利剧”与“非营利剧”、百老汇与“外百老汇”及“外外百老汇”演出的区别。

在美国演艺业发展过程中，政府另一个重要角色是保证一个公平竞争的环境，保证市场有效率地运行，保障消费者权益，保证人民大众平等享有文化生活的权利和营造一个宽松和谐的文化创新环境。

二、演艺娱乐团体的管理

美国演艺业发达,演艺团体众多。美国表演艺术组织基本分为舞台剧、舞蹈和音乐三大类。近年的经济普查数字显示:美国有 15 286 个演艺组织,其中音乐类(含歌剧)团体为数最多,有 4 635 个,占演艺业总量的 30.3%;舞台剧和舞蹈类团体分别有 2 809 个和 515 个,分别占演艺业总量的 18.4%和 3.4%;其余的 47.9%则归为"其他演艺、娱乐组织和戏剧创作类",如流行音乐、演艺管理或经纪机构等。

根据美国《联邦税收法》的有关规定,美国所有的文化艺术团体均可根据自己的建团宗旨自愿选择登记为营利或非营利机构。若登记为营利机构,则与一般企业和商业性公司一样,须照章纳税,但盈余可自由支配。若登记为非营利机构,则可享受各种优惠待遇。如以演艺市场从业者的营利和非营利性质来分,美国 52.7%的剧团、70.5%的舞蹈团和 87%的古典乐团及歌剧院属非营利运作,不仅可以吸收社会资金,享受免税,甚至可以赚钱,只是须将盈利部分全部用于进一步的发展和建设。营利性单位则大多集中在流行音乐和其他娱乐领域,分别占到各自行业的 86%和 91%。

美国对艺术表演团体等文化机构实行间接管理,政府不直接对文化机构拨款,而是通过国家艺术基金会等社会中介组织来实施文化资助。文化资助的方式一是政府拨款。政府以资金匹配方式,对非营利性文艺团体,如交响乐团、合唱团、舞蹈团等高雅艺术和民族艺术团体进行有限拨款。文艺团体必须积极向社会筹集资金来获得政府的资助,而地方政府也必须拨出相应资金与联邦政府的资金配套,联邦政府的拨款总额一般不超过所需经费的一半。二是政府资助。根据美国《联邦税收法》和美联邦税务局《免税组织指南》说明,非营利性文艺团体可享受免税待遇,政府通过邮资补贴,减免所得税、财产税和销售税等方式对非营利性文艺团体进行暗补。此外,美国还通过法律法规和政策杠杆鼓励文化投资和社会捐赠,企业如果捐款赞助文化艺术事业,可以冲抵企业税收。除上述资助途径外,美国的艺术表演团体约 50%的资金来源于自身的营业收入。

在美国,演出团体的最高机构是理事会。理事会由各界著名人士组成，重大事宜均由理事会决定。理事会负责招聘剧团的艺术指导和行政经理。艺术指导负责剧团的演出和演员等一切与艺术创作有关的事宜。行政经理负责所有的经营性事务，包括市场发展、票务、财务等。在美国的演出市场上，演出活动主要是在演出经理公司、表演团体或个人、剧场或演出协会三方之间形成的。演出经理公司是美国演出市场的重要枢纽。据统计，全美共有演出经理公司千余个，哥伦比亚艺术家经理公司、ICM 艺术家经理公司等大公司占据了主要的演出市场。演出经理公司在一定程度上代表艺术团体或个人利益。演出经理公司对艺术家演出的场次、场地、方式等进行精心设计，以尽可能提高艺术家的知名度及身价。演出经理公司向承办演出活动的各地剧场及演出协会推荐艺术团体或个人并分别商签演出合同。各地剧场或演出协会承办演出的宣传广告、售票及剧场的安排等一切具体事务。

三、演艺娱乐内容管理

美国演艺市场节目品种多样，但上演次数最多的应属音乐和舞蹈类节目，其中音乐多以摇滚乐和爵士乐为主，舞蹈则多为现代舞和民族舞。

20 世纪的演艺机构多以营利和非营利画线，二者的市场运作方式区别较大。然而近二十年来，美国表演艺术体系发生了一些微妙的变化，演艺业中的营利与非营利之分变得日益模糊，演艺市场上“高雅”与“通俗”、“大众娱乐”与“精英艺术”的界线已不是很明显，人们传统印象中非营利团体与高雅艺术、营利团体与大众娱乐的必然联系也已不再紧密。但大型演艺机构，无论其系营利或非营利，均将更加面向“大众市场”，更加注重大规模的营销活动和“明星演出模式”，不断推出具“轰动性”的演艺产品，以吸引尽量多的观众和取得最大的经济效益。对小型演艺组织而言，市场将更加细化，条块更加分明。产品的多样性和对“特定目标市场”的开发将成为其今后的主攻方向。规模较小的商业机构将重点开拓演艺音像产品市场，包括进军传统上由大公司经营的古典音乐制品业。因为这部分市场量小、利润少，满足不了大公司的盈利需求，退出后的市场空白会由小公司来填补。此外，电子商务的发展和市场进入成本低等因素将使小公司具有服务地域较远专门市场的能力，同时也使其更愿冒商业风险,尝试推出新产品。众多小型非营利性演艺团体将更加面向地方和社区文化市场,尤其将侧重开发少数族裔演出市场。

作为崇尚市场经济原则的美国,总体上对演艺娱乐业的内容限制较少。真正决定演艺娱乐节目的生命长短,是被淘汰还是成为大受欢迎的经典,这些主要还是靠观众来决定。但是和所有国家一样,对于低俗节目同样要进行严格的监管。以广播电视为例,根据美国联邦法令第 1464 条,美国联邦通信委员会有权规范无线广播电视从业者播出"猥亵、不敬和低俗"(obscene、profane & indecent)节目。为了制止广播电视的低俗风气,美国众议院在 2006 年 2 月通过了《反低俗法案》。在《反低俗法案》中,不仅清楚界定了"淫秽内容""下流内容"等,更是赋予了美国联邦通信委员会广泛的罚款权限,可以对电台、电视台、演艺人员做出上不封顶的处罚。根据该委员会的解释,"淫秽内容"是指"用公然无礼的方式"描写性行为、缺乏"严肃的文学、艺术、政治或科学价值"的信息;"下流内容"则是指那些虽然称不上无礼、但仍涉及性的信息。

除了依法监管,美国还通过文化艺术行业协会自律对文化内容进行管理。美国政府的文化机构与社会文化艺术各种行业协会等民间组织和机构保持着密切的联系,通过帮助行业协会制订自律公约来对它们进行管理和制约。这些协会多数制订有行为准则之类的自律条约,这些自律条约一方面维护从业人员的利益,另一方面约束行业从业人员的行为。

第二节　英国演艺娱乐业管理

英国是一个文化大国,在文学、戏剧、舞蹈、美术、音乐等方面都有着悠久的历史和骄人的成就。依托深厚的文化底蕴,英国的艺术创作和艺术演出活动也十分繁荣。

一、行业管理政策与措施

英国的演艺产业在世界上享有很高的地位和知名度。特别是戏剧、音乐、歌剧、舞蹈享誉全球。英国有着悠久的戏剧传统,全国有 300 家左右的剧院供专业演出使用，其中伦敦就有约100多家。除此之外，英国人还喜欢各种各样的音乐，从古典音乐到各种形式的摇滚，乡村音乐和流行音乐，爵士乐、民间音乐等，都拥有固定的追随者。流行音乐和摇滚乐产业通过唱片销售、巡回音乐会等形式为英国带来可观的海外收入。英国还有众多著名的交响乐团、室内乐团、合唱团和唱诗班，英国音乐产业的地位在世界上仅次于美国，近年来平均每年对国民经济的贡献达30多亿英镑，其中半数来自出口，纯出口利润甚至大于钢铁的出口。英国全国大约有6万人从事舞蹈专业演出，皇家芭蕾舞剧团、伯明翰皇家芭蕾舞剧团、北方芭蕾舞剧院以及兰伯特舞蹈团都是世界上顶尖的舞蹈团。

面对如此众多的演艺团体，英国实行"一臂之距"的间接管理方式。

首先英国政府的文化拨款实行"一臂之距"的间接管理方式。即政府对艺术表演团体等文化机构不直接提供资金支持，而是由艺术理事会等非政府公共文化机构承接政府拨款，受政府委托行使文化经费的具体分配职能。享受政府资助的艺术团体通过与艺术理事会等非政府公共文化机构签订资助协议，接受严格的考核监督。为了鼓励工商业和社会赞助文化活动，英国政府采取了成立企业赞助艺术联合会和发行国家彩票等措施。国家彩票是政府文化管理的主要收入来源，其经营权、分配权和监督权由文化、传媒体育部全权负责，收入由文化、传媒体育部按比例划拨给全国各地及各行业文化公益事业委员会，所有希望得到彩票资助的机构、团体和个人均可以申请拨款。接受政府财政资助的文艺团体主要是戏剧、古典音乐、歌剧、芭蕾等严肃艺术和皇家歌剧院、皇家芭蕾舞团等国家级重点文艺团体。在众多接受资助的优秀剧团中，英国皇家莎士比亚剧团就是一家成功的古典剧团，年营业额达到3 200万英镑，它是英格兰艺术委员会给予财政支持的六大国家艺术团体之一，其资金来源主要就是国家彩票基金收入。

为保证政府资助取得良好效果，艺术委员会通过各种方式对享受政府长期资助的演艺团体进行监督。如政府每年与享受政府资助的艺术团体签订资助协议，规定签约艺术团体需达到的水准并设立具体指标，包括观众人数、演出场次、售票额、筹款数额，等等。此外，还对受助团体采取年度评审、派出评审员跟踪持续评审、五年评审等方式进行评估，以此作为政府未来提供资助的依据。在英国只有政府资助的艺术团，没有政府办的艺术团;有国家级的艺术团,没有国家所有的艺术团。对于艺术团体来说,政府资助不是固定的,需要以每年的成绩与下一年的规划来确定,而且资助只占其总支出的一部分,因此这些艺术团体还必须努力,争取票房收入,如果没有创新节目,就争取不到政府资助,则有倒闭关门的可能。可见,英国政府对演艺业的资助是有限的,要想得到政府长期资助,演艺团体自身需要不断努力。

在“一臂之距”管理体制下,政府不直接参与演艺团体的内部管理,不干预演艺团体的具体事务。哪些演艺团体是优秀的,哪些演艺品种、演艺作品是需要支持的,不是政府说了算,而是理事会的专家们说了算。借助专家们的工作,政府实现了对表演艺术行业合理的宏观治理。

二、演艺娱乐团体的管理

英国的中央政府文化行政主管部门文化、传媒体育部只管制定政策和财政拨款,没有直接管辖的演艺团体,包括国家级的大型文艺团体,如皇家歌剧院、皇家芭蕾舞团等都是独立运作,不直接隶属于文化、传媒体育部。具体管理事务交由中介非政府公共文化机构,即各类艺术委员会负责执行,从而保证了政府工作的高效运作。

各类型演艺团体与政府文化行政主管部门不存在行政领导关系,不受政府直接管辖,可自主经营、独立运作、自由竞争,但如申请登记为非营利免税机构,虽可得到政府较多的财政资助,一般约占全部收入的30%左右,同时也受到较多制约,如必须保持一定比例的低价门票,以使较贫困阶层公民享有平等享受艺术成果的权利。

组织领导制度上,英国的艺术表演团体一般实行理事会制和院(团)长负责制。理事会是艺术表演团体的决策层,成员由企业家、金融家、社会名流和个人捐款者等组成。理事会下设艺术总监和总经理,由理事会投票决定任命和罢免。艺术总监和总经理在董事会授权范围内行使职权,艺术总监负责艺术生产,总经理负责行政事务,互不干涉,各自向理事会负责,共同完成团体的日常管理。英国皇家芭蕾舞团等国家级艺术表演团体的理事会主席、副主席等职务均由政府任命。政府一般不过多干涉团体的日常管理,但演出团体有义务完成政府交办的公益性任务。

人事管理上，英国艺术表演团体实行的是全员聘用制。无论是国办还是私立的艺术表演团体，演员经考核招聘后即签订合同，明确规定合同期限、工资待遇和演出时间。演员有自己行业的工会，负责维护演员的利益。对芭蕾舞等舞台生涯短的特殊艺术门类，通过成立“重新就业基金”等制度予以保障，使演员在离开舞台时能得到基金的帮助重新就业。演艺团体对演员实行分级管理，每年实行考核竞级，未通过考核的演员则遭到淘汰。这种灵活的人事管理方式使团体演员队伍的素质得到了保证。

三、演艺娱乐内容管理

英国对演艺娱乐内容的管理主要采取他律和自律相结合的方式。

英国的相关法律明确规定演艺产品内容不得含有违反良好品位或违反礼仪的内容，不得含有鼓励煽动犯罪的内容、导致混乱或冒犯公众感情的内容。对公平以及涉及隐私、宗教、犯罪、未成年人保护等内容都有明确规定。

各类型演艺团体与政府文化行政主管部门不存在行政领导关系，不受政府直接管辖，可自主经营、独立运作、自由竞争。但行业协会发挥着重要管理作用。以英国的戏剧界为例，英国戏剧界有两个协会，一是伦敦剧院协会，二是英国戏剧管理协会。协会负责处理劳资关系，为会员提供法律帮助，开展面向中央和地方政府、媒体的公关活动，维护演出市场的繁荣；同时制定行业标准，监督各演出团体的演出内容，督促从业者自律。

第三节 法国演艺娱乐业管理

法国是文化大国，也是文化产业大国。法国的文化产业不仅规模大而且非常成熟，作为文化产业重要组成部分的演艺娱乐业在法国有着悠久的历史，直到今天依然十分繁荣。

一、行业管理政策与措施

与美、英在演艺业管理上不同，法国采取的是一种典型的政府主导型管理方式，展现出鲜明的管理特色。

1. 政府对演艺业发展高度重视并提供资金保障

政府对一些国家级的演艺团体以及与国家有合同关系的演艺团体，每年给予固定补贴，金额逐年增长。法国政府对演艺业资金投入比例很高，即使在法国经济发展较为缓慢的时期，政府的文化投入也没有减少。法国政府没有把演艺业视为简单的消费和娱乐领域，而把它作为促进经济发展、文化普及、提高国民素质、提高国家影响力的有效途径。文化投资的绝对数额在逐年增加，在国家经费预算中所占比例也在逐年提高。

2. 政府对演艺业的投入采取直接拨款方式

法国是西方发达国家中较少的对文化经费实行政府直接拨款的国家，政府的文化预算占国家财政预算的比例近年一直稳定在1%左右，为文化事业的稳定发展提供了强有力的资金保障。在法国凡官办或政府直接管理的演艺团体都可以得到政府的财政支持，而且拨款额度占团体收入的60%以上。

3. 政府对演艺业的投入主要依靠合同进行管理

法国政府对演艺业的财政投入，是通过签订文化协定的契约形式确保实现政府的管理目标。政府的具体文化发展目标通过财政投入的方式来明确。政府在提供经费的同时，与相关部门和演艺单位签订各类合同，如国家和大区计划合同、国家合同、与文艺院团签订的契约等，政府利用合同形式对政府资助的部门和单位进行管理和监督，确保投入经费的使用效果，实现政府的管理目标。

另外政府出台相关法律，鼓励多元参与促进演艺业发展。法国出台了《企业参与文化赞助税收法》《文化赞助税制》《共同赞助法》等一系列文化赞助税制体系，对文化赞助的性质、范围、条件、形式、对象等都做出了明确具体的规定，鼓励企业积极参与文化赞助。

二、演艺娱乐团体的管理

法国没有采取英美式的通过中介代理机构转变政府职能，而是通过向地方派驻代表的办法，统一对全国的文化事业实行“一竿子插到底”的协调管理，这一体制为戴高乐以后历届政府坚持，可见行之有效，适应法国国情。

大区文化局局长属于文化和通讯部官员，是中央政府派往地方的文化代表，受文化和通讯部及大区政府的双重领导。除文化局长外，文化和通讯部各司局以“文化顾问”名义向地方派驻代表。他们在文化局长的领导和协调下，按文化和通讯部的统一部署开展本专业的工作。

除上述官员外，文化和通讯部还向地方派遣专业技术人员。现在，法国各省市所属的演出机构的主要专业技术人员均由文化和通讯部派遣。他们均有较高的专业知识水平，能对地方文化设施进行科学的维护和管理，并使其充分发挥作用。这样既加强了地方技术力量，同时可以通过技术人员对全国演艺业进行统一管理。

法国的重点文化设施、能够代表国家水准的艺术表演团体都直属文化部领导，国家任命这些机构的主要行政负责人，政府划拨其所需经费的全部或大部分。类似这类的国家重点艺术表演团体包括：国家舞蹈中心、巴黎国家歌剧院、法兰西戏剧院等。以巴黎歌剧院为例。巴黎歌剧院是国家剧院、公益性文化机构，是主流文化和严肃艺术的最高殿堂，国家的形象工程，代表政府为百姓提供文化消费和艺术享受的场所。这里不仅拥有全国最好的剧场，而且还有庞大的演职人员队伍，集中了全国乃至世界上最优秀的艺术精英，代表了法国舞台艺术的最高水平。巴黎国家歌剧院隶属于法国文化部，实行理事会领导下的院长负责制，理事会由9名政府代表(其中包括文化部行政司长、音乐舞蹈司长、戏剧司长和财政部预算司长)、4名职工代表和2名由文化部长推荐的文化界人士组成，理事会主席在理事会成员中推选。理事会每年至少召开两次例会，并可在理事会主席和文化部长的提议下随时开会。理事会对剧院的重大问题进行研究并做出决定，其中包括剧院的管理方针、年度演出计划、财政预算、借贷事项、演出票价及其他事宜。理事会的重要决定需上报文化部和财政部。院长由文化部长任命，任期六年，期满后可继任三年。院长负责剧院的行政领导工作，其职责是：任命剧院的部门负责人，有权接纳和辞退演员和管理人员；制订年度演出计划和财政预算，报理事会审批；以及其他常务管理工作。剧院实行严格的财会管理制度，总会计师由文化部长和财政部长共同任命。剧院设有财务管理委员会，由文化部音乐舞蹈司长、总务司长、财政部预算司长、国家财政监察员、剧院理事会主席、院长、总会计师组成。财务管理委员会每两个月召开一次例会，在需要时可随时召开会议，讨论剧院的财政收支情况和有关财务方面的重要问题，并将财政情况报告剧院理事会。

法国为了避免这种管理体制下政府可能对艺术自由的过多干预，通过不断重申艺术创造原则、差异原则、官方不干涉原则来加以平衡。法国文化政策的官方文本将文化政策的目标定义为“保护和发展人类遗产的各个层面，鼓励艺术创造，支持艺术教育和艺术活动”，还特别强调：尽管政府充当文化管理非常重要的角色，但国家在文化行为上并不处于垄断地位。

正是国家的大量投入和行之有效的管理方式，使得法国具有其他国家无可比拟的演艺文化设施。以巴黎为例，巴黎共有 57 个剧院，2.6 万个座位。这些剧院中有 4 个国家级剧院，6 个市立剧院，47 个私立剧院，每年上演上千部剧目，极大地繁荣了巴黎的演艺市场。

三、演艺娱乐内容管理

由于特殊的管理体制，在法国文化领域的政府干预当然是存在的，而且，这种干预包含所有的文化艺术类型和形式，其中就包括演艺娱乐业。但法国并不是以政府干预的方式推广“官方”文化和“高雅品位”，在很多场合，政府干预的目的在于弥补市场经济功能的缺陷，比如由市场化导致的文化生产的集中化、文化产品的标准化，以及短视引起的文化种类的消失等。就演艺业而言，在演艺业文化目标制定、预算使用、专家聘用决策等方面，法国政府通常会听取政府智囊团的建议，智囊团包括在某个领域获得认可的独立专家。而关于演出的具体内容，只要不触犯法律，政府不会干涉。①

法国在官方文化政策文本中强调：尽管政府充当了文化管理非常重要的角色，但国家在文化行为上并不处于垄断地位。在很大程度上，地方政府也是如此。公共部门连同私人一起，在支持法国文化方面都发挥了主要作用。在法国，政府支持的文化活动很大一部分由民间团体实施，政府并不过多干预。政府关于分配艺术津贴、招聘文化艺术专家等方面的决策通常基于文化咨询机构的建议，其中包括相关文化领域公认的独立专家的意见。

第四节　日本演艺娱乐业管理

在日本，文化产业已经成为重要的支柱产业，电影、动画、音像制品、游戏软件的销售额在世界上名列前茅，演艺娱乐产业也有很强的实力。

一、行业管理政策与措施

日本是高度工业化、城市化和市场化的世界经济大国，工业和国民经济生产总值位居世界第三。在日本，文化产业已经成为重要的支柱产业，电影、动画、音像制品、游戏软件的销售额在世界上名列前茅，演艺产业也有很强的实力。据不完全统计，日本大约有 1 000 多个演出团体，加盟社团法人日本剧团协议会的剧团有 70 个左右。日本政府不直接管理演出团体，主要是为演艺业发展提供政策环境，在人才培养、国际交流等方面提供资助。

在资金支持上，日本对演艺业实行财团管理制。财团管理就是政府将剧院建成一个财团法人机构进行管理，经营的差额部分分别由政府和财团按比例拨款补贴。如日本滨松艺术城设有演出、会议、展示等功能，分别由政府和民间财团共同投资建设。艺术城建成后，由财团组建成有限公司进行管理。艺术城年经营收入 7 亿日元，运营费用 19 亿日元，收

① 谢大京：《艺术管理》，法律出版社 2012 年版，第 24—26 页。

支差额12亿日元，差额部分分别由政府和财团按比例拨款补贴。日本东京新国立剧场有大小三个演出剧场，大剧场1800座，中剧场1000座，小剧场440座。新国立剧场由政府投资建造，建成后成立了新国立剧场运营财团作为剧场的财团法人进行运营管理。日本滋贺县琵琶湖艺术中心，建设资金250亿日元，由县政府全额投资，1994年成立筹建机构，1996年先于艺术中心建成之前就正式组建了管理机构财团法人，1998年9月艺术中心建成对外开放。目前经营管理由管理公司财团法人负责。艺术中心的平均使用率在60%～70%之间，每年经营收入2亿～3亿日元，年费用开支约18亿日元，差额部分由政府补贴给管理公司。洛杉矶柯达剧场的建设资金由好莱坞市政府投资，建成后交给柯达公司进行管理，由柯达公司每年资助剧场一定的日常运行经费（资助经费属商业机密），柯达剧场主要用于电视转播。据介绍门票比较好卖，上座率也比较高，票价一般在200～300美金一张，一年演出约200场左右，加上柯达公司资助，基本上能达到收支平衡。

日本在文化立法上最具代表性的法律法规就是1970年5月6日颁布的《著作权法》，迄今已经修改20次。该法明确规定，保护各类著作物作者的所有权利，以及对有关部门作品和表演、唱片、广播电视等的权利及相关权益。其目的是公正使用这些文化成果的同时，有效维护作者的权利，使文化产业得以健康有序地发展。

二、演艺娱乐团体的管理

日本政府不直接管理演出团体，事实上，日本所有的演出团体都必须面向市场面向观众，都必须在市场竞争中求生存求发展。

以日本著名的宝塚歌剧团和四季剧团为例，这两个剧团是日本演艺行业的佼佼者，与东宝公司、松竹公司并称为日本“演艺四强”。宝塚歌剧团由日本企业阪急电铁株式会社创始人小林一三于1914年创立，是阪急公司内专门负责舞台创作演出的部门。经过一百多年的发展，它已经从最初由20名少女组成的巡回演出歌唱队，成长为今天拥有花、月、雪、星、宙五个剧组约450名演员的大型演艺团体。近年来宝塚歌剧团年平均演出大小剧目40台左右，年收入达150亿日元。四季剧团成立于1953年，创始人是著名戏剧导演浅利庆太先生。该团创业时成员只有13名大学生，是一个演出20世纪法国剧作家(阿努伊、季洛杜)现代戏剧作品的“新剧团”(即演出现代剧目的话剧团)。该团在演出经营上一度出现巨额赤字，濒临破产。在浅利庆太力主之下，四季剧团改组为有限公司，1967年又实行了股份制并引进现代企业制度管理剧团。此后，确立了以音乐剧为主长期公演的经营方向。今天的四季剧团已经发展为拥有700余名演员，可以上演话剧、音乐剧等多种舞台剧的大型演艺企业。近年来，剧团各剧组的演出达到3494场，接纳观众312万人次，年收入达230亿日元，营业利润高达25亿日元，纯利润也有15亿日元，成为日本演艺界的领军企业。

在剧团经营上二者各有特点：第一，宝塚歌剧团注重用“明星制”吸引观众，而四季剧团注重用“品牌剧目”占领市场；第二，宝塚歌剧团以全女子演员特别是女扮男装形成特色，而四季剧团则以演员的高演技水准保持特色；第三，宝塚歌剧团有专属编导制为明星度身定制剧目，而四季歌剧团则按艺术总监浅利庆太的艺术理念推出剧目；第四，宝塚歌剧团以有闲有钱的中年妇女为主要受众群体，而四季剧团以追逐现代口味的青年为主要受众群体。

宝塚歌剧团和四季剧团演出经营的成功也有一些共同点，这些共同点也是日本其他成功的演艺团体共有的特点：一是实行企业化管理、公司化经营和市场化运作，二是具有面向市场、细分市场的研发意识和原创能力，三是具有专业化、标准化、集约化、规模化的经营思路，四是注重通过延伸产业链来发展演艺产业。

除了演艺团体自身的努力，日本政府通过设计战略会议、恳谈会、幕僚会议、审议会等形式，研究商讨具体对策，推动演艺产业发展。日本普遍采用产学官相结合的发展模式，由政府提供法律保障和政策支持，学术和研究机构负责提供市场预测、发展前景等信息支持，演艺企业通过与政府和研究机构合作谋求产业发展。

三、演艺娱乐内容管理

日本政府经过对二战期间文化管制的深刻反省，认识到了支持自由开展文化艺术活动的重要性，在实际工作中比较注意约束政府行为。经过五十多年的探索和努力，日本政府最终确立了对文化艺术活动进行间接援助，而对其具体内容不加干涉的“内容不干预”原则。

为贯彻和执行“内容不干预”原则，文化厅进一步明确了其职责，“在鼓励和推动国民自发开展文化活动的同时，创造一切便利条件，以便所有国民都能够享受到各种文化娱乐；此外，努力弥补和修正文化艺术活动的某些不平衡之处，采取一切必要措施振兴文化”。

在日本，民间组织和行业协会在文化产业发展中发挥重要作用。日本文化行业协会很多，几乎每个行当都有自律性的组织或机构，这些行业协会都是社团法人，负责制定行业规则，维护会员的合法权益，同时进行行业统计和分析，为演艺团体制定发展战略提供参考。

日本文化产品内容的审查，通常不是由政府直接负责，而是由行业协会把关，文化企业注重自身形象和信誉，行业自律性强。比如，日本演艺业的相关行业音乐作品的内容是由日本唱片协会下设的唱片伦理审查会进行审查。审查委员会由唱片协会会员公司代表和专家学者组成，每月对日本国内当月的最新歌曲进行一次内容审查。日本唱片协会制定了《唱片伦理纲领》，对音乐产业的文化意义、巨大的社会影响力以及音乐产业从业者肩负的社会伦理责任进行了定位。同时该协会还制订了《唱片制作标准》，对音乐作品内容审查标准进行了详细的规定。该审查会的审查结果并不是强制执行的，但基本没有出现演艺公司和唱片公司忽视审查意见的情况，良好的行业自律和企业对自身形象、信誉的重视保证了日本文化产业的整体水平。

第五节　中国演艺娱乐业管理

与欧美各国演艺娱乐业管理的制度安排不同，1949 年后，我国文化方面的管理体制是在公有制和社会主义计划经济这个大框架内形成的。

一、行业管理政策与措施

1951 年后，我国各类艺术表演团体逐步实现了公有化，把艺术生产、经营、财务、人事通通纳入统一的行政管理，由政府而不是消费者决定生产什么艺术品、如何生产，从而建立起了政府不但管宏观、而且管微观，不但管文化、而且直接办文化的艺术管理体制。计划经济体制内的艺术院团只是一个按照上级指示而行的艺术生产单位，而不是一个独立面对市场的法人主体。这样的管理体制在20世纪50—60年代曾显示出了巨大的动员能力和较高的工作效率，产生过一批至今都感人至深、非常有教育意义的优秀作品。但是随着时间的推移，体制自身所暴露出的问题越来越多。政府统包统管、政事不分，导致表演院团的市场活力逐步丧失。表演团体行政化、官僚化、政艺不分，导致艺术的原创力逐渐枯萎，艺术的表演范围进一步狭窄化，艺术表演方式进一步简单化。对艺术作品的政治审查的强化进一步扭曲了政治与艺术的关系。

1978年，中共十一届三中全会的召开实现了党的工作重心从阶级斗争到经济建设的转移，我国的文化艺术终于迎来了春天，表演艺术团体的管理体制改革也随之提上了日程。

1979年年底文化部起草了《关于艺术表演团体调整事业、改革体制以及改进领导管理工作的意见》，提出要下放表演艺术团体的演出剧目权、一定的财权和用人权。1988年9月，国务院转发了文化部《关于加快和深化艺术表演团体体制改革的意见》，提出了进一步加快和深化体制改革的构想，包括：在艺术表演团体的组织运行机制上逐步实现“双轨制”；进一步推进人事制度、分配制度等内部机制的改革，建立完善文化市场体系；政府文化主管部门对艺术表演团体实行“间接管理”等内容。关于“间接管理”指导思想下政府的主要职能，《意见》的解释是：“在加强调查研究的基础上，合理运用经济的、法律的、行政的、舆论的等多种管理手段，从宏观上对艺术表演团体的业务活动和经营活动进行指导、规划、协调、服务和监督”。

20世纪90年代，艺术管理体制改革进一步向前推进。1993年11月，中共十四届三中全会通过《关于建立社会主义市场经济体制若干问题的决定》。在此背景下，文化部先后于1993年和1994年发出《关于进一步加快和深化艺术表演团体体制改革的通知》及《关于继续做好艺术表演团体体制改革工作的意见》。这两个文件重申了80年代已经提出过的一些改革思想和举措，特别强调在抓繁荣促精品实践中推动艺术表演院团内部机制的改革。这一时期，文化部所属的国家重点艺术院团管理体制的改革是 90 年代中期直到 21 世纪到来中国演艺业体制改革的重点。改革包括三方面内容：建立科学合理的布局结构，建立充满活力的运行机制，建立长期稳定的经费来源。

进入 21 世纪以来，随着中国加入 WTO，中国演艺业的发展迎来了新的机遇和挑战。从 2003 年至今，也进入了艺术表演团体攻坚性改革阶段。2003 年 10 月，中共十六届三中全会通过的《中共中央关于完善社会主义市场经济体制若干问题的决定》中进一步明确提出：要深化文化体制改革，对公益性文化事业单位要深化劳动人事、收入分配和社会保障制度改革，加大国家投入，增强活力，改善服务；对经营性文化产业单位要创新机制，转换机制，面向市场，壮大实力；要健全文化市场体系，建立富有活力的文化产品生产经营体制；要完善文化产业政策，鼓励多渠道资金投入，促进各类文化产业共同发展，形成一批大型文化集团，增强文化产业的整体实力和国际竞争力；要依法规范文化市场秩序。全会明确提出要建立归属清晰、权责明确、保护严格、流转顺畅的现代产权制度。在此背景下，新一轮的艺术团体改革拉开序幕，国家级艺术表演团体主要以机构整合突出优势为契机，实行产业化运营新模式；地方国有艺术表演团体的改革主要以转制改企为基本方向，出现了职工持股、国有媒体控股、引资重组等多种形式。同时，民间演艺事业在地方政府的支持下也得到了迅速的发展。

2006 年 9 月，我国公布了《国家"十一五"时期文化发展规划纲要》，明确了影视制作业、出版业、发行业、印刷复制业、广告业、演艺业、娱乐业、文化会展业、数字内容和动漫产业等九大重点发展的文化产业门类，并就推进经营性文化事业单位转制、推进产权制度改革、加快国有文化企业公司制改造、培育文化产业战略投资者、鼓励非公有资本进入文化产业、健全各类文化市场、完善人才培养选拔机制等问题进行了专门论述，进一步明确了加强文化建设、深化文化体制改革的方向。

2009 年 7 月 22 日，国务院常务会议通过了《文化产业振兴计划》，明确提出要"通过深化文化体制改革，进一步解放和发展文化生产力，激发全社会的文化创造活力"，这标志着文化产业上升为我国的战略性产业。

2011 年 10 月，中共十七届六中全会通过了《中共中央关于深化文化体制改革推动社会主义文化大发展大繁荣若干重大问题的决定》。《决定》对进一步深化改革开放，加快构建有利于文化繁荣发展的体制机制做出了明确的部署。关于深化国有文化单位改革的主要内容有：以建立现代企业制度为重点，加快推进经营性文化单位改革，培育合格市场主体，科学界定文化单位性质和功能，区别对待、分类指导，循序渐进、逐步推开。

经过长时间循序渐进的改革，截至 2011 年年底，全国文化系统承担改革任务的 2 102 家国有文艺院团中，已完成和正在完成转制、撤销和划转的院团达 1 176 家，并组建了 46 家演艺集团公司。从各转企院团的情况来看，演出场次、演出收入和职工工资都有明显增加，演职人员的创作热情和敬业精神明显提高，院团发展的生机与活力明显增强。同时近些年登记在册的民营职业剧团有 3 113 个，我国表演艺术发展已经呈现出国有艺术院团主力领军、民间演艺力量异军突起的多元化局面。

二、演艺娱乐团体的管理

新中国成立初期，我国的表演艺术机构如同中国其他事业单位一样，是计划经济的产物，绝大多数是国办，管理人员参照国家公务员管理体制，有部级、局级、处级、科级等行政级别。演艺团体对上接受政府的行政指令，对下采用同样的行政手段管理演职人员。这势必造成每一个艺术生产单位都变成了行政化、官僚化的等级制团体。

党的十一届三中全会后，经过多年的改革，演艺娱乐团体政企不分、政艺不分的状况逐渐改变。

1979 年年底，文化部起草了《关于艺术表演团体调整事业、改革体制以及改进领导管理工作的意见》，提出要下放表演艺术团体的演出剧目权、一定的财权和用人权。1983 年，时任文化部部长朱穆之提出："农业改革的基本精神与原则一般也适用于文化艺术事业，就是要实行责任制，联产承包"。于是，以承包经营责任制为主要形式的艺术院团改革在全国推广。到 1985 年上半年，全国有三分之二以上的专业艺术表演团体实行过承包经营责任制。不过，这些艺术团体主要是地县级的，省级和中央级的院团并没有全面展开，只进行了少量试点。

1985年4月,中共中央办公厅、国务院办公厅转发了文化部《关于艺术表演团体的改革意见》。这个文件明确指出艺术表演团体存在五个方面亟须解决的问题:布局不够合理;人浮于事,机构臃肿;领导体制和管理体制不适应艺术生产的需要;分配上的平均主义、大锅饭;鼓励、推动艺术创作、评论、研究的制度、措施不得力、不健全。因此,应当"遵循调整、改革、整顿、提高的方针,在体制上和领导管理上进行较大的改革"。在宏观方面,改革的目标是调整艺术表演团体的布局和品种结构,改变不根据群众需要和实际情况,按行政区划层层设立政府主办的艺术表演团体的状况。在微观方面,则是要增强艺术表演团体自身的生机与活力,使其逐步成为"独立性较强的社会文化团体"。

1988年9月,国务院转发了文化部《关于加快和深化艺术表演团体体制改革的意见》。意见指出,在艺术表演团体的组织运行机制上逐步实现"双轨制",即少数代表国家和民族艺术水平的,或带有实验性的,或具有特殊的保留价值的,或少数民族地区的艺术表演团体,由政府主办;大多数艺术表演团体应当采取多种所有制形式,由社会主办。

1992年邓小平南方讲话后,短暂沉寂后的中国改革重新上路。在此背景下,文化部先后于1993年和1994年发出《关于进一步加快和深化艺术表演团体体制改革的通知》和《关于继续做好艺术表演团体体制改革工作的意见》。这两个文件重申了20世纪80年代已经提出过的一些改革思想和举措,特别强调在抓繁荣促精品实践中推动艺术表演团体内部机制的改革。对"中直院团"(即文化部所属的国家重点艺术院团)管理体制的改革是90年代中期直到21世纪到来中国演艺业体制改革的重点。中直院团改革的第一步是实行演出补贴制,即按照不同的艺术门类核定演出场次和补贴金额。比如,京剧的演出场次为90场/年,每场补贴5 700元;话剧90场/年,每场补贴5 300元;儿童剧45场/年,每场补贴5 300元;交响乐民乐75场/年,每场补贴5 300元;歌剧舞剧150场/年,每场补贴9 500元。演出补贴制的实行,打破了过去国家向各艺术院团投资体制上的"大锅饭"状况,调动了各院团演出的积极性。中直院团改革的第二步是布局调整和实行考评聘任制。经过布局调整,1996年,调整后中直院团由原来的13个减少为10个,每个院团的内部结构也得到了一定程度的优化组合。比如,在原来中央乐团的基础上组建中国交响乐团;

在中央歌剧院和中央芭蕾舞团基础上组建中央歌剧芭蕾舞剧院;在中央歌舞团和中央轻音乐团基础上组建中国歌舞团。中国京剧院、中国歌剧舞剧院、中央民族乐团、东方歌舞团、中央实验话剧院、中国青年艺术剧院、中国儿童艺术剧院等院团仍保留原来的机构建制。考评聘任制意在打破艺术表演团体僵死的用人制度,建立艺术人才进得来、出得去的流动机制。考评聘任制的具体做法是:由文化部组建考评委员会,对中直院团的艺术人员按专业分门别类地进行基本业务水平的评审考试,合格者发给中直院团应聘资格证书,再到各院团去应聘。院团和演职人员之间实行双向选择,协商一致后,双方签订聘任合同,并据此享有、履行各自的权利、责任和义务。考评聘任制实施后,重新组建的各个艺术团体开始焕发出勃勃生机。比如,中国交响乐团在艺术总监陈佐煌的指导、带领下,迅速提升了乐团的演奏水准,安排了丰富的音乐季演出活动,实现了中国交响乐团的欧洲巡演。

进入21世纪以来,演艺院团改革进一步向前推进。在新一轮的艺术团体改革方面,国家级艺术表演团体以机构整合为契机开始实行产业化运营新模式;地方国有艺术表演团体则在多渠道融资、建立符合现代产权要求的文化产业机构方面做出了有益的尝试。

2003年中共十六届三中全会通过《中共中央关于完善社会主义市场经济体制若干问题的决定》后,艺术团体的改革进一步向前推进。以国家级艺术表演团体为例。这个时期的东方歌舞团实行了事业单位产业化运作新模式。这个模式试图通过营造"小管理、大经营"的新格局,以东方歌舞团为战舰,以经营性演出经纪与制作公司为羽翼,建立具有强大市场主导力和国际竞争力的演艺集团。之后成立的东方新大陆公司、东方新时空公司和原先的东方新视野舞美工程公司都由东方歌舞团控股。2005年7月,东方歌舞团又与原中国歌舞团合并,成立新的国家歌舞团——中国东方歌舞团。

2009年10月1日,文化部修订发布了《营业性演出管理条例实施细则》,将演员签约、推广、代理等经纪活动纳入演出市场管理范畴;放宽个体演员、个体演出经纪人的备案条件,鼓励个体演员、个体演出经纪人依法从事经营活动;允许文艺院团在职演员在计划演出之外、艺术院校师生在教学之余从事营业性演出,促进演出资源的合理流动,增加演出有效供给；在歌舞娱乐场所、旅游景区、主题公园、游乐园、宾馆、饭店、酒吧等场所举办驻场涉外演出，由省级文化行政部门审批；举办含有内地演员和港澳台演员共同参加的营业性演出，可以报省级文化行政部门一并审批；经文化部批准的营业性涉外演出，在批准的时间段内增加演出地的，到增加地省级文化行政部门备案。这是简化审批手续、扩大市场开放，更大程度地方便演出经营者。

该细则还重申，任何国内资本，只要具备一定的资金、拥有一定数量的具有表演技能的演员，就可以申请举办营业性演出团体或演出经纪机构。这意味着演出市场将进一步打破所有制壁垒、地区壁垒和部门壁垒，吸引民间力量整合表演艺术资源，对繁荣艺术舞台、促进文化产业的发展都具有重要意义。

需要指出的是，我国的演艺业管理实行“双轨制”以来，虽然政府对中小型艺术机构的管理开始放开，但大中型国有艺术机构并没有改变“政府办文化”的格局。文化部原所属的10个重点艺术表演团体，以及各省、市级的艺术表演团体，在性质上仍然是政府举办的文化机构，财政上主要由政府负责支撑，主要人事任命仍由政府行政部门说了算。[①]

三、演艺娱乐内容管理

到目前为止，我国主要运用行政手段对演艺业娱乐内容进行管理。

新中国成立初期，在“文艺从属于政治”的要求下，演艺机构主要生产政府指令性剧目，在“文化大革命”漫长的十年中，中国百姓除了八个“革命样板戏”，几乎看不到、听不到其他艺术作品。另外，各种艺术品还要接受政府相关机构的严格审查。改革开放以后，随着文化体制改革的持续推进，政府对演艺娱乐内容的监管逐步放宽，戏曲、电影、相声、小品相继兴起，演艺娱乐业逐步繁荣起来，在丰富广大人民群众精神生活上做出了巨大贡献。

但与此同时，也出现了另一种现象，20世纪90年代以来中国社会的演变和社会价值氛围出现了微妙的变化，金钱至上成了这一时期很多人

① 谢大京：《艺术管理》，法律出版社2012年版，第46—59页。

的价值追求，一些演艺团体及各地电视台为迎合时代潮流，不断增加娱乐类节目的播出场次和时间。部分节目一味地迎合市场，在内容上出现了一些严重问题，低俗、庸俗、甚至违背社会道德的言论和行为屡屡出现；一些婚配类节目为了追求节目的刺激性，虚假宣传，甚至栏目组自编自演；节目形态雷同、过多过滥的才艺竞秀类、情感故事类、游戏竞技类、综艺娱乐类、访谈脱口秀、真人秀等类型节目占据了舞台和荧屏，误导了人们精神世界的价值取向，影响了社会道德与社会规范的执行。

1997 年 8 月 1 日，国务院第 61 次常务会议通过了《广播电视管理条例》，1997 年 9 月 1 日起施行。国家广电总局根据《广播电视管理条例》和国家广电总局广播电视宣传管理的有关文件精神制定了节目监管实施细则，并以此为依据对广播电视节目进行监管。

2002 年，全民热捧《流星花园》，广电总局下令停播。2004 年，广电总局规定黄金时间不得播放“凶杀暴力涉案剧”。2006 年 3 月，广电总局规定跨省赛事参赛选手年龄必须年满 18 岁。2006 年 3 月，广电总局要求停播地方方言译制的境外广播电视节目。2006 年 8 月，广电总局下令 9 月 1 日起各级电视台黄金时间不得播出境外动画片。2007 年 1 月，规定卫视黄金档只能播放主旋律影视作品。2007 年 8 月 15 日，广电总局下发通报，要求立即停播《第一次心动》选拔活动。2007 年 8 月 23 日，广电总局叫停广东电视台女性整容真人秀节目《美丽新约》。2007 年 9 月 6 日，国家广电总局严格禁止各级广播电视播出机构制作播出低俗、下流和涉及性生活、性药功能内容的节目。

2011 年 10 月 24 日国家广电总局下发《关于进一步加强电视上星综合频道节目管理的意见》，提出从 2012 年 1 月 1 日起，34 个电视上星综合频道要提高新闻类节目播出量，同时对部分类型节目播出实施调控，以防止过度娱乐化和低俗倾向，满足广大观众多样化多层次高品位的收视需求。意见重申，电视上星综合频道是以新闻宣传为主的综合频道，要扩大新闻、经济、文化、科教、少儿、纪录片等多种类型节目播出比例。《意见》提出，从 2012 年 1 月 1 日起，每个电视上星综合频道每日 6:00 至 24:00 新闻类节目不得少于 2 小时；18:00 至 23:30 必须有两档以上自办新闻类节目，每档新闻节目时间不得少于 30 分钟；各电视上星综合频道还要开办一个弘扬中华民族传统美德和社会主义核心价值体系的思想道德建设栏目。[①]

《意见》还在强化监管方面提出一系列要求。如,各级广播电视行政管理部门要切实履行监管职责,建立完善各项制度,坚决做到依法依规管理,及时发现问题,果断严肃处理;各播出机构要落实节目三审制度,严格节目把关;电视上星综合频道节目的管理实行播出机构一把手责任制。《意见》明确要求,省级广播电视行政管理部门均须建立专门收听收看机构,并配备专业人员,重点跟踪检查广播电视过度娱乐化和低俗问题。意见规定,凡在节目中出现政治导向、价值取向、格调基调等方面的问题,视其性质和严重程度,对该节目分别采取批评、责令整改、警告、调整播出时间以至停播等措施。

2013 年 10 月 20 日,广电总局又向各大卫视下文,规定每家卫视每年新引进版权模式节目不得超过一个,卫视歌唱类节目黄金档最多保留四档。

广电总局的系列调控,真正目的并不是要阻止电视台制作娱乐节目,而是想以整顿的名义刺激新的高质量的娱乐内容的出现。但是通过行政手段对演艺娱乐业内容的管理不是长久之计,长远来看,一方面要靠加强相关文化立法来规范和约束演艺娱乐相关机构的行为,另一方面还是要靠行业从业人员加强行业自律。

第六节　小　结

综观世界各国演艺娱乐业的宏观管理,有三种最主要的模式:第一种是以美国为代表的市场主导型模式,第二种是以英国为代表的间接管理型模式,第三种是以法国为代表的政府主导型模式。每种模式都与不同国家的历史文化传统、政治制度有着天然的联系,虽然模式不同,但都发挥了应有的作用,极大地促进了演艺娱乐业的发展。因此不能说哪种模式是最好的,哪种模式是最适合中国的。因为和这些国家相比,我国也有自己独特的历史文化、独特的政治体制和不一样的演艺娱乐业基础。

---

① http://baike.baidu.com/view/6326054.htm? fr=aladdin.

改革开放以来，我国循序渐进地进行了很多演艺业体制方面的改革，但我们面前仍有一系列亟待解决的问题。立足我国国情，借鉴别国演艺娱乐业管理的成功经验，推动我国演艺娱乐业发展，任重而道远，需着重做好以下几个方面工作。

一、在演艺业管理体制设计上，可借鉴“一臂之距”原则

如前文所述，我国的演艺业管理实行“双轨制”以来，虽然政府对中小型演艺机构的管理开始放开，但大中型国有演艺机构并没有改变“政府办文化”的格局。文化部所属的10个重点艺术表演团体，以及各省市级的艺术表演团体，在性质上仍然是政府举办的文化机构，财政上主要由政府负责支撑，主要人事任命仍由政府行政部门说了算。政府的过多干预，长期以来造成了艺术团体行政化、官僚化、文化艺术领域的意识形态偏向性过强等弊端。如果能借鉴“一臂之距”原则，从制度设计上凸显文化艺术的相对独立性，我们的文化产品将会大大提高它的吸引力和竞争力。

英国是运用“一臂之距”原则进行文化管理的典型，从对文化的集中管理到分权管理，是“一臂之距”原则的基本要义。在“一臂之距”原则下，政府虽然不能对文化单位直接提供资金支持，但可以通过具体拨款方式对非政府公共文化机构在政策上加以协调，体现政府对文化艺术的管理目标和支持重点。英国政府对文化事业的资助重点一般有三个方面：第一，严肃艺术，如戏剧、古典音乐、歌剧、芭蕾等，对商业性艺术如音乐剧、流行歌舞则不予资助；第二，国家级的重点文艺团体和事业单位，如皇家歌剧院、皇家芭蕾舞团、大英博物馆、大英图书馆、国家美术馆等；第三，高质量的艺术节目。对于艺术团体来说，政府资助不是固定的，需要以每年的成绩与下一年的规划来确定，即使享受政府长期资助的团体或机构，一般也只能占其收入的30%左右，其余部分仍需自筹解决。为保证政府资助取得良好效果，中介性质的艺术委员会通过各种方式对享受政府长期资助的文化团体进行监督和评估。在这种管理原则的指导下，英国成功维持了其文化大国的地位。

也有人说，法国和德国并没有实行“一臂之距”的管理原则，但其艺术机构仍然拥有充沛的活力。究其原因，主要和各国的国情和历史有关。

法国虽然历史上就有皇室庇佑的传统，但它同时还有法国大革命的传统，对自由的崇尚和完善的法制可以在一定程度上消解集权管理可能带来的负面影响。德国则是个强调地方文化多样性和管理意义上的“非中央集权化”的国家。更何况在德国并不是没有政府与艺术机构之间的中间地带的存在，大量的中介组织发挥着某种中介组织作用。而我国是一个有着长期中央集权传统的国家，民族的文化遗存中又缺少现代意义上的自治精神。所以，我们应该通过有意识的、自觉的制度设计，改变我们传统中不适于现代文明发展的一面，借助体制化努力，建构新型的政府行为模式和管理模式。

就我国演艺娱乐业而言，实行“一臂之距”原则有很多好处。

1.“一臂之距”原则可以充分实现政府职能转变，实现演艺业“管办分离”的目标

在表演艺术行业的宏观管理方面借鉴“一臂之距”原则，建立类似英国那样的艺术委员会机制，应该是我国转变政府职能、实现“管办分离”目标的努力方向。这样政府将不再直接管理任何文艺院团，也不再具体承办文化艺术活动，政府可以从琐碎的具体事务中解脱出来，全身心致力于制定文化发展政策，通过宏观调控，促进演艺业的发展和繁荣。

2.“一臂之距”原则有利于实现文化艺术创作自由，从根本上实现文化大发展大繁荣

20世纪50年代到“文革”期间，在“艺术从属于政治”的思想指导下，艺术家们的创作长期受到压抑。改革开放三十多年，我国演艺艺术领域产生过一些精品，但数量并不多，这和文化资源大国的身份很不相称。艺术的生命力在于艺术的思想性和原创性。艺术创作自主权也是文明社会的基本要求，政府的职责之一就是保护这种权利不被侵犯，因此应当给予文化艺术活动更多的自由，对文化艺术创作实施“内容不干预”原则。这样有利于艺术创作摆脱政府权力的干扰和影响，充分保护艺术自由，从根本上推进演艺娱乐业的发展。

3.“一臂之距”原则能有效防止文化领域的“权力寻租”

按照“一臂之距”原则，演艺业管理的具体权力由艺术委员会行使，艺术委员会由专家组成。哪些艺术团体优秀，哪些剧目需要支持，并不是政

府说了算，而是艺术委员会的专家们说了算，这样政府对于文化事务没有具体的权力，就从根源上杜绝了权力寻租，从而理顺政府和演艺团体之间的关系，为优秀演艺作品的产生创造条件。[①]

二、引导多元主体共同参与推动演艺娱乐业发展

现代社会的结构是由政府部门、企业、社会公益组织三大板块组成。要实现演艺娱乐业的大发展大繁荣，必须积极培育参与文化发展的多元主体，形成相关政府部门、不同所有制企业、不同行业企业、社会组织、公益文化机构共同参与的新格局。如前所述，世界各个文化强国在发展演艺娱乐业的过程中，都十分注重多元文化发展主体的培育，形成了多元主体积极参与演艺业建设的局面，它们的经验值得借鉴。

1. 运用财税政策吸引企业参与演艺娱乐业发展

我们在研究美国、英国、法国、日本等世界文化强国的经验时发现，尽管各国政府都非常重视演艺娱乐业发展，但是对发展所需资金，政府不是大包大揽，而是通过财税政策，鼓励企业、私人捐助。比如，美国早在1917年联邦税法中就规定对非营利演艺团体与机构免征所得税，并减免资助者的税额。在这一政策的推动下，形成了公司和个人积极资助演艺娱乐业的热潮。

2. 推行经费分担、陪同资助的模式

所谓经费分担、陪同资助，就是政府对文化事业的投资以社会投资为前提，政府只负责向文化机构和艺术家个人提供“种子资金”，如美国国家艺术与人文基金会规定，对任何项目的资助总额都不得超过所需经费的50%，这就迫使文化艺术机构主动寻找企业、基金会的资助。1984年英国议会批准了《关于刺激企业赞助艺术的计划》，明确“赞助”是指企业出于经营目的，借助艺术活动提高知名度、招待客户或职工、做广告宣传等。该计划规定，如果企业赞助艺术，政府将“陪着”企业资助同一项艺术活动，而且鼓励“新投入”，即企业第一次赞助，政府陪同等量出资共同用于

① 张雪莹，《英国“一臂之距”文化管理原则的启示》，人民网—理论频道，2011年12月2日。

新发展的项目,而第二次赞助,政府陪同出一半的资金,依此类推。

3. 鼓励吸引民办公益文化机构参与演艺娱乐业的建设与发展

民办公益文化机构是提供公共文化服务的一支有生力量,它们不以营利为目的,致力于从事公益文化活动,政府有关部门要最大限度地保护、调动它们的积极性。

以美国为例,美国将演艺业文化单位分为营利性文化机构与非营利性文化机构两类,前者交给市场,政府不控制也不分享其所有权,更不直接参与或干预其经营;后者是无法完全依靠自己的力量在市场经济的大潮里求生存、求发展的,美国政府便通过税收政策或直接拨款,保护和支持这些组织机构。对非营利艺术团体与机构、艺术产业捐助者实行财产税和销售税的减免优惠,甚至在其寄发宣传广告等邮件时减免60%的邮资。美国的表演艺术机构基本分为音乐(含歌剧)、舞台剧、舞蹈三大类。据统计,20世纪末,属非营利机构的舞台剧团、舞蹈团、古典乐团和歌剧院,在本类剧团中分别占到了52.7%、70.5%、87%的比例,这些公益性机构在推动美国演艺业的发展上发挥了重要作用。

三、鼓励演艺娱乐业团体组建行业协会,实现自我管理,加强行业自律

要积极鼓励演艺娱乐业单位、团体组建行业协会、同业公会。行业协会以非营利为目的,一般是因兴趣相投集合而成的文化活动组织,如音乐协会、话剧协会、舞蹈协会等,这些行业协会能发挥制订行业标准、规范行业行为等协助政府进行行业管理的作用。以英国为例,英国的剧院同业组织为英国表演艺术的繁荣发展做出了重要贡献。英国戏剧界有两个同业组织,一是伦敦剧院协会,二是英国戏剧管理协会,它们是剧院老板、管理人员和节目制作人的同业组织。协会向会员收取会费,会费从250英镑到3000英镑不等,为会员提供单项服务额外收取费用。协会的使命是:处理劳资关系,为会员提供法律帮助,开展面向中央和地方政府、媒体的公关活动,维护演出市场的繁荣。协会主要组织如下活动来完成使命:每年举办伦敦戏剧博览会,联合伦敦地铁、铁路、公共交通、旅游、旅馆等公司和机构开展广告宣传活动,出版和发行刊物、小册子、单页介绍各种

演出信息，向英国各类媒体提供演出信息；举办英国戏剧界最高奖——劳伦斯奥利维亚戏剧奖，该奖由伦敦剧院协会于1976年设立；设立劳伦斯奥利维亚奖学金，资助戏剧学院才华横溢但家庭困难的学生完成学业；发售剧院代用券，人们可以用该券在全国的150多家剧院兑换任何一场演出票。

借鉴发达国家经验，我国应鼓励演艺业文化院团、文化机构自发组织起来，克服单一的文化院团、文化机构力量分散、资源有限的弊端，组建自我管理的行业协会、同业公会，发挥它们在维护自身合法权益、沟通政府、沟通媒体、培养人才、开拓市场、制定行业标准等方面的作用，同时规范行业行为、加强行业自律，协助政府对演艺行业进行管理。

第八章 文化遗产管理

文化遗产管理是政府文化管理的重要内容,保护文化遗产是政府和民众的基本文化责任。本章将围绕世界主要国家文化遗产管理基本前沿问题作一简要的介绍和分析,并把中国文化遗产管理与主要国家的文化遗产管理结合起来,进行比较研究。我们本章选取的主要国家除中国外,还有美国、英国、法国、日本等国文化遗产管理的基本情况。

第一节 美国文化遗产管理

美国从建国至今,历史并不久远,文化遗产也不是很丰厚,但非常重视文化遗产保护工作。由于美国是联邦制国家,州与地方政府拥有高度自治权,实行自由市场经济,个人对私有物产拥有高度自主权,因此美国文化遗产的保护方面具有自己的特色。

一、文化遗产管理的基本理念与政策

1. 在自然遗产保护方面,美国开创的“国家公园”体制已成为世界上尤其是西方国家自然文化遗产保护的主要管理模式

美国是世界上第一个认识自然遗产重要性并第一个提出自然遗产保护的国家。1872 年,美国国会设立了世界上第一座国家公园——黄石国家公园。美国国家公园有一个完整的国家公园系统,实行国家、地区和公园的三级垂直管理体系,以中央集权为主,自上而下实行垂直

领导并辅以其他部门合作和社会力量协助。在这一全新模式的启发下，目前美国已建立国家公园379处，占美国国土总面积的3.64%。①

2. 对文化遗产实施整体性保护以及管理者"管家"定位

美国第一所国家公园——黄石国家公园是世界上第一所将自然遗产与人文遗产作为一个整体加以保护的国家公园。此后，在这种整体保护的思路下设立了包括国家湖滨、国家景观大道、国家保护区、国家休闲地、国家荒野与风景河流等的自然景观类国家公园，也有国家纪念战场、国家战场公园、国家历史公园、国家历史街区等人文景观类国家公园。美国国家公园对自身的定位是：他们认为国家公园的管理者不是"业主"，而是"管家"。国家公园的真正主人是包括所有子孙后代在内的全体美国公民。因此，他们反复强调自己"对遗产只有照看和维护的义务，而没有随意支配的权利"。这种朴实的遗产伦理观值得我们学习和借鉴。

3. 清晰的管理理念——美国公益性理念

美国国家公园管理体系通过国家公园和州立公园两套体系形成了有效运行模式，基本实现了根据资源的价值和公益性的差别对自然文化遗产资源的分级管理，在这种分级管理中贯彻的思想源于一个清晰的管理理念——自然文化遗产管理的"美国公益性理念"：无论何种自然文化遗产资源，都不仅是我们从先辈那里继承下来的，而且是从我们的后代那里借来的，所以，保持其真实性、完整性，做到可持续利用是主要目的，然后建立与使命相应的资金机制、管理机制、经营机制、监督机制等，以保证管理手段、管理能力与管理目标相适应。

二、遗产认定和内容的管理

从组织架构上看，美国政府对传统文化遗产的保护和认定大致可以分为联邦、州及地方县市这样三个组织层面。

① 苑利：《文化遗产报告——世界文化遗产保护运动的理论与实践》，社会科学文献出版社2005年版，第76页。

1. 联邦层面的历史文化遗产保护

联邦历史文化遗产保护项目美国联邦政府推行的历史文化遗产保护项目，包括国家登录历史文化场所、国家历史文化标志地、国家公园系统和国家遗产区。

国家登录的历史文化场所包括在美国历史、建筑、考古、工程技术和文化方面有重大意义的地区、遗迹、建筑物、构筑物和物件等。有资格入选国家名录的历史文化场所首先必须至少满足下列条件之一：与重大历史事件有关联；与重要人物的生活有关联；能体现一个时期、一种类型或一种建造方法的独特个性，或大师代表作，或具有较高艺术价值，或个体普通但群体特点鲜明的作品；承载着或可能会承载历史上或史前的重要信息。

此外，列入国家名录的历史文化场所还必须具有较高的完整性。对历史文化场所完整性的评估通常包括七个方面，即位置、设计、环境、材料、工艺、感受和关联性。历史文化场所必须在几个方面表现突出才可能入选国家名录。

国家历史文化标志地是指具有重大价值的国家历史文化场所，其认定的标准更高，更强调遗产的国家意义、国家关联性和高度的完整性。入选国家历史文化标志地的遗产会同时收录进国家登录历史文化场所名录中，美国世界文化遗产提名从国家历史文化标志地名录中选取。

国家公园系统是指由联邦政府所有的，由国家公园管理局负责管理的包含自然奇观地、著名历史文化地区或场所、各类室外休闲活动地等在内的各个单位的统称。国家公园的规模差异很大，从几十平方米到数百万公顷不等。

国家遗产区具体是指受地理环境和人类活动影响而形成的独特景观地区。在该类地区内自然的、历史的、文化的和休闲娱乐资源组合在一起，通过留存的物质要素和居民的传统习惯向人们传递着与国家历史文化有关的重要信息。因而申请认定的地区必须是仍有居民居住的区域，人们在这个地域可以领略到当地的文化传承。国家遗产区由国会认定，公园管理局负责提供技术、规划和有限的经济援助，具体保护实施的决策权掌握在当地居民和组织手中。

2. 州历史文化遗产登录

美国大部分州建立了州历史文化资源登录制度，历史文化场所有五大分类，但各州在具体分类、认定标准方面又有差别。多数州已经建立起了登录历史文化遗存的地理信息系统，人们通过互联网可以很方便地对本州的历史文化遗存进行查询。

3. 地方的历史文化遗存登录

地方对历史文化资源的调查、评估和登记是国家和州历史文化资源登录的基础。目前大多数城市已经对区内的历史文化资源做过调查和登记，建立了资源库，并对有突出价值的遗产进行分级认定，但在具体的认定标准、程序上却各具特色。

各级政府在保护体系中发挥着不同的作用。联邦政府是建构保护活动的上层建筑，保证各州在保护方法上的一致性。联邦政府除对联邦拥有的历史文化遗产实施保护和管理外，对私人拥有的历史文化遗产的保护主要是通过经济激励政策，鼓励地方政府和业主们对历史文化遗产给予恰当的保护。最直接和有成效的保护活动实际是在地方。历史文化遗产的最初的调查、认定工作起始于地方，历史文化保护法令、条例和措施的具体实施在地方，对历史建筑物、构筑物改变的审查、批准和否决权在地方，业主直接接触的官员也是地方官员。只有在地方层面，政府的保护努力和民间的保护行动才能有效结合，推动保护行动的实施。[1]

三、遗产的保护与利用

美国历史文化遗产保护经历了从对单一历史建筑物“博物馆式”的保存，到对更广泛的具有历史文化意义的普通遗产的保护关注，再到对居民生活着的历史性场所——历史街区、自然遗产地等的保护过程，在“美国公益性理念”的使命下，遗产保护与利用的各种机制日趋完善。

1. 管理机制

在管理机制上，普遍采取了中央政府垂直管理模式，最高行政机构为

① 张如彬:《美国的历史文化遗产保护及其与其他发达国家的发展比较》,《中国名城》,2011年第8期。

内务部下属的国家公园管理局，负责全国国家公园的管理、监督、政策制定等，下设七个地区局，具体负责本公园的管理事务。国家管理局、地区管理局、基层管理局三级管理机构实行垂直管理，与公园所在地政府没有业务关系。国家公园管理机构负责公园内的资源保护、参观游览、教育科研等项目的开展及特许经营管理，本身不能从事任何营利性的商业活动。这样，既排除了地方政府的干扰，也避免了由于管理者自身原因产生的保护与利用之间的矛盾。

2. 资金机制

在资金机制上，24 部联邦法律，62 种规则、标准和执行命令保证了美国国家公园体系作为国家公益事业在联邦经常性财政支出中的地位，确保了国家公园主要的资金来源，使国家公园管理机构能够维持其非营利性公益机构的管理模式。在美国，政府的保护资金投入相对较少，且主要用于政府拥有的遗产保护当中。对于大部分文化遗产，保护资金主要通过政府税收优惠政策、经济优惠措施和财政投入带动社会投资等方式，吸引民间资金投入保护当中，并且收效明显。此外美国慈善事业发达，个人和企业捐助也成为保护资金的重要来源。近些年来，由于有关社会捐赠机制的成熟以及遗产资源的重要性和高关注度逐渐显现，社会捐赠资金显著增多，大大减轻了联邦政府的财政负担。

3. 经营机制

在经营机制上，其经营权的界限很明晰，仅仅限于副业——提供与消耗性地利用遗产核心资源无关的后勤服务及旅游纪念品，同时经营者在经营规模、经营质量、价格水平等方面必须接受管理者的监管。1965 年颁布实施的《国家公园管理局特许事业决议法案》，要求在国家公园体系内全面实行特许经营制度，即公园的餐饮、住宿等旅游服务设施及旅游纪念品的经营必须以公开招标的形式征求经营者。同时，公园获得的经营收入除上缴国家公园管理局的部分外，其余只能用于改善公园管理，实现了管理者和经营者分离，避免了重经济效益、轻资源保护的倾向，并有利于筹集管理经费、提高服务效率和服务水平。

4. 监督机制

在监督机制上，做到了依法监督和公众参与。美国的遗产保护建立在完善的法律体系之上，几乎每一个国家公园都有专门立法，国家公园管理局的各项政策也都以联邦法律为依据。同时，遗产管理部门的重大举措必须向公众征询意见乃至进行一定范围的全民公决，这使主管部门的决策不得不考虑多数人的利益最大化而非部门利益最大化，也使管理机构本身几乎没有以权谋私的空间。①

5. 美国民间的保护组织在地方的历史文化保护活动中发挥了重要作用

很多重要的文化遗产的保护是由民间组织发起和引导的，联邦和地方一些重要的文化遗产保护法律、法规基本是在民间社团组织的推动下出台的。美国的民间保护组织分为保护联盟、历史保护社团和社区组织三类。保护联盟主要是以资金帮助和提供义务咨询服务的方式来支持保护活动；历史保护社团通常通过周转基金的方式租赁或购买濒危的文化遗产，对这些建构筑物进行修缮，寻求建筑新的用途；社区组织是地方最基层的保护组织，由于实行听证制度，在现实的文化遗产保护活动中，社区民众和一些民间组织对保护活动的进程往往也起着决定性的作用。②

6. 以法律为基础的历史遗产管理系统

美国历史保护管理系统的形成和完善建立在坚实的法律基础之上。美国分别于1906年和1966年公布了《国家文物保护法案》和《国家历史保护法案》，建立起了国家遗产保护体系的基本框架，之后二十余年的时间，联邦、州和地方政府出台了一系列相关的财税、环境保护与评估、历史建筑修缮法律法规，建立起了遗产保护的法制体系，建立起了较完善的遗产保护运行机制。对历史留下的遗迹、遗址、场馆、各类主题建筑及文化娱乐表演、象征性纪念碑、艺术成果、手工制品等进行依法保护。大凡在五十年以上有雕刻、装饰等文化内涵的建筑物，都列入了保护范围并纳入法制化管理，其如何保护与利用，必须经过专家咨询委员会来表决。③

7. 美国文化遗产保护最突出的亮点是在教育上

美国政府把文化遗产纳入中小学教育的重要课堂，组织学生到相应的

① 苏扬：《美国自然文化遗产管理经验及对我国的启示》，《决策咨询通讯》2006年第6期。

② 顾军、苑利：《文化遗产报告——世界文化遗产保护运动的理论与实践》，社会科学文献出版社2005年版，第82页。

③ 李和平：《美国历史遗产保护的法律保障机制》，《西部人居环境学刊》2013年第4期。

文博馆室和遗产地去进行现场教学，有教师讲解、老兵讲解、遗产地人民讲解，与我国学生进入遗产场所仅仅为一种参观是完全不同性质的。美国政府还拨专款鼓励诸如印第安人、美国苗族等有自己鲜明文化特征的民族开展自己的文化遗产传承教育，地方教育部门专设有针对这种教育的执行委员会机构。这种开放性教育方式成为美国文化遗产保护举措的一大看点。

第二节　英国文化遗产管理

英国拥有悠久的历史和丰富的非物质文化遗产资源，在现代化的进程中，英国人将传统和现代和谐地融合在一起。此外，英国在法制建设、宣传教育、监督管理、调动社会力量参与等文化遗产保护方面均积累了丰富的经验，值得借鉴。

一、文化遗产管理的基本理念与政策

1. 尊重历史文化传统的理念

英国人非常尊重历史传统，不会大肆攻击，而是巧妙利用；不会全盘否定，而是合理承袭；不会激进变革，而是温和改良。将传统和现代和谐地融合在一起是英国文化的特征之一。在英国，人们随处可见人物雕像、墓碑、纪念塔等，他们以此来纪念伟大的科学家、政治家、民族英雄，纪念为国家、为学校、为社区做出贡献的普通百姓，纪念历史上的重大事件。他们用自己的方式诠释着历史，也诠释着对历史的尊重。[①]

2. 根深蒂固的保护意识

英国人对老房子情有独钟，许多人都以住在父辈、祖辈甚至曾祖辈留下的房子里而感到自豪。英国人有扩建翻新老房子的传统，他们会在不改变外观的情况下通过改造内部设施使老房子得到持续利用，如将旧厂房、旧仓库改建为博物馆、艺术馆、办公场地、购物中心等，既有利于文物

---

① 刘爱河:《英国文化遗产保护成功经验借鉴与启示》,《中国文化科学研究》2012 年第 1 期。

建筑的保护和历史文化的传承，也在很大程度上降低了资源消耗，保护了生态环境，还使得失去活力的老城区重新焕发生机。大多数英国人视文物建筑为珍宝，只要是他们认为有损文化遗产的举措，都会不遗余力地加以阻止，甚至将其告上法庭，即使是首相也不例外。

3. 强调法律与规章的可操作性

《规划法》是英国建筑类文化遗产保护方面的一部重要法规，不但明确提出列入文化遗产保护名录者所必须具备的四要素，同时，还从时间上细划了入选作品的年代标准。标准规定：公元 1700 年以前的建筑，只要保存完好，均可列入文化遗产保护范围，并受法律保护；公元 1700—1840 年之间的建筑，大部分受法律保护；公元 1840—1914 年之间的建筑，风格独特、质量精良者将受法律保护；公元 1914—1939 年之间的建筑只要质量精良或者是著名建筑师的代表作也将受法律保护；不到三十年的建筑一般只保护其中的佼佼者；少于十年的建筑，无论多么优秀，均不列入文化遗产保护范围。这部法规时间断代清晰，虽不乏英国文化所特有的古板，但对于指定、保护建筑类文化遗产而言，确实具有相当强的可操作性。

4. 通过城乡规划对历史建筑实施整体保护

英国政府最早通过制定《城乡规划法》来防止人类对建筑类文化遗产进行破坏。该法明文规定：经中央政府同意，地方政府有权指定具有特殊建筑价值与历史意义的古建筑为历史建筑，并有权以保护历史街区的方式，对建筑类文化遗产实施整体保护。这种将建筑类文化遗产分别纳入不同区域的城乡规划中，通过控制城乡规模开发，来防止人类对该区域内历史文化遗产所造成的破坏的做法从源头抓起，使复杂的建筑类文化遗产保护问题变得简单起来。

二、遗产认定和内容的管理

在遗产保护领域，英国实行的是中央统一集权，文化、传媒体育部负责全国的文化遗产保护工作。英国的文化遗产主要分为三大类：在册古迹、登录建筑和保护区。在册古迹指被纳入由文化、传媒体育部编制的古迹登记册内，具有历史、建筑、传统或考古价值的地点、构筑物及建筑物。

任何影响在册古迹的工程均须获得该部的施工许可方可进行，该部在发出许可时会听取英格兰遗产委员会及其他咨询机构的意见。

1. 登录建筑的认定和管理

文化、传媒体育部大臣决定对那些具有重要价值的建筑物予以登录和保护，主要依据该建筑物是否具有建筑价值或历史价值、是否符合特殊价值的其他要求、是否具有群体价值等标准而确定。登录建筑的保护管理主要依据的是登录建筑许可证制度，用以防止未经批准而对登录建筑进行损坏和对建筑及历史特征的拆毁、改建、扩建行为。根据其价值的重要程度，登录建筑一般分为Ⅰ级、Ⅱ★级和Ⅱ级。该部在决定是否把某建筑登录时，须考虑英格兰遗产委员会的意见。与在册古迹有所不同，登录建筑的所有人必须义务保护与整修其财产。英国对登录建筑主人的要求近乎苛刻。登录建筑的拆毁、改建、扩建必须由业主向地方规划部门提出申请以获得许可证，规划部门在决定之前必须对此事进行公告并通知相关机构，于 21 天内检查并听取公众意见后做出决定；若为二级以上被列建筑，则需 28 天；拆毁则需一个月。

保护和整修是登录建筑所有人的法定义务，基本没有税收减免。登录建筑维修工程如果得到许可，便无须缴纳增值税。任何未经同意而对登录建筑进行拆毁、改建、扩建的行为都被视为刑事犯罪。严谨完善的法律法规和细致入微的监督管理为英国的文化遗产保护提供了强有力的制度保障。同时，为保护和激励民众的积极性和热情，英国政府通过减免增值税、收入税、遗产税等方式给予部分登录建筑所有人一定的优惠或补贴，减轻其经济压力，从而鼓励民众积极保护遗产或进行再利用。由于Ⅱ级登录建筑数量庞大，一般保护区之外的Ⅱ级登录建筑无法得到英格兰遗产委员会的资助。由于英国人具有保护历史的传统，目前 100％的登录建筑所有人都能自觉履行修缮义务。①

总体上讲，英国对登录建筑建立了由地方规划部门、地方文明团体、公众法定保护团体、环境部门构成的层层保护，防止破坏登录建筑的审查制度也相当严格，地方当局对登录建筑的保护和维修也有相当的权力，可

① 刘爱河：《英国文化遗产保护成功经验借鉴与启示》，《中国文化科学研究》2012 年第 1 期。

以随时停止一项它认为对周围环境有损的工程。

2. 保护区的认定和管理

保护区指具有特殊建筑艺术价值和历史意义的区段。保护区的规划管理主要由地方政府的规划管理部门负责。由于后来有些地方政府为保护本地经济增长而损害保护法规的贯彻,中央政府又加强了自身在保护管理中的职责,包括了保护区的法律规定,保护区内建筑拆除、改建和新建的规定,保护区内建筑修缮的规定和违章处罚。

保护区内建筑物的拆除、改建必须在六个月前向当地政府提出申请,还要提交新建筑的详细方案,新建筑的设计必须符合该地区特点。地方规划当局要负责制定保护区内新建筑的设计和控制的详细准则,通常这些准则还附有示范实例图示。这些政策执行时还要得到公众的支持,很多地方成立了保护区咨询委员会。

保护区内建筑的修缮上,修理计划必须经过环境部建筑师的批准,业主负担一半经费,环境部和地方当局平摊其余部分。产权人在官方房屋维修通知下达七天内不主动修缮其保护区内建筑,则地方政府有权对该建筑进行维修,产权人负担全部或部分费用。违章的工程将承担法律责任,未经同意的任何行动都将被判处罚款或监禁。

3. 保护官员制度

设立于1971年,根本目的是协调中央政府和地方政府以及地方政府和公众间的矛盾,沟通法律概念、政策文本和实践间的差距。他们是受雇于地方政府而专门进行历史文化遗产保护有关工作的专职官员,负责向政府及公众就历史环境保护问题提出专门的意见。他们的工作大体上有五个方面:政策制定与实施、规划与管理、调查与登记、咨询与顾问、宣传与教育。英国第一个设立官员保护制度的是切斯特古城,它的保护工作因此取得很大进展,而保护也使城市得以复兴。

三、遗产的保护与利用

英国对文化遗产的保护经历了一个从自发到自觉的过程,已形成了一个由中央政府、地方政府和社会团体共同组建的组织网络,借助民间与市场的力量保护文化遗产、发达完善的慈善事业和彩票事业对英国文化遗产事业的推动作用以及多层次、多渠道的宣传教育是其亮点。

1. 中央政府、地方政府和咨询机构各司其职

目前,文化、传媒体育部是英国政府文化遗产保护工作的最高权力机构。在文化、传媒体育部的组织建构中,艺术建筑与创作事业司中的建筑、遗迹与遗址组专职负责历史建筑的维护、考古遗址的登记以及文物的出口管制等方面工作。但除该部直接管辖的伦敦若干处历史建筑外,绝大部分工作都交由相关团体负责。为此,该部下设皇家公园与历史皇宫管理局,负责皇家园林与皇宫的日常管理与维护。此外,该部还通过补助5个公共事业团体、40个以上的具有独立执行法人资格的社会团体的方式来处理部内业务,而其属下的8个顾问委员会,包括历史沉船遗址顾问委员会、出口艺术品审查顾问委员会、英格兰遗产委员会等,它们都会以不同的方式就本领域内的文化遗产保护问题,为政府文化遗产保护工程提供技术咨询。①

负责文化遗产保护工作的另一职能部门是艺术图书馆部。艺术图书馆部的最高行政长官除负责国立博物馆、美术馆及大英图书馆的财政预算外,同时还负责对艺术协会、工艺协会、博物馆美术馆委员会等文化艺术团体提供资助。但是,由于英国是一个由英格兰、苏格兰、威尔士和北爱尔兰诸联邦组成的联邦共和国,因此,它们在文化遗产的保护上都有着各自独立的主管机构,行动并不十分协调。

在文化遗产保护这个问题上,英国的地方政府扮演着重要角色。在中央政府和英格兰遗产委员会的监督下,地方官员和有关规划单位担负着核准开发规划、审批历史建筑物及保护区变更申请、古建维修,以及提供维修经费等事宜。为实现对文化遗产的科学管理,许多地方政府中还设有负责文化遗产保护的专业队伍,或在规划单位中设立专门负责文化遗产保护工作的专职席位。

2. 借助民间与市场的力量保护文化遗产

民间组织招募的会员一般都是致力于文化遗产保护的专业人士和热

① 顾军、苑利:《文化遗产报告——世界文化遗产保护运动的理论与实践》,社会科学文献出版社2005年版,第63页。

心人，也有不少老宅的所有者。这些协会一般只有少量专职人员，绝大部分都是热衷于文化遗产保护的志愿者。按功能区分，这些协会主要分为两类：一类负责文化遗产的维护，如国民信托、苏格兰国民信托、地标信托等；一类负责有关文化遗产的咨询工作，如英国考古评议会、古代遗址学会、保护不列颠遗产等团体。

这些团体的资金主要来自三个方面。一是政府预算。二是民间捐赠，这是重要来源。捐赠有时是捐款，有时则是房产。如古建保护协会就鼓励会员设立遗嘱，死后将自己所拥有的老宅所有权或部分所有权捐赠该协会。三是经营收入，主要包括会员入会费、注册费、咨询服务费、出版发行以及培训所得等。在英国，这类民间社团组织的入会费用又分年度会员和终身会员两种。在这两种付费体制中，又因个人收入多寡的不同而被分为一般会员、高级会员、一般联席会员和高级联席会员以及学生会员等。会员等级不同，收取费用也有区别。此外，利用老宅从事观光产业开发、提供技术咨询等项目，在各协会的收入中也占有相当份额。英国文化遗产产业化经营已经成为文化遗产保护的重要模式。①

3. 发达完善的慈善事业和彩票事业对文化遗产事业的推动作用

慈善事业为英国的遗产保护提供了人、财、物等多方位的支持。据统计，英国参与遗产保护工作的志愿者多达 115 万人，占英国人口总数的 2%，每年工作创造的价值超过 1 亿英镑。英国的慈善组织之所以拥有如此高的支持率，得益于它完全透明的管理。任何人都有权获得慈善组织的年度账目和财务报告，其人事情况、固定资产总额、善款使用情况、调查评估报告或监管报告均被“晒”在网上。

英国的彩票事业非常成熟，1994 年由国会设立的遗产彩票基金是英国最大的遗产分配基金，每年将大约 2.55 亿英镑投资到新的遗产项目中，包括博物馆、历史园林和考古地区、自然环境和文化传统等各个领域。除部分小额投资项目外，基金会通常只投入所需经费的一部分，其余经费鼓励遗产地寻求其他来源。在资金的使用上，基金会充分尊重民意，人们可以通过电视节目了解文化遗产，通过电视投票决定基金优先使用于哪

① 顾军、苑利：《文化遗产报告——世界文化遗产保护运动的理论与实践》，社会科学文献出版社 2005 年版，第 65 页。

些项目的保护。该基金会已经资助了 3 万多个项目，分配资金多达 45 亿英镑，它的设立为文化遗产保护开辟了重要的资金来源，是一种非常重要的融资方式，对文化遗产事业的发展起到了重要的推动作用。

4. 卓有成效的宣传教育

英国人对遗产保护的高度认可和广泛参与得益于其重视历史的教育理念和多层次、多渠道的宣传报道。英国从小学一年级到中学毕业都有历史课，并列入国家统一考试，如果过不了关，则无法取得高中的入学资格。幼儿园和中小学经常组织学生参观博物馆，把博物馆作为课堂的延伸，很多构思巧妙、新颖独特的博物馆中专门设有供人学习的空间和器具，有些还配有专职的指导人员，孩子们边玩边学，在潜移默化中感受历史文化的熏陶。到文化遗产地参观已经成为英国推行的一项名为“在课室以外的地方学习”政策的重要途径之一，每年前往英格兰遗产委员会和公民信托管理的遗产地作实地教育参观的人数高达数十万人次，英国的很多遗产地门票通常很低或完全免费，起到很好的引导、宣传和教育作用，有利于从小培养民众的历史文化情愫和保护意识。

英国还有多个团体进行教育及推广计划，以提高公众对遗产保护的兴趣和认识。例如，遗产彩票基金推行幼根资助计划，旨在鼓励和培养 13 岁至 25 岁的青少年参与遗产保护及相关活动。公民信托和英格兰遗产委员会联合举办的一年一度的遗产开放日把不同年代、不同风格、不同功能的建筑免费开放，其中有不少是平时从不对公众开放的。该活动是欧洲文化遗产周的一部分，由业主和文化遗产管理者志愿组织，是英国目前最大、最受欢迎的文化志愿活动。[①]

第三节　法国文化遗产管理

法国拥有丰富的历史文化遗产，列入联合国教科文组织《世界遗产名录》的共有 38 处，列为国家文化遗产的共有约 4.4 万处，每年吸引全球游

① 刘爱河：《英国文化遗产保护的成功经验借鉴与启示》，《中国文化科学研究》2012 年第 1 期。

客逾8 000万人次，为世界首位。在遗产保护方面，法国走在世界各国前列。

一、文化遗产管理的基本理念与政策

1. 立法先行，从法律层面不断充实历史文化遗产的界定与保护

在法国，与文化遗产有关的法律法规不下数百种，这些法律条文涉及非常广泛，古迹、建筑等大型有形文化遗产，考古文物、图书档案等小型有形文化遗产以及自然遗产之使用、保护、监管、维修、补偿、税收，文化遗产保护组织（委员会、基金会、信托）的行为规范等，几乎都在法国文化遗产法的关照之下。《历史建筑法》是法国第一部文化遗产保护法，也是世界上最早的一部有关文物保护方面的法律法规。《纪念物保护法》标志着法国成为世界上第一个立法保护文化遗产的国家。现行文化遗产保护制度所遵循的基本是1913年颁布的《历史古迹法》和1930年颁布的《景观保护法》。此外，还有《历史建筑周边环境》《历史街区保护法》《城市规划法》等，一同构成了法国文化遗产保护工作中最主要的法律防线，经历过无数次修改，影响力一直辐射至今。

2. 法国文化遗产大普查及可持续的遗产保护

法国20世纪60年代进行的一场旷日持久的文化遗产大普查，不但重新确认了一批数目庞大、前所未知的文化遗产，使法国人对自己的文化家底一清二楚，而且对每件文物都进行了详细的、明确的、标准化的记录，方便了人们对这类文化遗产的查询及本土学者的学术研究和实践应用，更进一步增进了国民的文物意识。法国保护文化遗产，一方面深入研究地方历史文化，并与城市交通、生态保护、社会经济、特色文化等方面相结合进行综合考虑；另一方面，不断对生态环境进行改建与再利用，使文化遗产保护与现代经济紧密结合，实现遗产保护的可持续发展。

3. 法律保护的制度设计注重强调遗产保护的专业性

文化遗产涉及考古、建筑、艺术、环境保护等诸多领域，因此，专业性保护无疑是成功实现法律保护质量与效果的重要因素。以《遗产法典》中规定的对专业性的要求为例。这部法典在继承以往的有关遗产分类与登

记、严格规定保护区设立与管理的专业性保护传统的基础上，针对不同类型的遗产专业保护进一步强化和完善了程序性规定。例如：对历史古迹进行分类或登记，须征求历史古迹国家委员会的意见；对历史古迹周边的保护，在涉及如何确立以历史古迹名义分类或登记的不动产的可视范围时，须征求法国建筑师的意见；等等。

4. 整体性保护原则

法国著名的《马尔罗法》确立了“历史街区”的概念，即对具有历史、审美等价值的建筑物所在地特定范围内的区域予以整体保护。但是，由于历史街区在设立程序上较为严格，设立周期较长，且赋予了法国建筑师较大的权限，因而在实践中容易导致权力的滥用，为此设立了“建筑、城市和景观遗产保护区”，即将成片的具有审美、历史或文化价值的社区、景观或其他场所划定为保护区，适用特殊的法律规定。建筑、城市和景观遗产保护区的确立，意味着法国被动的遗产抢救和保护让位于积极主动的遗产管理，而这种管理的核心是在整体保护的理念下，以更好地保留和重现遗产的各种价值为目的。①

5. 最早提出设立“文化遗产日”

法国是世界上最早提出设立“文化遗产日”的国家，它不只竭力地维护文化遗产，更重视推介，让人类文化遗产发挥社会文化传播作用。每年9月的第三个周末，法国所有博物馆、艺术馆、总统府、市政厅和城堡等都免费向游客敞开，公立博物馆免门票，私立博物馆门票减价。法国文化部和各省的文化机构还会向公众推荐参观名录，全国的参观点达1万多个。法国在认定文化遗产方面，还扩展了文化遗产的概念，很注重当代文化的保护，20世纪一些著名建筑师、时装设计师的作品也被列为文化遗产并加以保护。每年政府确定的遗产日主题并不单一拘泥，鲜明且深刻的活动主题赋予每年的“文化遗产日”很强的互动性，使公众对“文化遗产日”的参与程度逐年深入，公众的热情也转化为保护文化遗产的自觉行动，由此形成良性循环。②

---

① 叶秋华、孔德超：《论法国文化遗产的法律保护及其对中国的借鉴意义》，《中国人民大学学报》2011年第2期。

② 教莹：《法国“文化遗产日”及其启示》，《中外文化交流》2008年第10期。

二、遗产认定和内容的管理

随着遗产概念的不断扩充，注册和登记保护被应用到各种不同类型的遗产保护之中，成为法国遗产法律保护体系中最为核心的制度。

1. 注册

该法规定，若某一古迹具有重要的艺术和历史价值，且体现公共利益，一般是由遗产所有权人或代表国家的特定机构向负责遗产保护的行政机关提出分类保护的请求，行政机关在征求相关专业咨询机构的意见后，可发布对该遗产进行注册的决定。如果所有权人不同意行政机关对其所有的遗产予以注册，则行政机关应将其提交给最高行政法院，最高行政法院在征求相关专业机构的意见后，直接发布注册的法令。如果因注册致遗产所有权人受损害的，所有权人可要求国家予以补偿。但倘若所有者为了拒绝将其名下的建筑物列为文化遗产而故意不对建筑物进行维护甚至恶意毁坏时，国家有权行使优先购买权，从其手中将建筑物买下，以便进行紧急保护。当建筑物被正式列为文化遗产受到保护后，其所有者，无论是私人还是公共机构，都必须对其进行维护，且必须要得到国家授权才可对该建筑物进行施工或维修，而且还要在国家的监管下进行，缺少任何一个环节，国家都可能对所有者或(和)工程设计师起诉。同样，当国家认为某一文化遗产需要维护时，其所有者必须按照国家的指令对建筑物进行相应的维护工程。

2. 登记

注册的程序多为中央政府机构落实，而登记的程序则由地方行政部门负责，由大区历史古迹委员会提议，大区文化事务局出具相关文件，最后由省政府(大区由省组成)负责登记。此外，还有一类为“地方登记的乡村文化遗产”，主要为了保护一些特定地区的文化遗存，如对这一地区具有特殊意义的磨坊、农场等。这类遗产的维护费用由大区文化事务局承担，并由中央政府部分拨款资助，但如今中央拨款部分逐年减少，并最终会取消。

法国目前共有受到保护的文化遗产 42967 处，其中注册的约占三分之一。对于已注册的文化遗产，国家承担50%的维修经费(其中中央政府25%，地方政府25%)，对于登记的文化遗产则为15%，文化遗产所有者承担50%，若其所有者将遗产向公众开放，则国家通过免税的方式全部补偿其所承担的费用，否则，则补偿50%。在这一系列强制措施下，文化遗产所有者要承担很多的责任和义务，因此，很多人想要卖掉其名下的遗产。在此种情况下，所有者须向中央政府提出申请，由中央政府决定是其亲自购买还是要求相关地方政府购买。当国家征收公民的文化遗产时，公民可诉诸法院，国家必须以高于评估价格的标准购买公民的文化遗产。当国家认为某一受到保护的遗产长期缺乏维护，面临毁坏危险的时候，国家有权强制将其购下，无须得到其所有者的同意。但在现实中因为国家长期承担庞大的文化遗产维修开支，已无能力再支付购买文化遗产的费用，因此，政府至多在文化遗产处于极度危险的情况下，才出资进行抢救性保护。[①]

三、遗产的保护与利用

法国的历史文化遗产保护中，中央与地方各司其职，还有咨询机构及科研机构的协同、社团组织的参与，确定了一整套行政管理体系、资金保障体系、监督体系、公众参与体系等，使得保护制度非常社会化。

1. 中央集权为主要特征

在法国，文化部是文化遗产保护的最高决策机构。该部下设文化遗产司，专门负责文化遗产的保护。文化遗产司下设四个处(文化活动及事务处、遗址处、文化遗产管理处、文化遗产登记管理处)、三个科(人类学遗产管理科、影像学遗产管理科、推广暨国际事务管理科)，这些处室主要负责法国文化遗产保护工作的规划、决策、领导与监督。另外，文化部文化遗产司还负责法国国立古迹建筑博物馆、古迹信托及若干所文化遗产保护研究教学及信息搜集机构的管理。

在法国，国家主导主要体现在中央政府对文化遗产的保护拥有很大

---

① 教莹:《法国文化遗产保护的特点及发展前景分析》,《故宫学刊》2013年第1期，第366页。

的权力，依法通过行政管理、资金控制等实现对文化遗产的监管。然而，文化遗产分权改革后，地方政府在文化遗产的保护中承担了更多的责任，在每个行政区的政府内部都设置有文化事务部，专门负责各行政区域内文化遗产的保护及管理工作。此外，在这些大行政区之下还分别设置有两个级别更低的基层单位，它们分别是专门负责法国地方古建管理的建筑处和专门负责法国地方文物及艺术品的文物管理处，它们都是法国文化遗产保护工作的具体执行机构。[①] 虽然如此，但对于大型的、重要的文化遗产，法律仍然规定中央政府承担主要的保护责任。

2. 具有法国特色的咨询机构

在法国，负责文化遗产保护、开发、运营与咨询业务的组织机构是文化遗产保护委员会。与其他国家相比，法国文化遗产委员会具有明显的法国特色。其一，与许多国家文化遗产委员会只由专家学者组成的专家型文化遗产咨询机构不同，法国文化遗产委员会成员构成具有多元性，一般由政府机构代表、议会代表、专业科研机构代表及普通公民代表组成；其二，职责权限具有法定性，其职责和权限由法律予以明确规定；其三，机构设置具有层次性，在国家和地方设置专门的咨询机构，分别负责不同层面的文化遗产保护的咨询工作。

3. 活跃有效的社团组织

在法国，文化遗产的保护工作绝大多数都是通过委托民间社团组织托管的方式实现的。法国最大的古迹托管组织“古迹信托”不但较好地完成了国家所赋予的对各类古迹的托管工作，在管理与活用过程中使法国的文化遗产保护工作进入良性循环状态，同时也使有关文化遗产保护的科学理念更加深入人心。除硬件维修费用仍由国家支付外，其他方面的管理与营运全权交由古迹信托负责，国家不再进行财务干涉。据称法国目前共有大小不等、功能不一的民间社团组织 18 000 个，比较著名的民间社团组织有：古迹信托、青少年与文化遗产古迹国际协会、历史建筑促进会、法国传统宅院促进会、古迹基金会等。

4. 有效的激励引导机制和严格的监管制裁

主要体现在国家设立诸多税收优惠政策，鼓励有实力的基金会、企业

① 顾军：《法国文化遗产保护运动的理论与实践》，《江西社会科学》2005 年第 3 期。

和个人出资支持文化遗产保护事业。如对地产税、进行相关工程的税收优惠以及资助私人所有的遗产维护等。政府还出台政策，个人可以获得相当于捐赠数额66%的税收优惠，企业从营业税中扣除相当于捐款60%的税款。此外，政府简化了遗产保护性基金会成立和运作的手续，并给予税收优惠支持。①

监管制裁是法律赋予国家的一项重要权力。监管制裁包括事前授权和事后制裁两部分。事前授权主要体现在对法律保护的文化遗产进行维护和转让时，需事先取得文化遗产行政机构的授权。事后制裁主要体现在对违反文化遗产法律法规的行为予以刑罚制裁。②

5. 专业的科研机构

法国将文化遗产视为一门科学，有一整套完善的教学体系与科研体系。在教学方面，法国成立有专门的文化遗产教学机构文化遗产保护学院、法国文物保护修复学院，以培养专门的文化遗产保护与管理人才。1882年成立的卢浮宫学院标志着法国对文化遗产的法律保护进入到专业化和深入化的研究阶段。随后，1973年索邦大学(巴黎第一大学)设立文化遗产保存和修复部，文化遗产的法律保护和研究被正式列入高等教育序列，很多大学还设立了文化遗产法方向的专业硕士，如巴黎第十一大学。此后法国政府又专门成立国家遗产学院，专门用来培养文化遗产保护、修复的高端专业人才。在各国文化遗产保护专业人员明显不足的时候，法国的文化遗产队伍建设却显现出勃勃生机。

除教学单位外，法国还建立有数以百计的文化遗产研究机构，专门负责文化遗产的调查、研究、教学及资料搜集等方面的工作。古迹保护与历史研究高等研究中心、古迹保护研究中心、法国文化遗产保护研究实验所等都是其中的佼佼者。此外，法国还设立有许多专门性研究机构。如道路与桥梁学院中央研究室、地质水利研究中心、罗马时期壁画研究中心、画册保护研究中心以及图书等方面的研究中心，这些部门在保护、管理、修复、鉴定文化遗产的过程中，发挥着相当重要的作用。

---

①② 叶秋华、孔德超：《论法国文化遗产的法律保护及其对中国的借鉴意义》，《中国人民大学学报》2011年第2期。

6. 遗产保护意识的培养

法国的具体做法是在每个城市中挑选出由当地居民担任的文化遗产宣传员，让这些宣传员协助学校进行保护文化遗产的教育工作，通过组织参观、讲解和发放宣传材料等手段引导人们认识和了解文化遗产，树立起保护遗产的意识。同时，为了使历史文化遗产能得到广泛的关心和重视，众多的社团组织不定期地举行针对物业主、国家权力机构、决策者、使用者的活动，如遗产日、比赛、讲座、展览等。文化社团通过出版刊物，侧重点是传播遗产及其修复方面的知识；组织赞助，鼓励和支持一些善于经营的公司为保护遗产提供赞助；在校园开辟遗产园地，在课堂、遗产陈列室和古建筑之间开展活动，通过教育手段在年轻一代中树立保护遗产的意识；组织"义务者工地"活动，维护及修复古迹和文物，活动点涉及城堡、骑士官邸等，这些工地对15岁以上、对保护遗产有浓厚兴趣的年轻人开放，不需要具备理论知识或特殊技能。

第四节　日本文化遗产管理

在亚洲，我们的近邻日本，在非物质文化遗产的保护领域走在了世界前列。由于日本文化与中国文化的渊源关系，日本的具体做法也特别值得学习和借鉴。

一、文化遗产管理的基本理念与政策

"文化遗产"在日语中的对应转译为"文化财"。《文化财保护法》经历六次修订，已成为一部十分完善的民族文化保护法典，反映出日本政府文化遗产保护的几大基本理念与政策。

1. 无形文化遗产理念的提出

《文化财保护法》中首次以法律的形式规定了无形文化遗产的范畴，并作为国家法律保护的对象。在此之前，对传统文化遗产的保护还只局限于传统建筑、美术工艺品、名胜古迹及天然纪念物等四个方面。《文化

财保护法》在原有基础上进一步拓展了文化遗产的保护范围，将无形文化财、地下文物一并列入文化遗产的保护范围，从而形成大文化财理念。后来的事实表明，这个理念的提出具有世界意义，它为人们在法律上更加全面、系统地了解传统文化遗产开了先河。

2. 可以指定无形文化财，并对其进行田野记录

无形文化财具有无形性，看不见摸不着，为使其存在具体化，最终决定将无形文化财的体现者——该项技术的保有者一并列入文化财而加以确认。此外，就重要无形文化财中价值较高者进行田野调查，并以田野报告的方式将该遗产生产的历史与现状、传承方式等全面而科学地记录下来，并作为一种制度坚持下来。

3. 对文化财保存技术的保护也写入新法

该法认为对于传统文化遗产保存具有重要价值的传统技术、技能，也应列入保护范围，具体选定工作由文部大臣完成。同时增设了对传统技术传承者或传承群体的认定。对于选定的保存技术，要有对该技术的完整记录，并对该项技术的传承提出具体要求。同时，国家将对该技术的传承者提供必要的经费支持以确保该技术的顺利传承。①

4. 强调对文化遗产的活用

在土地、财产私有化的国度中，日本努力将历史遗产公有化，无疑是传统文化财全民保护、对外公开的前提和条件。② 从《文化财保护法》的具体规定来看，非常强调不能将文化遗产行政单纯地只理解为“保护”，而是要充分地发挥文化遗产的作用，既要妥善保存、严格管理，又要积极地活用和发挥文化遗产的价值，尽量使其能够公开展示给一般的国民。③由国家或地方政府负责设置和运营诸如博物馆、剧场、文化遗产中心、文化遗产研究所等公开设施，对一般国民有开放之义务。由于文化遗产被认为是国家和全体日本国民的文化财富，因此，文化遗产的所有者、其所在或所属地方的各级政府或社会公共团体所经营的与文化遗产有关的公

① 顾军、苑利：《文化遗产报告——世界文化遗产保护运动的理论与实践》，社会科学文献出版社 2005 年版，第 104 页。

② 苑利：《日本文化遗产保护的历史与今天》，《西北民族研究》2004 年第 2 期。

③ 周星、周超：《日本文化遗产保护的举国体制》，《文化遗产》2008 年第 1 期。

共设施等，就都有法定的义务以公开展示等方式将文化遗产向一般国民公开，而不能秘不示人或奇货可居。[①] 以此最大限度地发挥这些文化财的认知作用使国民和教育作用，使国民了解自己的历史和文化。

二、遗产认定和内容的管理

日本政府文化遗产的制度体系包括针对不同文化遗产类别和级别而分别形成的指定、认定、选定、登录等制度。

1. 文化遗产指定制度

日本文化遗产的指定制度是针对日本文化遗产分类体系中的重要文化遗产、国宝、重要非物质文化遗产、重要民俗文化遗产、特别史迹、特别名胜、天然纪念物等多种类型而言的。文化遗产指定的基本程序严谨、公开和透明，政府部门通过此指定制度，分别确立不同文化遗产类别中具有保护价值的对象。文化遗产的指定，须由文部科学大臣向文化审议会·文化遗产分科会咨询，由文化审议会·文化遗产分科会向专业调查会提出调查委托。专业调查会组织专家、学者对候补的指定对象进行翔实的调查研究，并完成书面报告。调查报告将成为指定的依据；由文化审议会·文化遗产分科会集中审议，再向文部科学大臣提出报告，由文部科学大臣决定指定与否。一经指定，即发表官方告示，并通知被指定文化遗产的所有者或相关当事人。[②]

2. 文化遗产传承人的认定制度

认定制度主要是就非物质文化遗产的传承人、传承团体认定而言的。传承人和传承团体必须是能够高度体现重要非物质文化遗产的技能或技艺的个人或群体，有个别认定、综合认定和保护团体认定三种形式。个别认定指对于某个技艺传承者个人资格的认定。综合认定指对那些具有多重文化事项的民俗活动的认定。保护团体指对那些由一个以上文化财产持有者的集团的认定。其中，最有特色的是“人间国宝”认定。一旦认定后，国家就会拨出可观的专项资金，录制他的艺术，保存他的作品，资助他

---

① 周星、周超：《日本文化遗产保护的举国体制》，《文化遗产》2008 年第 1 期。

② 周超：《日本的文化遗产指定、认定、选定与登录制度》，《学海》2008 年第 6 期。

传习技艺、培养传人,改善他的生活和从艺条件,不但对他们在经济上给予必要的补助,在税收等制度上也给予优惠,还给他们相当高的社会地位,以激励他们在工艺方面的创新和技艺方面的提高。此外,法律还明确规定,文化财产持有者同时也应该是文化财产的传承人。如果文化财产的持有者将自己的技艺密不传人,那么,无论他的技术有多高,都不会被政府指定为“人间国宝”或重要无形文化财产的持有人。

3. 文化遗产选定制

对重要文化景观和重要传统建筑物群保存地区,日本政府采用了选定制度而非指定制度。在指定制度下,中央政府发挥主导和决定性作用;在选定制度下,地方政府的积极性和贡献得到了较好的尊重。

(1)重要文化景观的选定

文化景观保护制度以根植于各个不同地域社会的生活和产业并在历史上形成的人文景观为对象,正面评价其文化价值,促使其在当地得到保护,目的是尽可能地将其传递给后世,有助于地域社会的振兴和发展,并有可能增强地方社区活力。

重要文化景观的选定,首先是基于都、道、府、县或市、町、村等各级地方政府在征得有关所有权人的同意后提出申请,经文部科学大臣和文化审议会之间的咨询、评议等法定程序,由国家从中选定,一经选定为重要文化景观,要由文化厅发布官方公示,并及时向有关重要文化景观的所有权人、占有者及申请者发出通知。一旦完成上述选定程序,被选定的重要文化景观就受《文化遗产保护法》的保护。重要文化景观的所有者在涉及其建筑物的改建或新建、土地用途的变更等情形时,需向所属地方政府提出备案或提出申请;而重要文化景观所在地的地方政府,有权对其劝告、命令或认可。重要文化景观的所有者在有关的重要文化景观出现消失、破损或需要变更现状时,需向文化厅长官提出报告或备案;文化厅长官有权依法对其进行指导、建议或劝告。

(2)重要传统建筑物群保护地区的选定

重要传统建筑物群保护地区的选定制度,把地域性的传统和文化作为村镇建设或地域振兴的共享资源,为居住在传统建筑或街区内人们的生活注入新的活力,提高其生活质量,重要传统建筑物群保护地区制度还有力地促进了地区居民彼此间的认同感。

重要传统建筑物群保护地区的选定制度，首先由地方政府的教育委员会进行有关保护对策调查，国家予以必要的经费补助。再由地方政府制定有关传统建筑物群保护地区的保护条例，并向文化厅长官提出报告。由地方政府设置保护审议会，决定或变更具体的保护地区，再由地方政府的教育委员会制定保护计划并予以公示。保护计划的基本内容应涉及对传统建筑物的确定、对传统建筑物的保护整修、对保护地区的环境整顿等。地方政府积极进行有关重要传统建筑物群的维修、环境整顿及防灾等事业。最后，由地方政府向文部科学大臣提出选定申请，经由文部科学大臣和文化审议会之间的咨询与评议程序，可选定其为重要传统建筑物群保护地区。

重要传统建筑物群保护地区的选定是由地方政府和当地居民来决定或确认当地的传统建筑物群保护地区，很突出地方和民间积极性。

4. 文化遗产的登录（注册）制度

文化遗产的登录（注册）制度，是就那些尚未被国家和地方政府列入文化遗产的指定或选定名录，但又具有一定价值的文化遗产而言的。文化遗产登录制度受到了西欧各国类似制度的影响。

登录文化遗产更多是以近代以来的历史文化遗产为主，包括与普通国民的日常生活密切相关的项目在内，更多地考虑到地方和一般居民。通过登录制度可极大提高全体国民对文化遗产的关心，也可更大面积和最大限度地保护更多的，尤其是那些在普通国民身边的很多寻常可见、但又难以再建或重现的建筑物、风景和文化遗产。根据登录标准，凡建成后经过五十年以上的建筑或土木构造物，若符合以下几个条件的，可登录为文化遗产：可能具有国土历史意义的景观，特别是广为人知的，对了解当地历史或文化有价值的，或经常在绘画等艺术作品中出现的；具有规范的造型，如古典式的银行，著名设计师或建筑师参与的作品，反映了时代或建筑物种类之特征的；不易再现或重建，包括采用了某些优秀技术或因现已不常使用而变得珍稀的技术，具有珍贵的形式设计而较为罕见者。

5. 选择记录制度

除那些被指定、选定或登录的文化遗产，均有对其历史与现状、价值和特点、传承方式等予以全面和科学记录的调查报告陆续问世与大量积累之外，政府还特别设置了选择记录制度。对那些未能被指定为重要非物质文化遗产，但又在了解日本的艺术或工艺技术变迁等方面具有重要价值，被认为有必要予以记录的非物质文化遗产，由文化厅长官选择作为应采取记录等措施的非物质文化遗产，再由国家组织力量进行调查、记录等作业，或由国家对地方政府进行的记录事业予以经费补助。对那些未能被指定为重要民俗文化遗产，但又具有学术或记录价值，有必要予以记录的项目，也是由文化厅长官选择作为应予以记录的民俗文化遗产，再由国家组织调查和记录，或由国家对地方政府进行的有关调查和记录事业予以经费资助。①

三、遗产的保护与利用

日本文化财保护是国家与地方协同共管的管理体制。国家有权委任都道府县教育委员会进行地方文化遗产的保护与活用，文化财也被分为国家指定文化财、县指定文化财和市町指定文化财三种，从而改变了原来由国家一包到底的做法，充分反映出日本社会在保护传统文化遗产过程中的全民意识。②

1. 国家的文化财保护

日本负责文化遗产行政业务的政府机构，为文部科学大臣下属的文化厅。文化厅长官下设文化审议会(其中包括文化遗产分科会)；文化厅次长下设文化遗产部，而在其文化遗产部部长和文化遗产监察官下面，则分别设有传统文化课(包括文化遗产保护企画室)、美术学艺课(包括美术馆、历史博物馆室)、纪念物课、参事官(分管建筑物) 等。此外，在文化厅长官和文化审议会之下，还设置有若干独立行政法人，亦即国立美术馆、国立博物馆、文化遗产研究所，以及日本艺术文化振兴会等。③ 另外，文化厅还开通了“文化遗产在线”和“国家指定文化财数据库”等网站，积极通过网络传递信息。

① 周超:《日本的文化遗产指定、认定、选定与登录制度》,《学海》2008 年第 6 期。
② 吴凌欧:《日本文化财保护体系解析》,《黑龙江教育学院学报》2009 年第 6 期。
③ 周星、周超:《日本文化遗产保护的举国体制》,《文化遗产》2008 年第 1 期。

为了促进文化财的国有化及公有化，推进其保存和利用，日本采取了文化财转让所得的税收减免和继承税减轻的措施。如在国税方面，有转让所得税、继承税、地价税等税收项目的减免，而在地税方面也有固定资产税、特别土地持有税、城市计划税等税收项目的减免。另外，还有一项有关文化财的指定捐助制度。公益法人(含宗教法人)对其所有或管理的国宝、重要文化财等进行维修和设置防灾设施时提出申请，经财务大臣可以批准成为指定捐助事业。个人或法人对这些事业进行捐助的话，可获得税收的优惠政策。

2. 地方政府的文化财保护

随着民众对文化财关注度的加深，地方政府对于其辖区内的文化财保护作用愈显重要。日本全国约有 97%的地方政府制定了文化财保护条例，并按照这些条例自行指定辖区内存在的文化财。都道府县和市町村所指定的文化财的数目每年都在增加。为了提高民众对文化财的保护意识，从 1966 年开始文化厅在每一都道府县都指定一个市町村为文化财爱护典型地区。而从 1980 年开始为了更有效地开展文化财爱护活动，文化厅委托都道府县教育委员会进行实践研究。都道府县辖区内的市町村教育委员会通过小学、中学、博物馆、文化财爱护团体等具体的活动进行研究。特别是学校方面，除在社会科目的课程学习中教授有关文化财内容之外，课余时间也开展诸如当地特色技艺学习、民俗表演体验等丰富多彩的活动，展开了以学校为中心扎根于当地的爱护活动。

3. 国民的文化财保护

在以往法律中，文化财的所有者就是管理者。但在新修改的《文化财保护法》中明文规定，除古迹名胜及天然纪念物外，文化财原则上由文化财所有者保存，如果所有者保护不力，则可指定地方公共团体或其他法人作为法定管理团体代管，在代管的同时，管理团体有责任和义务代替所有者负责文化财的维修和展示。

在保护和活用文化遗产方面，日本基本上做到了全体国民的积极参与，出现了很多非营利性、非政府组织的民间文化财保护团体，诸如狮子舞保护协会、花祭保存会、田乐保护协会等，几乎全都是普通的国民参与其中，并发挥核心骨干的作用。为了推进文化财保护工作，各种爱护文化财的启发普及活动也积极开展。比如:每年1月26日的文化财防火日,每年11月1日至7日为期一周的“文化财保护强调周”,日本各地以都道府县和市町村的教育委员会为中心,以亲近文化财为目的,开展文化财的公开展示、史迹追寻、艺术表演发表会等各种活动;此外,还有“观光道德发扬与观光资源保护周”“亲近自然运动月”等,推动着日本国民文化财保护意识的提高。

此外,日本人十分珍视传统的手工业,在国内外不断举办工艺大展,在公开展示的过程中,最大限度地发挥这些文化财产的认知作用和教育作用,使人们通过文化财产的活用了解自己的历史和文化。在有效的文化财保护体系下,保护与公开展示、合理利用并举,保护的同时,也对其进行积极的公开和合理的利用;而文化财的合理利用,使民众更进一步地体会到保护的重要性,更好地服务于保护,从而推动了良性循环的形成。

第五节　中国文化遗产管理

中国是一个文化大国,自古以来,无论是官方还是民间,一直就有收藏和保护文物的传统,对于文化遗产的立法思想和实践也开始得较早,但由于缺乏行之有效的文化遗产管理体制,以及完善的文化遗产立法保护及实践,中国的文化遗产保护管理仍需建立长效的保护机制。

一、文化遗产管理的基本理念与政策

1. 文化遗产保护的法律法规不断完善,确立了“保护为主,抢救第一,合理利用,加强管理”的文物工作方针

近代以来,传统意义的古器物保护逐步向现代意义的文物保护转变,中华民国政府曾于1930年颁布有《古物保存法》,这也是中国文化遗产保护史上最早的一部有关文物保护方面的法律法规。新中国成立后,对文化遗产的法律保护进一步加以重视,颁布了数十部法律法规和行政规章。改革开放以来,国家的法制建设也在不断加强。目前,我国已形成了以2002年《中华人民共和国文物保护法》为核心,以行政法规、部门规章和

地方法规为骨干的文物保护法规体系，制定发布与文物保护和管理相关的法律、法规、规章以及规范性文件总数已经超过600项，基本覆盖了文物工作的各个重要方面，确立了“保护为主，抢救第一，合理利用，加强管理”的文物工作方针。

2. 中国的文化遗产保护的范围逐渐扩大

文化遗产的保护对象是呈开放性而动态变化的。在20世纪30—60年代，主要集中于文物、建筑的保护，《文物保护管理暂行条例》等对文物的保存、保护、出口、鉴定，古建、石窟寺的修缮、古遗址、古墓葬的调查、发掘等制定了一些规定，文化遗产的立法保护开始起步。1982年通过的《中华人民共和国文物保护法》(以下简称《文物保护法》)使中国在文物保护方面终于有了一部正式的法律指导，受国际思想的影响，文化遗产的保护不再局限于文物古迹，还注重文物古迹与周边环境的关系及历史街区的整体保护，并对近现代建筑的价值有了新的认识。2004年，建设部发布了《关于加强对城市优秀近现代建筑规划保护工作的指导意见》，确立了“历史文化名城”的概念，2005年颁布了《历史文化名城保护规范》。一些省市结合地方实际，制定了大量专门性和地方性的文化遗产法规或规章，如《长城保护条例》《北京历史文化名城保护条例》《苏州市古村落保护办法》等。[①] 因此，中国文化遗产保护范围从单体文物到街区再到历史文化名城不断在扩大。

3. 建立中国文化遗产行政管理体制

中国文化遗产行政管理体制是依法建立的，有三个重要特征：公有制、非营利性和分级属地管理。公有制是指中华人民共和国境内地下、内水和领海中遗存的一切文物，属于国家所有。国有不可移动文物的所有权不因其所依附土地所有权或者使用权的改变而改变。我国文化遗产管理单位大多是政府遗产主管部门的一部分或其延伸，文化遗产的管理权(包括经营权)通常也掌握在这些部门或文物单位手中。管理主体的政府或事业单位性质决定了文化遗产管理体制也是行政型和非营利型的。分级管理是指文物保护单位根据价值分为三个不同的保护

---

① 张新:《关于中国文化遗产立法保护的研究》，吉林大学硕士学位论文，第8页。

级别，即全国重点文物保护单位、省级重点文物保护单位和县（市）级文物保护单位。属地管理是指地方各级政府负责本行政区域内的文物保护工作，地方政府是文物日常管理主体——充分责任主体和财政支持主体。

二、遗产认定和内容的管理

1. 有形物质文化遗产的认定和管理

《中华人民共和国文物保护法》在文化遗产的认定和管理方面都有所规定。

虽然名称为“文物保护”，但是内容上实际涵盖物质文化遗产，特别是有形物质文化遗产，主要包括：①具有历史、艺术、科学价值的古文化遗址、古墓葬、古建筑、石窟寺和石刻、壁画；②与重大历史事件、革命运动或者著名人物有关的，以及具有重要纪念意义、教育意义或者史料价值的近代现代重要史迹、实物、代表性建筑；③历史上各时代珍贵的艺术品、工艺美术品；④历史上各时代重要的文献资料，以及具有历史、艺术、科学价值的手稿和图书资料等；⑤反映历史上各时代、各民族社会制度、社会生产、社会生活的代表性实物。

在文物的等级划分上，我国采取三分法。表现在不可移动文化遗产上：“古文化遗址、古墓葬、古建筑、石窟寺、石刻、壁画、近代现代重要史迹和代表性建筑等不可移动文物，根据它们的历史、艺术、科学价值，可以分别确定为全国重点文物保护单位、省级文物保护单位、市、县级文物保护单位。”即根据行政级别的不同，将文物分为全国重点文物保护单位、省级文物保护单位、县级文物保护单位三个级别。表现在可移动文化遗产上，则根据“历史上某个时代重要实物、艺术品、文献、手稿、图书资料、代表性实物等可移动文物”重要程度不同，先将文物分为珍贵文物和一般文物两类；然后根据重要程度不同再将珍贵文物分为一级文物、二级文物、三级文物。由于小型文物具有可移动性，故未将它们的等级与行政级别挂钩。

在《文物保护法》中，对建筑类文化遗产的保护是中国政府文化遗产保护重点之一。第十七条规定文物保护单位的保护范围内不得进行其他建设工程或者爆破、钻探、挖掘等作业。特殊情况下必须保证文物保护单位的安全，在征得上级人民政府文物行政部门同意的情况下，经当地人民政府批准方可实施。在全国重点文物保护单位的保护范围内进行大型施工，必须征得国务院文物行政部门的同意和当地人民政府的批准。各级文物保护单位除需划定保护范围外，还需要在文物保护单位的周围划出一定的建设控制地带，以保证历史建筑与周边环境的和谐统一。第十八条规定，在文物保护单位的建设控制地带内进行建设工程，不得破坏单位及其环境的设施，不得进行可能影响文物保护单位安全及其环境的活动。对已有的污染文物保护单位及其环境的实施，应当限期治理。第二十一条还对历史建筑保护的责权问题做了具体规定："国有不可移动文物由使用人负责修缮、保养；非国有不可移动文物由所有人负责修缮、保养。非国有不可移动文物有损毁危险，所有人不具备修缮能力，当地人民政府应当给予帮助；所有人具备修缮能力而拒不依法履行修缮义务的，县级以上人民政府可以给予抢救修缮，所需费用由所有人负担。"同时规定对于"不可移动文物进行修缮、保养、迁移，必须遵守不改变文物原状的原则"。

《文物保护法》第二十四条还规定："国有不可移动文物不得转让、抵押。建立博物馆、保管所或者辟为参观游览场所的国有文物保护单位，不得作为企业资产经营。"但目前仍然有一些地方擅自改变文物保护单位和文化遗产地的管理体制，交给旅游企业去经营并组建公司进行管理，严重混淆了文化事业与文化产业的界线，改变了其社会公益性事业的性质。《文物保护法》第六十八条明确规定了处罚办法："有下列行为之一的，由县级以上人民政府文物主管部门责令改正，没收违法所得，违法所得一万元以上的，并处违法所得二倍以上五倍以下的罚款；违法所得不足一万元的，并处五千元以上二万元以下的罚款：(一)转让或者抵押国有不可移动文物，或者将国有不可移动文物作为企业资产经营的；(三)擅自改变国有文物保护单位的用途的"。但怎样认定是作为企业资产经营、改变文物保护单位的用途，是应该有明确规定呢，还是需要有关工作人员对事实分析后进行界定，[①]这些都没有明确的规定。这说明中国文化遗产保护立法规定存在缺陷，另外一些有关国家机关及其工作人员也缺乏相应的法制意识。

---

① 张新：《关于中国文化遗产立法保护的研究》，吉林大学硕士学位论文，第12页。

《文物保护法》的另一个亮点，就是对历史文化名城、历史街区及村镇提出整体性保护。《文物保护法》第十四条规定，“保存文物特别丰富并且具有重大历史价值或者革命纪念意义的城市，由国务院核定公布为历史文化名城。保存文物特别丰富并且具有重大历史价值或者革命纪念意义的城镇、街道、村庄，由省、自治区、直辖市人民政府核定公布为历史文化街区、村镇，并报国务院备案。”为保护好这些历史文化名城、街区及村镇，《文物保护法》要求“历史文化名城和历史文化街区、村镇所在地的县级以上地方人民政府应当组织编制专门的历史文化名城和历史文化街区、村镇保护规划，并纳入城市总体规划”。这种整体性保护是西方各国最通常的做法，不但有利于与国际接轨，也非常适合中国历史文化名城较多的具体国情。在《文物保护法》审议过程中，国务院便批转了国家建委、国家文物局等单位联合提出的关于保护我国历史文化名城的请示，并于 1982 年、1986 年、1994 年、2002 年连续四次批准国家级历史文化名城 100 座，对于建筑类文化遗产的保护是相当有利的。

此外，《文物保护法》针对考古发掘、馆藏文物、民间的文物收藏、文物交易、文物出入境方面制定的法律法规都比较完善，进行了必要的限定。《文物保护法》的颁布，结束了中国文物保护无法可依的历史，在保护、抢救文化遗产，特别是有形文化遗产方面发挥了重要作用。

2. 自然遗产保护的管理

中国政府对自然遗产保护起步于 20 世纪 80 年代。《中华人民共和国自然保护区条例》第二条定义的“自然保护区”为“对有代表性的自然生态系统、珍稀濒危野生动植物物种的天然集中分布区、有特殊意义的自然遗迹等保护对象所在的陆地、陆地水体或海域”。中国自然保护区分为国家级自然保护区和地方各级自然保护区。《条例》第十一条规定，“其中在国内外有典型意义、在科学上有重大国际影响或者有特殊科学研究价值的自然保护区，列为国家级自然保护区”。但至今尚未设立“国家公园”标准体系。与国外“国家公园”相对应的是“国家风景名胜区”“国家级自然保护区”“国家森林公园”，而“国家级历史文化名城”与“历史文化名镇(村)”“国家重点文物保护单位”等人文景观虽难免与自然遗产相重叠，但在理论上并不在自然遗产管制之列，这一点与美国体制有所区别。①

到2006年年底，已建立的各级自然保护区2349处，其面积约占国土面积的15%，其中30处国家级自然保护区已被联合国教科文组织的"人与生物圈计划"列为国际生物圈保护区。截至2010年年底，林业系统管理的自然保护区已达2035处，总面积1.24亿公顷，占全国国土面积的12.89%。目前，我国自然保护区在数量上占有相当优势，但在管理质量上却相当滞后。体制不顺、管理不力、经费不足等问题亟待解决。

3. 非物质文化遗产保护及传承人的认定

与文物保护相比，我国关于非物质文化遗产的制度保护开展得相对较晚。首先，在知识产权保护方面，我国加入WIPO及有关著作权的两个公约，即《保护录音制品制作者未经许可复制其录音制品日内瓦公约》和《保护文学和艺术作品伯尔尼公约》。随着中国加入WTO，《与贸易有关的知识产权协议》也在中国生效。国际公约以及协议与国内法《中华人民共和国著作权法》和《中华人民共和国反不正当竞争法》等原则性规定的结合，为加快非物质文化遗产的知识产权保护立法奠定了基础。1997年，国务院制定颁布《传统工艺美术保护条例》，通过实行传统工艺美术品种和技艺认定制度、命名中国工艺美术珍品、授予中国工艺美术大师称号等措施保护了一大批传统工艺美术品种。其次，对于非物质文化遗产保护从1998年开始颁布相关保护法，2005年印发的《关于加强我国非物质文化遗产保护工作的意见》（国办发[2005]18号），强调要通过制定评审标准并经过科学认定，建立国家级和省、市、县级非物质文化遗产代表作名录体系，逐步形成有中国特色的非物质文化遗产保护制度，并制定了《国家级非物质文化遗产代表作申报评定暂行办法》。根据两个文件精神，文化部又下发了《关于申报第一批国家级非物质文化遗产代表作的通知》，对国家级名录的申报范围、内容、程序等作了明确规定，标志着非物质文化遗产国家级名录正式启动。此外，一些地方省（自治区）的立法机

① 顾军、苑利：《文化遗产报告——世界文化遗产保护运动的理论与实践》，社会科学文献出版社2005年版，第145页。

关已经就民族传统文化的保护进行了专项立法,如《云南省民族民间传统文化保护条例》(2000 年)、《贵州省民族传统文化保护条例》(2002 年)、《福建省民族民间文化保护条例》(2004 年)等。这些地方立法固然存在诸多不足,但毋庸置疑,它们为国家层面的非物质文化遗产的立法提供了现实的借鉴和经验。目前,我国的非物质文化遗产保护工作已全面展开,正在经历社会动员、摸清家底(普查)和逐渐走上法制化轨道的新时期。[①]

我国非物质文化遗产传承人认定制度的历史较为短暂。原轻工业部颁发《工艺美术行业荣誉称号施行办法》,首次对有突出贡献的工艺美术艺人授予“中国工艺美术家”荣誉称号,后改称“中国工艺美术大师”。国务院制定的《传统工艺美术保护条例》将传承人认定制度法规化,它所界定的中国工艺美术大师称号范围有所扩大,涉及工艺雕塑、漆器、金属工艺及首饰、织毯、陶瓷、刺绣和染织、传统工艺玻璃、编织工艺、抽纱花边和编结、传统工艺家具、其他工艺美术等门类,其内涵与《非物质文化遗产保护国际公约》中“传统手工艺”有所重合。2007 年 6 月 9 日,中国第二个“文化遗产日”,文化部公布了第一批民间文学、杂技与竞技、民间美术、传统手工技艺、传统医药等五大类的 226 名“国家级非物质文化遗产项目代表性传承人名单”。在此之前 6 月 3 日,作为民间性的社团组织的中国文联和中国民间文艺家协会也在人民大会堂公布了首批 166 位民间艺人为“中国民间文化杰出传承人”,其所涵盖的领域主要包括民间文学、民间表演艺术、手工技艺和民俗技能四大类。这样,我国形成了事实上的官方和民间二元的非物质文化遗产传承人认定制度。

官方和民间的上述两个认定体系彼此之间相互影响、互相补充和互相竞争,在保护非物质文化遗产传承人、推动我国非物质文化遗产的保存及传承方面,发挥着各自的积极作用,但也存在着一些问题[②],诸如对非物质文化遗产的分类标准等不能统一和标准化,会直接影响传承人认定制度的权威性与合法性,使其称号的“含金量”受到质疑;二元化体系还造成较大面积的重叠和互相竞争的局面,造成了严重的社会资源浪费,这些问题都需认真地予以解决和改进。

---

① 白京兰:《我国文化遗产保护制度实践述论》,《新疆社科论坛》2007 年第 4 期。

② 周超:《中日非物质文化遗产传承人认定制度比较研究》,《民族艺术》2009 年第 2 期。

三、遗产的保护与利用

1. 自上而下的组织体系，多头管理模式

在管理体制上，中国文化遗产保护工作主要由文化部、国家文物局、教育部、国家轻工业局等多个部委共同负责。其中文化部负责民间文学、民间文艺等无形文化遗产方面的保护及联合国教科文组织《口头及无形文化遗产代表作名录》的申报工作；国家文物局负责小型有形文化遗产及建筑类大型有形文化遗产的保护，基本实施“博物馆体系”；教育部负责联合国教科文组织文化及自然遗产的申报工作；而林业部、国土资源部等单位则主要配合教育部做好联合国教科文组织的自然遗产申报工作和中国领土内的自然遗产保护。建设部负责属自然和文化双重遗产之列的“风景名胜区”与“历史名城”管理，基本实施“自然保护区体系”和“历史名城体系”。如遇到具体问题需要各部委协商时，文化部则可通过各部委联席会议方式协商解决。文化部下设办公厅、政策法规司、计划财务司、人事司、艺术司、教育科技司、文化市场司、文化产业司、社会文化图书馆司、对外文化联络局（港澳台文化事务司）等职能部门。其中负责文化遗产保护工作的是社会文化图书馆司。

文化部下设中国艺术研究院。为配合文化部民族民间文化保护工程，该院于 2003 年成立非物质文化遗产研究中心及民族民间文化保护工程国家中心。前者负责联合国教科文组织《口头及无形文化遗产代表作名录》的申报、评审事宜（具体报送工作由文化部外联局国际处负责），后者主要负责文化部民族民间文化保护工程的具体实施。

在文化遗产管理方面，中国政府采取了多头管理模式，即各相关部委都有相应的职权范围。在这个体系中，各部门在业务指导上都有一套自上而下的垂直管理系统，但这些单位的行政隶属关系又分属各自的地方政府。在这一管理体制中，各地方政府中的文化厅（局）等有关部门是民族民间文化保护工程的直接责任人，专门负责当地民族民间文化遗产的调查、整理、建档、保存、传承、传播与活用。[1] 这种"条条管理、块块管理、条块分割"的体制必然造成管理主体多元化，管理权分散混乱、权责不清。在实践中表现为各级政府甚至政府的某个部门都可以对国有文物行使占有、使用、收益和处置权，谁都可以对遗产指手画脚，但谁都可以对遗产破坏不负责任。例如武当山、泰山和庐山等遗产地的管理就是多头管理的典型案例。

2. 社会力量介入遗产管理

参与我国文化遗产事业建设和管理的社会力量，既包括公益性基金、非政府组织等非营利性社会力量，也包括企业等营利性社会力量。目前，营利性社会力量已经成为中国文化遗产管理体系的重要组成部分，但若缺乏相应的配套约束机制就可能阻碍文化遗产公益性功能的发挥，并造成文化遗产资源受损。在一些地区，遗产景点的管理体制进行了所谓的"创新"，如经营权与管理权分离、文物局与旅游局合署办公等企业化改革。这些做法在一定程度上改变了遗产管理单位非营利机构的性质，违反了《文物保护法》有关国有文物保护单位不得作为企业资产经营的规定，加大了其牟利的动机，容易造成遗产资源的破坏。目前，在各级政府的干预下，一些以前转让的遗产景点经营权逐渐被收回。

非营利社会力量介入管理在我国通常有两种形式：一是公益性基金直接捐助文博单位，二是非政府组织投入人力物力参与文博单位的部分管理活动。与营利性社会力量的经营体制在一定范围内、一定程度上替代行政管理体制不同的是，非营利社会力量在其介入领域只是起到了辅助作用，没有引起相关管理制度的变化。这种情况主要原因是我国的非营利性社会力量还很弱小。仅就文化遗产事业的建设与管理的资金渠道而言，目前的主要障碍是我国还未形成一般性社会公益基金生成机制，我国相关税收制度不配合以及非政府组织发育不畅，以致非营利社会力量小、介入不深，这也是我国文化遗产管理与发达国家存在的显著差别。尽管近年来这方面的情况有所好转，但目前的制度环境仍然限制了非营

① 顾军、苑利:《文化遗产报告——世界文化遗产保护运动的理论与实践》，社会科学文献出版社 2005 年版，第 148 页。

利性社会力量在管理上的作为空间。[1]

3. 在资金机制上，渠道单一

《中国文物保护法》第十条规定："县级以上人民政府应当将文物保护事业纳入本级国民经济和社会发展规划，所需经费列入本级财政预算，并随财政收入增长而增长"。这说明，地方政府是中国文化遗产保护和管理的财政主体，在目前社会力量参与我国文化遗产制度环境不完善的情况下，文化遗产事业资金来源渠道较为单一，基本上由各级政府财政拨款支付。由于我国经济基础相对薄弱，国家行政资源供给难以满足遗产保护的需要，在社会捐助渠道不通畅的情况下，遗产保护经费主要依靠地方政府和遗产保护单位自筹。近年来各地政府和经济实体虽然加大了对本地文化遗产事业的投入力度，一定程度上缓解了资金紧张程度，但这种投入保障机制并未完全建立，很难保证遗产管理机构的公益性质。

4. 立法理念滞后，部分领域存在立法空白

《文物保护法》第一条规定："为了加强对文物的保护，继承中华民族优秀的历史文化遗产，促进科学研究工作，进行爱国主义和革命传统教育，建设社会主义精神文明和物质文明，根据宪法，制定本法。"可见其价值理念是：文物保护、继承教育、科学研究、文明建设。没有突破文化遗产的社会价值，不能体现国际上可持续发展观、生态价值观等更高层次的价值理念。立法原则上，我国立法仅确认了当代人的利益、预防原则、环境与发展一体化等原则，未能体现保护后代人利益、人类共同利益、可持续发展、文化多样性等思想。[2] 目前文物法律法规体系还不健全，部分领域存在立法空白。比如历史文化街区的保护、流失文物的追索等方面，至今尚未出台相应的法规；与文物法律配套的法规、规章数量仍然偏少，有的层级过低，许多规定还缺乏具体可操作的细则。此外，文物法律法规内容还不完善，影响文物的有效保护和法律法规的正确实施。比如实践中已经比较成熟的文物新类型未列入法律法规范围，现行法律法规对不可移动文物保护的措施还不够细致，文物违法责任与文物保护的严峻形势还

① 张国超、刘双：《中外文化遗产管理模式比较研究》，《福建论坛》（人文社会科学版）2011年第4期。

② 张新：《关于中国文化遗产立法保护的研究》，吉林大学硕士学位论文，第9页。

不相适应等。

5. 咨询机制尚未建立

为解决政府机构的非专业化问题，近年来，分管文化遗产、自然遗产保护工作的相关部委都建立有相应的咨询机构，如文化部下设的民族民间文化保护工程专家委员会即为文化部民族民间保护工程提供专业技术咨询[①]，但比较国外更多地将政府视为文化遗产保护职能部门，中国有关文化遗产管理的相关决策多是政府遗产管理部门的行政行为，专家参与明显不足，咨询机制还未真正建立起来。

6. 监督机制匮乏，公众遗产保护意识缺失

监督机制既取决于国家政策法规的制定和实施，也取决于公众的遗产保护意识。在制定环节，我国文化遗产管理领域已初步形成“依法行政，依法管理”的局面，但相对统筹文化遗产事业而言，仍存在诸多缺陷：中国文化遗产法律体系不完善，法规文件涉及内容的广度与深度不足，对文化遗产的审批、规划、管理、监察等工作只作了粗线条、原则性的规定，缺乏相应的实施细则，可操作性不强；《文物保护法》及相关法规立法不均衡，偏重于保护物质文化遗产，较少涉及非物质文化遗产，普遍没有建立责任人追究制度；文化遗产法规在地方经济发展中相对处于弱势，许多地方政府在“以经济建设为中心”的理念下，常常会认为“弱法等于无法”；尚未建立通过国内法转化履行国际公约的有效机制。在实施环节，文化遗产管理过多依赖于行政管理，公众监督与管理部门之间缺乏可行的渠道传达，没有为社会力量参与文化遗产保护留下接口，公众在遗产管理方面几乎没有话语权。在中国，由于文化遗产实行公有制封闭式管理和相关制度障碍及政策不完善，公益性社会组织发育不完善，还未形成一般性社会公益基金生成机制，法制完善度和公众参与度相对比较薄弱，文化遗产保护基本上是自上而下推动，缺少民众自下而上的主动参与。[②] 民间遗产组织、公众活动、社会团体等未能发挥作用，民间自发的保护意识不

① 顾军、苑利：《文化遗产报告——世界文化遗产保护运动的理论与实践》，社会科学文献出版社 2005 年版，第 148 页。

② 张国超．刘双：《中外文化遗产管理模式比较研究》，《福建论坛》(人文社会科学版) 2011 年第 4 期。

能通过有效的途径转化为具体的保护参与,遗产的保护和管理始终不能处于公众的监督之中。

第六节 小 结

文化遗产是民族悠久历史的稀世证物,保护文化遗产就是保护一个民族的悠久历史和赖以生存、发展及走向未来的文化根基。保护文化遗产毋庸置疑是一项长期而艰巨的任务,不同国家和地区由于历史文化背景、经济发展水平、政治制度和文化遗产事业发展状况不同,形成不同的管理模式。外国的经验可以供我们学习研究,以便更好地发展我国的文化遗产保护事业。

一、国外文化遗产管理模式

1. 垂直管理模式

"国家公园"起源于美国西部开发时工业文明对当地文明、生态的影响及其保护运动,并经历了漫长的发展过程。目前,国家公园体制已成为世界上尤其是西方工业化国家自然文化遗产保护的主要管理模式。

美国文化遗产管理采取垂直管理模式,以中央集权为主,自上而下实行垂直领导并辅以其他部门合作和社会力量协助。美国国家公园有一个完整的国家公园系统,实行国家、地区和公园的三级垂直管理体系,其最高行政机构为内务部下属的国家公园管理局,负责全国国家公园的管理、监督、政策制定等,下设七个地区局,各国家公园设有公园管理局,具体负责本公园的管理事务。国家管理局、地区管理局、基层管理局三级管理机构实行垂直管理,与公园所在地政府没有业务关系。国家公园管理机构负责公园内的资源保护、参观游览、教育科研等项目的开展及特许经营管理,本身不能从事任何营利性的商业活动。

2. 综合管理模式

法国的文化遗产管理采取的是综合管理模式,兼具中央集权和地方自治两种管理方式，同时营利性和非营利性社会力量也普遍参与。文化部是法国文化遗产保护的最高决策机构。该部下设文化遗产司，主要负责法国文化遗产保护工作的规划、决策、领导与监督。法国在每个行政区的政府内部都设置有文化事务部，专门负责各行政区域内文化遗产的保护及管理工作。国家级项目主要由15个左右的地方文化遗产管理局和纪念物遗产科中的监督官员负责实施。在这些大行政区之下，还分别设置有两个级别更低的基层单位，它们分别是专门负责法国地方古建管理的建筑处和专门负责法国地方文物及艺术品的文物管理处。在法国，直接由国家管理的重点文物古迹不足5%，近一半的文物古迹由市级部门管理，而半数为私人管理。

3. 属地管理模式

瑞士的联邦制建立在联邦与州的“双重主权”的基础上，受政治体制的影响，瑞士采用文化遗产属地化管理模式，即地方政府掌握事权，中央政府只行使立法权和出台相关政策。属地化管理的主要特点是：中央政府保留立法和监管的权力，管理目标地域划分明显，地方政府和社会力量是文化遗产管理资金的主要来源。在管理层级上，联邦环境署负责自然与风景保护，联邦文化署负责历史遗迹和考古发掘保护，联邦道路署负责历史道路保护，各州设立相应的管理部门。但瑞士目前还没有全国统一的文化遗产保护政策和法规，各州在文化遗产保护发展方面有很大的自治权，在联邦政府整体政策的框架下，各州制定具有地方特点的文化遗产保护的法律、法规，并由政府部门负责实施。在资金机制上，瑞士文化遗产的筹资体系体现了自下而上的特点，各州的州财政部和土地规划部门负责文化遗产的管理和修缮资金的筹集，其中，社区筹集的资金占一半以上，各州政府拨款约占35%左右，余下的部分则由联邦政府提供。另外，各州都设有一个文物保护专家委员会，定期向本州政府报告本州内文化遗产的保护与使用情况。这套政策设计符合瑞士国情，在实际运行中很有成效。

可见，发达国家通常采用的是政府为主、分级负责、社会参与为特征的体制，但由于政治经济体制和历史沿革的差别，它们在遗产管理模式、经营机制、经费来源、公众参与的程度上并不雷同。其共同点在于：实现了文化遗产管理财权和事权的对称，管理者的牟利动机被较好地抑制，遗产的管理机构均是非营利性质;在完善的法律法规制度和政策充分保障下,社会力量介入文化遗产经营管理,并在扩大保护范围、提高服务质量和补充行政管理体制力量匮乏上发挥重要作用。①

二、国外文化遗产保护对中国的启示

与其他国家对文化遗产实行中央政府直接管理的体制不同,我国对文物资源实行属地管理、分级负责的行政管理体制。我国文化遗产管理应借鉴国外经验,尽快建立起有效运转的统一的行政管理体系,加强文化遗产管理。

1.“遗产保护,立法先行”

西方发达国家在构建整个遗产保护体系时,坚持把立法工作放在首位,法律制度是保护制度的核心。其保护制度的形成、发展和完善是以相应的立法为标志的,保护对象的确立、保护机构的设置和职能、保护管理的程序、保护资金的来源乃至咨询机构及民间的参与方式等都是以法律法规的形式加以确定。通过法律的规定和执行,国家获得了对文化遗产监督管理的权力,这个权力并不因为国家没有所有权而丧失,同时法律为打击任何损害文化遗产的违法犯罪行为提供了依据,杜绝任何可能的投机行为损坏遗产,有效推动了历史遗产保护工作的广泛开展。而我国历史遗产保护工作基本上是采取从国家到地方单一行政管理的方式推行,表现出明显的以行政管理为主导的特点,法律制度一直是保护制度中的薄弱环节。因此,加快完善国家、省(市)、县各个层次的历史保护法规,加快国家和地方立法进程,深化立法内容,完善相关配套政策,建立健全以法律制度为核心的保护制度,是当前我国历史遗产保护工作重要而急迫的内容之一。

2. 科学规划与决策以及遗产的统一管理体制

西方遗产管理当局非常重视遗产的科学规划与决策,从长期的发展战略、总体发展规划到每年的实施计划,都有非常周密的部署。国家遗产

① 张国超、刘双:《中外文化遗产管理模式比较研究》,《福建论坛》(人文社会科学版)2011年第4期。

管理当局在规划与决策上负主要责任，这样可以在全国范围内进行合理安排。在管理体制上，自然与文化遗产作为国家公共资源实施统一管理是西方遗产管理的最大特色。美国国家公园是按照联邦法律实施管理的，无论公园在哪一个州，只要纳入了国家公园体系，都由公园管理局统一管理，这种一部法律、一个管理局以及诸多遗产地的管理体制，经过多年发展已经日趋成熟。由于政府机构以法律为依据开展工作，就为遗产的统一管理打下基础，条块侵害现象也就难以存在，保证各种政策都以法律为依据。

3. 规定文化遗产的标准化管理

西方国家文化遗产保护最鲜明的一点就是有严格的文化遗产评选和管理标准。尤其是在评选上，通过一系列的标准来确定哪些为文化遗产，并涉及相关分级等事项。这些标准主要包括遗产的定义、分类、评选标准，以及评选程序、组织等管理方式。所谓标准化管理，即脱离主观的管理态度，将管理的决定权转移到客观的尺度上，保证了文化遗产保护的标准运行，行动和决策都有了客观依据性，避免很多主观性的错误，标准化管理有效性极高。在我国，对旅游的管理上已经采用分组制度，在不同的级别上，不仅游人对本地的历史文化价值有一定认识，更在景区的管理上可以有所偏重；但在其他物质文化遗产和非物质文化遗产上，这种标准化管理尚未形成体系，这就需要国家相关部门尽快做好调查和分析，以制定相关文化遗产保护的标准。[①]

4. 在管理理念方面，遗产管理者的“管家”定位

发达国家一般都有明确的遗产管理理念——公益性。因此，遗产管理者大多以“管家”定位，即管理者不以所有者的姿态出现，而以服务者的角色去完成自己的职责。国家公园的管理者不是财产的所有者，而是国家公共财产的管家或服务员，国家公园属于当代及后代的共同财产，管理者只对遗产有照顾、维护的责任，而没有随意支配的权力。这种思想的基础并不是法律或相关部门的硬性规定，在西方是一种普遍的社会伦理观念。而在我国，对于文化遗产的公益性理念还很缺乏，可以预见这种“管

---

① 孙尧奎：《中外文化遗产保护比较研究》，《兰台世界》2008 年第 3 期。

家”定位的管理思想是未来文化遗产保护管理的趋势，因此，必须加以引导。[①]

5. 遗产管理的财务基础是国家财政

地方政府是中国文化遗产保护和管理的财政主体，在目前社会力量参与我国文化遗产制度环境不完善的情况下，文化遗产事业资金来源渠道较为单一，投入保障机制并未完全建立，很难保证遗产管理机构的公益性质。而发达国家国力较强，经济基础雄厚，遗产资源保护有强大的财力支持，以立法对资金保障作具体规定，国家和地方政府的财政拨款是保护资金的主要来源，并辅以社会团体、慈善机构及个人的多方合作；同时制定各类相关政策为文化遗产保护提供多渠道、多层次的资金筹措方式，如减免税收、贷款、公用事业拨款、发行奖券、自筹资金等形式。由于有充足的资金保障，发达国家遗产管理机构均能保持非营利机构性质，不以营利为目的。比如美国国家公园管理局对公园管理所需资金每年通过联邦由财政拨给，另外10%的门票收入、特许经营管理费和其他收入，由国家财政留给公园用于保护。

6. 发挥民间组织在文化遗产保护中的积极作用

文化遗产保护先进国的经验显示，民众保护意愿的激发和民间组织力量的彰显对政府文化遗产保护行动具有重大的意义。而与此形成巨大反差的是：我国的文化遗产保护至今主要还是一种政府行为，几乎所有的文化遗产保护组织和研究机构都属于政府。由于财力不足、人才匮乏加之公益事业单位职数上的限制，应对中国浩瀚的文化遗产保护始终力不从心。所以，顺应世界文化遗产保护发展的趋势和潮流，突出民众主体地位，有效发挥民间组织在文化遗产保护中的积极作用，鼓励与扶植民间社团，动员社会力量参与到文化遗产保护之中才是明智之举。这不仅更有利于公众意见的表达与利益的协调，而且也不失为一种缓解国家财政压力与就业压力的有效渠道。[②]

---

① 孙尧奎：《中外文化遗产保护比较研究》，《兰台世界》2008年第3期。

② 郝士艳：《国外文化遗产保护的经验与启示》，《昆明理工大学学报》（社会科学版）2010年第4期。

7. 以保护为主、适度利用的宗旨指导旅游开发

保护为主、适度利用是西方一贯的遗产管理宗旨，关键的问题在于利用的程度。在国家法律保护之下，国家公园对工业化开发是坚决抵制的，但对旅游开发在历史上有许多争论，在环境主义的压力下，20 世纪 80 年代后转向贴近自然的体验旅游，并增强教育功能。因此适度利用，既可以在利用的度上加以限制，又可以旨在旅游利用的方式上加以改善。我国现有的法律法规偏重文化遗产的资产价值，忽视其历史、科学、审美和蕴涵的传统文化价值，导致保护和管理中过分追求经济效益而忽视了其公益目的。因此，应确立文化遗产的民族性和国家性，发扬传统文化，强化国家对属于个人及单位所有的文化遗产的管理和保护职责，在对文化遗产实施科学、民主化管理和保护的同时，坚持基于公益目的的可持续开发和利用，使文化遗产真正成为实现中华民族文化复兴的坚实物质支撑和精神源泉。①

8. 合作发展，采取许多特殊的方式解决遗产经营问题

建立广泛的合作方式来改善遗产管理是西方遗产管理近些年来的特点。合作者可以是各级政府、非营利性的机构，也可以是企业和私人、公众组织、基金会等，其目的是获取财务、道义、科研等各方面的支持，并在社会中树立开发、有效率和服务公共利益的形象。美国国家公园通过特许经营制度来区分遗产管理与遗产地的经营活动，管理上并不完全以国家财政为经济基础，公园内的旅游服务通过向社会的公开招标来集中社会资本，以保证公园的经济运行。但是这种特许的经营需要法制、经营管理技巧和对市场规律的深刻认识。比如日本获得经营活动权的主要方式是颁发执照，但在所有公园中又同时存在公益的服务设施。这种多元管理方式的结合是现阶段文化遗产保护上的新方法，值得一试。

9. 加强文化遗产教育，激发公众参与意识

在教育方面，各国政府主导的、以文化遗产保护为内容的活动开展得有声有色。如法国卢浮宫学院长年免费向公众授课，财产保护与修复研

① 叶秋华：《论法国文化遗产的法律保护及其对中国的借鉴意义》，《中国人民大学学报》2011 年第 2 期。

究中心频频开展公众项目，各类博物馆为实现“开民智而悦民心”所做出的种种努力，取得了良好的社会效应。近年来我国也做了不少工作，如设立“文化遗产日”、举办“中国非物质文化遗产保护成果展”等举措虽起到了一定的作用，但保护绩效还有待提高，尤其是课堂教育。美国采取的开放式教育就很值得我们借鉴。在美国，文化遗产被纳入中小学课堂，书本中但凡涉及文化遗产方面的内容都会尽可能组织学生到相应的文博馆室或遗产地去进行现场教学。他们的这种文化遗产教育已不再是单一的一种走马观花式的参观，而完全是引领学生去接受一次生动可感的文化熏陶，这种让文化遗产活起来的做法，显然更能唤起孩子们对文化遗产的珍视。①

① 郝士艳：《国外文化遗产保护的经验与启示》，《昆明理工大学学报》（社会科学版）2010年第4期。

参考文献

[1] Jeremy Ahearne "Cultural policy explicit and implicit: a disitinction and some uses", International Journal Policy, Vol. 15, No. 2., May 2009.

[2]祁述裕、王列生、傅才武:《中国文化政策研究报告》,社会科学文献出版社 2011 年版。

[3]林拓等:《世界文化产业发展研究报告 2003—2004》,社会科学文献出版社 2004 年版。

[4]宿琴:《多元维持与共识建构:欧盟文化政策研究》,中国政法大学出版社 2012 年版。

[5]章建刚:《文化经济学视野的搭建:通往经济学的文化政策研究》,社会科学文献出版社 2014 年版。

[6]张晓明:《拓荒者的足迹:中国文化产业改革发展十年路径与政策回顾》,社会科学文献出版社 2013 年版。

[7]贾旭东:《文化发展的理论与政策:基于文化竞争的战略研究》,社会科学文献出版社 2013 年版。

[8]熊澄宇:《世界文化产业研究》,清华大学出版社 2012 年版。

[9]弗雷德里克·马特尔:《主流:谁将打赢全球文化战争》,商务印书馆 2012 年版。

[10][法]弗雷德里克·马特尔:《论美国的文化——在本土与全球之间双向运行的文化体制》,商务印书馆 2013 年版。

[11]文化发展论坛,http://www.ccmedu.com/bbs/。

[12]中国文化传媒网,http://www.ccdy.cn/。

[13]王列生、郭全中、肖庆:《国家公共文化服务体系论》,文化艺术出

版社 2009 年版。

[14]刘玉珠、柳士法:《文化市场学:中国当代文化市场的理论与实践》,上海文艺出版社 2002 年版。

[15]李盛之:《美国大众传播法律规制问题研究》,大连海事大学博士学位论文,2012 年 6 月。

[16]孙五三:《英国的媒介管理》,《国际新闻界》1995 年第 1 期。

[17]曹书乐:《表达自由、新闻自由与媒体规制——英国的法规与实践》,《新闻与传播评论》2010 年第 9 期。

[18]孙维佳:《法国报刊出版业的体制、结构及特点》,《国际新闻界》1995 年第 5 期。

[19]龙一春:《日本出版业的规制方式及行业自律》,《出版发行研究》2006 年第 2 期。

[20]《日本印刷业发展新况》,《中国包装》2014 年第 3 期。

[21]钟瑛:《网络传播导论》,中国人民大学出版社 2012 年版。

[22]李永刚:《我们的防火墙》,广西师范大学出版社 2009 年版。

[23]胡泳:《众声喧哗》,广西师范大学出版社 2009 年版。

[24]东鸟:《网络战争》,九州出版社 2009 年版。

[25][英]安德鲁·查德威克:《互联网政治学》,任孟山译,华夏出版社 2010 年版。

[26]喻国明:《传媒新视界》,新华出版社 2011 年版。

[27]何强、龚振炜:《2013 年中国信息化发展指数(Ⅱ)国际比较研究》,《调研世界》2014 年第 3 期。

[28]方旸、方苏春、王金翎:《日本国家信息化发展战略研究》,《情报科学》2012 年第 11 期。

[29]江小平:《法国对互联网的调控与管理》,《国外社会科学》2000 年第 5 期。

[30]姜群:《英国互联网管理体制透视》,华中科技大学硕士学位论文,2006 年 5 月。

[31]谢新洲:《美国互联网管理的新变化》,《新闻与写作》2013 年第 3 期。

后　记

《中外政府文化管理比较》一书的编写，缘起于国家行政学院原政治学教研部老主任徐鸿武教授的邀约，但成书过程并不容易。

全书由国家行政学院文化政策与管理研究中心高宏存副主任确立写作目录提纲，然后主要邀请了全国行政学院系统从事文化管理研究的专家学者参与撰写。具体分工如下。

第一章　文化政策（浙江行政学院张红岭副教授、博士；国家行政学院高宏存副教授、博士）

第二章　文化管理体制（第2、4、5、6节，河北行政学院侯妍妍副教授；第1、3节，临沂市委党校褚洪敏副教授、博士）

第三章　文化市场管理（杭州行政学院胡秀丽副教授、博士）

第四章　传统媒体管理（第1、2、3、4、6节，浙江行政学院王井博士；第5节，山东行政学院张芹玲教授）

第五章　互联网新媒体管理（内蒙古自治区行政学院王亚男讲师）

第六章　电影管理（中国传媒大学刘晓玲硕士）

第七章　演艺娱乐管理（河北行政学院池志勇副教授；刘琳讲师）

第八章　文化遗产管理（新疆维吾尔自治区行政学院刘颖讲师，硕士）

初稿完成后，张红岭和各位作者反复沟通，提出进一步的修改意见。最后由两位主编对全书做了认真统稿，除了形式上的统一外，对个别文字做了一定的修改。临沂市委党校褚洪敏博士在统稿过程中也付出了很多劳动，完善了书稿的统一格式，校正了一些不规范的问题，在此一并说明。最后也向出版社责任编辑吴蔚然女士表示感谢，她认真负责的精神让人感佩，此书的出版凝结了她的心血和劳动。

高宏存　记

2014年10月26日